U0482544

全民阅读
中华优秀传统文化
经典系列

刘苍劲 丛书主编

易经

邓启铜 诸华 注释
郑瑞侠 导读

北京师范大学出版集团
北京师范大学出版社

图书在版编目(CIP)数据

易经/邓启铜，诸华注释. —北京：北京师范大学出版社，2019.2（2020.9重印）
（中华优秀传统文化经典系列）
ISBN 978-7-303-23098-3

Ⅰ.①易… Ⅱ.①邓… ②诸… Ⅲ.①《周易》—注释 Ⅳ.①B221.2

中国版本图书馆 CIP 数据核字(2017)第 289892 号

营 销 中 心 电 话　010-58805072　58807651
北师大出版社高等教育与学术著作分社　http://xueda.bnup.com

YI JING

出版发行:	北京师范大学出版社　www.bnupg.com
	北京市西城区新街口外大街 12-3 号
	邮政编码：100088
印　　刷:	三河市兴达印务有限公司
经　　销:	全国新华书店
开　　本:	787 mm×1092 mm　1/16
印　　张:	25.5
字　　数:	405 千字
版　　次:	2019 年 2 月第 1 版
印　　次:	2020 年 9 月第 2 次印刷
定　　价:	60.00 元

策划编辑：祁传华　魏家坚	责任编辑：马力敏　王玲玲
美术编辑：王齐云	装帧设计：王齐云
责任校对：韩兆涛	责任印制：陈　涛

版权所有　侵权必究

反盗版、侵权举报电话：010-58800697
北京读者服务部电话：010-58808104
外埠邮购电话：010-58808083
本书如有印装质量问题，请与印制管理部联系调换。
印制管理部电话：010-58808284

继承和弘扬中华优秀传统文化
大力加强社会主义核心价值观教育

中华文化源远流长、灿烂辉煌。在五千多年文明发展中孕育的中华优秀传统文化，积淀着中华民族最深沉的精神追求，代表着中华民族独特的精神标识，是中华民族生生不息、发展壮大的丰厚滋养，是中国特色社会主义植根的文化沃土，是当代中国发展的突出优势，对延续和发展中华文明、促进人类文明进步，发挥着重要作用。

中共十八大以来，以习近平总书记为核心的党中央高度重视中华优秀传统文化的传承发展，始终从中华民族最深沉精神追求的深度看待优秀传统文化，从国家战略资源的高度继承优秀传统文化，从推动中华民族现代化进程的角度创新发展优秀传统文化，使之成为实现"两个一百年"奋斗目标和中华民族伟大复兴中国梦的根本性力量。习近平总书记指出："一个国家、一个民族的强盛，总是以文化兴盛为支撑的，中华民族伟大复兴需要以中华文化发展繁荣为条件。""中华传统文化博大精深，学习和掌握其中的各种思想精华，对树立正确的世界观、人生观、价值观很有益处。"

中华文化独一无二的理念、智慧、气度、神韵，增添了中国人民和中华民族内心深处的自信和自豪，也孕育培养了悠久的文化传统和富有价值的文化因子。传承发展中华优秀传统文化，就要大力弘扬讲仁爱、重民本、守诚信、崇正义、尚和合、求大同等核心思想理念，就要大力弘扬自强不息、敬业乐群、扶危济困、见义勇为、孝老爱亲等中华传统美德，就要大力弘扬有利于促进社会和谐、鼓励人们向上向善的思想文化内容。当前，我们强调培育和弘扬社会主义核心价值观，必须立足中华优秀传统文化，使中华优秀传统文化成为涵养社会主义核心价值观的重要源泉。核心价值理念往往与文化传统与文化积淀息息相关、一脉相承。社会主义核心价值观充分体现了对中华优秀传统文化的继承和升华。"富强、民主、文明、和谐，自由、平等、公正、法治，爱国、敬业、诚信、友善"的社会主义核心价值观，既深刻反映了社会主义中国的价值理念，更是五千年中华优秀传统文化的传承与发展。将中华优秀传统文化作为社会主义核心价值观教育的重要素材，以中华优秀传统文化涵养社会主义核心价值观，是明确文化渊源和民族文魄，树立文化自信和价值观自信，走好中国道路和讲好中国故事的必然要求。

2017年1月，中共中央办公厅、国务院办公厅印发了《关于实施中华优秀传统文化传承发展工程的意见》，将实施中华优秀传统文化传承发展工程上升到建设社会主义文化强国的重大战略任务的高度，力图在全社会形成重视中华优秀传统文化、学习弘扬中华优秀传统文化的氛围。由刘苍劲教授组织广东省上百位专家学者历时三年主编的这套"全民阅读·中华优秀传统文化经典系列"丛书，是广东省贯彻落实习近平总书记关于大力弘扬中华优秀传统文化系列讲话精神的重大举措，是具有广东特色、岭南气派的文化大工程。该套丛书真正体现了全民阅读的需要，每本经典都配有标准的拼音、专业的注释、精美的诵读，使不同阶层、不同文化、不同年龄、不同专业的中国人都可以读懂、读通、读透这些经典。通过客观、公正的导读指导，有机会阅读该丛书的读者都能够在阅读中华优秀传统文化经典中受到历史、政治、科学、人文、道德等多方面的启迪，在阅读中弘扬、在阅读中继承、在阅读中扬弃，从而实现树立社会主义核心价值观的目的。

该丛书质量精良，选题准确，导读科学，值得推荐，是为序。

刘苍劲
2018年6月

周易序

宋·朱熹

《易》之为书，卦爻彖象之义备而天地万物之情见。圣人之忧天下来世其至矣。先天下而开其物，后天下而成其务。是故极其数以定天下之象，著其象以定天下之吉凶。六十四卦，三百八十四爻，皆所以顺性命之理，尽变化之道也。散之在理则有万殊，统之在道则无二致。所以易有太极，是生两仪。太二者，道也；两仪者，阴阳也。阴阳一道也，太极无极也。万物之生，负阴而抱阳，莫不有太极，莫不有两仪。絪缊交感，变化不穷。形一受其生，神一发其智。情伪出焉，万绪起焉，易所以定吉凶而生大业。故易者，阴阳之道也。卦者，阴阳之物也；爻者，阴阳之动也。卦虽不同，所同者奇耦；爻虽不同，所同者九六。是以六十四卦为其体，三百八十四爻互为其用，远在六合之外，近在一身之中，暂于瞬息，微于动静，莫不有卦之象焉，莫不有爻之义焉。至哉易乎！其道至大而无不包，其用至神而无不存。时固未始有一，而卦未始有定象。事固未始有穷，而爻亦未始有定位。以一时而索卦，则拘于无变，非易也。以一事而明爻，则窒而不通，非易也。知所谓卦爻彖象之义，而不知有卦爻彖象之用，亦非易也。故得之于精神之运，心术之动，与天地合其德，与日月合其明，与四时合其序，与鬼神合其吉凶，然后可以谓之知易也。虽然，易之有卦，易之已形者也。卦之有爻，卦之已见者也。已形已见者，可以知言；未形未见者，不可以名求。则所谓易者果何如哉！此学者所当知也。

龙马出河之瑞图　明·《新锲纂集诸家全书大成断易天机》

目 录

导读　　郑瑞侠……… 1

上　经 /41

乾卦第一………… 43
坤卦第二………… 54
屯卦第三………… 61
蒙卦第四………… 65
需卦第五………… 69
讼卦第六………… 73
师卦第七………… 77
比卦第八………… 81
小畜卦第九………… 85
履卦第十………… 88
泰卦第十一………… 92
否卦第十二………… 96
同人卦第十三………… 100
大有卦第十四………… 104
谦卦第十五………… 108

豫卦第十六………… 112
随卦第十七………… 116
蛊卦第十八………… 120
临卦第十九………… 123
观卦第二十………… 126
噬嗑卦第二十一………… 129
贲卦第二十二………… 132
剥卦第二十三………… 136
复卦第二十四………… 139
无妄卦第二十五………… 143
大畜卦第二十六………… 157
颐卦第二十七………… 150
大过卦第二十八………… 153
坎卦第二十九………… 157
离卦第三十………… 161

下　经 /165

咸卦第三十一 ………… 167
恒卦第三十二 ………… 171
遁卦第三十三 ………… 175
大壮卦第三十四 ………… 178
晋卦第三十五 ………… 181
明夷卦第三十六 ………… 185
家人卦第三十七 ………… 189
睽卦第三十八 ………… 192
蹇卦第三十九 ………… 196
解卦第四十 ………… 200
损卦第四十一 ………… 204
益卦第四十二 ………… 208
夬卦第四十三 ………… 212
姤卦第四十四 ………… 216
萃卦第四十五 ………… 220
升卦第四十六 ………… 224
困卦第四十七 ………… 227

井卦第四十八 ………… 231
革卦第四十九 ………… 235
鼎卦第五十 ………… 239
震卦第五十一 ………… 243
艮卦第五十二 ………… 247
渐卦第五十三 ………… 250
归妹卦第五十四 ………… 254
丰卦第五十五 ………… 258
旅卦第五十六 ………… 262
巽卦第五十七 ………… 266
兑卦第五十八 ………… 270
涣卦第五十九 ………… 274
节卦第六十 ………… 277
中孚卦第六十一 ………… 280
小过卦第六十二 ………… 284
既济卦第六十三 ………… 288
未济卦第六十四 ………… 291

系辞上传 /295

第一章 ………… 297
第二章 ………… 299
第三章 ………… 300
第四章 ………… 301
第五章 ………… 303
第六章 ………… 304

第七章 ………… 305
第八章 ………… 306
第九章 ………… 310
第十章 ………… 314
第十一章 ………… 317
第十二章 ………… 321

系辞下传 /325

第一章 ………… 327
第二章 ………… 329
第三章 ………… 334
第四章 ………… 335
第五章 ………… 336
第六章 ………… 343
第七章 ………… 344
第八章 ………… 346
第九章 ………… 347
第十章 ………… 349
第十一章 ………… 350
第十二章 ………… 351

说卦传 /355

第一章 ………… 357
第二章 ………… 358
第三章 ………… 359
第四章 ………… 360
第五章 ………… 361
第六章 ………… 363
第七章 ………… 364
第八章 ………… 365
第九章 ………… 366
第十章 ………… 367
第十一章 ………… 368

序卦传 /373

杂卦传 /385

附录一 /390

周易本义卦歌（三种） ………… 390

附录二 /393

周易本义图书（八种） ………… 393

诞受羑若图 清·《钦定书经图说》
该图描绘的是文王被囚羑里演练伏羲八卦为六十四卦并著卦辞的情形。

导　读

郑瑞侠

　　《易经》，是古代卜筮之书，主要内容是通过卦爻辞预测未来，判断吉凶。但其核心要点却不在卜筮，而在其内部蕴涵的哲学思想。全书包括《上经》三十卦、《下经》三十四卦；《彖》《象》；《系辞上传》《系辞下传》《说卦转》《序卦传》《杂卦传》。

　　关于《易经》的"易"字，历来研究者众说纷纭。例如，有人认为"易"由蜥蜴而得名。理由是蜥蜴又称守宫，"身色无恒，日十二变，以易名经，取其变也"。还有人主张日月为"易"、变化为"易"、一"易"三义等观点。日月为"易"的理由是，"日月为易，象阴阳也""日月为易，刚柔相当"；变化为"易"的理由是，"《易》，变易也，随时变易，以从道也"；一"易"三义的理由是，"易一名而含三义：简易一也，变易二也，不易三也"。除此之外，还有人认为，"易"本来是指用来占卜的龟壳，后来就把负责占卜的官员称为"易"，如"易抱龟南面，天子卷冕北面"。无论"易"字来源何处，"易"的核心思想是变易，这一点是人们普遍认可的。

　　《易经》实际上包括《周易》本经和《易传》两部分。《周易》本经这一部分，由六十四个卦爻辞组成，其中《上经》三十个卦爻辞，《下经》三十四个卦爻辞。卦辞，是说明《易经》卦义的文辞，是对全卦所下的一个断语。例如，乾卦的卦辞是："乾，元亨利贞。""元亨利贞"四个字在卦的下面，称之为卦辞。卦辞也叫作"彖"，是断的意思，即判断、概括，所以孔子解释卦辞的文字称作《彖》。爻辞，是解释、说明爻义的文辞，是对各爻所下的一个断语。《易经》六十四卦每卦有六个爻，每一爻都有一段爻辞，共六段爻辞，再加上乾、坤两卦各有一"用爻"。例如，乾卦，"用九，天德不可为首也。"总为三百八十六爻，故有三百八十六爻辞。每一爻的前面先列爻题，爻题皆为两字，一字表示卦爻的性质，阳爻记为"九"，阴爻记为"六"；另一字表示卦爻的顺序和位置，卦爻的排列顺序是自下而上的，分别记为初、二、三、四、五、上。例如，乾卦，"初九，潜龙勿用。"初九，为爻题；潜龙勿用，为爻辞。爻辞是组成各卦内容的主要部分，题材广阔，内容丰富。既有充满哲理性的格言警句，也有文学色彩浓郁的比喻和象征描写。

《易经》传的部分包括《彖》《象》《文言传》《系辞传》《说卦转》《序卦传》《杂卦传》。其中《彖》《象》《系辞传》各分为上下两部分，与其他四篇加在一起合成十篇，称为"十翼"。翼，羽翼，有辅助的意思。另外，《文言传》只有"乾坤"两卦，其他卦没有。传，是解释的意思。例如，《春秋左氏传》是解释《春秋》的。因此，《易传》是解释《易经》的。由于《周易》的经文深奥简古，春秋时期人们阅读起来就已感到十分困难，于是，解释经文的文字开始出现，其中出现的比较早、比较具有权威性的就是《易传》。为了更深入地理解《易传》部分，我们以乾卦为例稍做解释。"乾卦"传的部分，首先是《彖》，乾卦是《彖上》的第一篇，咸卦是《彖下》的第一篇。《彖》是解释卦辞的。例如，"《彖》曰：大哉乾元，万物资始，乃统天。"乾元之气太美妙了，它使万物得以萌生，并且统领主宰着大自然的运行。其次是《象》，乾卦是《象上》的第一篇，咸卦是《象下》的第一篇。《象》是依据卦象和爻象对卦爻辞的辞义进行诠释，有"大象"与"小象"之分，"大象"针对全卦而言，列在《彖》的后面；"小象"解释爻辞，分别列于六爻的爻辞之后。例如，"《象》曰：天行健。君子以自强不息。"天道运行不止，君子要自强不息，这是"大象"。"潜龙勿用，阳在下也。"龙潜于深渊之下，是因为阳气不足，环境不利，这是"小象"。乾卦除了《彖》《象》之外，还有《文言传》。《文言传》的主要内容是孔子发挥《彖》和《象》未尽之意，多角度、多层次地解释乾卦卦辞和六爻的爻辞。

《易经》作为国学经典著作之一，其核心价值主要体现在它的哲学思想上。《易经》的哲学思想主要表现在三个方面。其一，观物取象的观念。《易经》选取了先民们经常接触的天、地、雷、火、风、泽、水、山八种自然景物作为说明万物生成的根源，这是一种十分朴素的唯物主义观点。其二，万物交感的观念。《易经》占问吉凶祸福，虽然有迷信、唯心之嫌，但是《易经》对于吉凶的解释，却包含了先民对世界一般事物最原始的哲学见解，即善于从"阴阳交感"观察万物的动静变化。阴阳交感，万事亨通；阴阳如果不通的话，容易导致灾祸发生。这反映出极其朴素的辩证法思想。其三，发展变化的观念。变易、变化是《易经》的基本思想，贯穿全书始终。《易经》的哲学思想深奥而丰富，值得我们花费更多的精力认真学习、深入研究。

《易经》比较有名的注本是李鼎祚的《周易集解》、孔颖达的《周易正义》、朱熹的《周易本义》、尚秉和的《周易尚氏学》、闻一多的《周易义正类纂》和李镜池的《周易通义》等，这些都是学习和研究《易经》的重要参考资料。除此之外，本篇导读还参考了金景芳、吕绍刚著的《周易全解》（吉林大学出版社1989年6月版），陈鼓应、赵建伟注译的《周易今注今译》，（商务印书馆2005年11月版），张善文著的《周易与文学》（福建教育出版社1997年9月版）等前辈学者的研究成果，在此一并感谢。

上 经

乾卦第一：

　　乾卦是《周易》六十四卦之首，由六个阳爻组成，乾卦的取象是天。"乾"的本意是指太阳从地平面逐渐升起，日光开始普照万物，这种日出日落的过程循环往复，永不停歇。因此，乾的意象是天道运行不止，用以鼓励君子自觉奋进，努力进取，永不停止。《象》曰："天行健，君子以自强不息。"已成为历代中国有志青年的座右铭，是中华民族世代继承和发扬的优秀的传统文化精神。乾卦爻辞主要是以"龙"的潜跃状态来表现太阳的升落，即用"龙"的潜伏、出现、跃起、飞天等一系列状态体现出太阳上升过程中的不同景象，并以此来预测吉凶。这与古代先民筮占日气的习俗密切相关，在这里"龙"是"日气"，即太阳光芒的创想物。虽然，随着时代的发展，"龙"已成为中华民族精神的象征，并且《周易》也开始从原始筮占向哲学领域过渡，但其中有些唯心的想象还需辩证地看待。此外，我们阅读和学习古代经典的主要目的是学以致用，即不能死学，更不能学死了，要向我们的前辈学习，把古代典籍的知识运用于各个领域，比如文学创作。例如，金庸小说的主人公郭靖出神入化的武功"降龙十八掌"，其中许多掌名就来自于乾卦的爻辞。

坤卦第二：

　　《易经》六十四卦基本上都是相对的，乾是天，坤则是乾的反面，由六个阴爻组成，坤卦的取象是地。乾坤两卦是"阴阳之根本，万物之祖宗"，是《易经》八卦，乃至六十四卦推演变化的基础。"乾谓日光上出，上出者积阴为天；坤谓水流下注，下注者积阴为地，两相对待。"因此，坤卦的意象是天空覆盖下的大地安宁静处，含蕴万物而化育广大，鼓励君子要像大地一样具有宽厚的胸怀和美德，能够包容万物。《象》曰："地势坤，君子以厚德载物。"大地所具有的婉曲柔顺而又耿介方正，宁定静处而又运动刚健，谦逊不与人争先的美好品德，与"天行健，君子以自强不息"是现代青年修养身心、培养品德不可或缺的两部分内容。坤卦反复强调君子要修美于内而通达于外，要懂得适时含敛，谦虚谨慎不抢人功劳；同时又劝人要行善积德。认为积累善德的人，后代子孙必有福庆；积累恶德的人，后代子孙必有祸殃。这些内容都是积极向上的，我们应该谨记在心，努力施行。不过，有些内容具有一定的迷信色彩，还须批判性地看待。

屯卦第三：

"屯"字用作动词时，是"聚"，即聚集、聚合的意思；用作名词时，是"聚落"，即村落、部落的意思。《序卦传》云："有天地，然后万物生焉。盈天地之间者，唯万物，故受之以屯。屯者，盈也，屯者，物之始生也。"因此，乾坤之后便是屯挂。屯卦的意象是阴阳相交，云雷聚集，万物皆在艰难中萌动、孕育生机，警示君子要学会忍耐，懂得经营筹划自己的人生。要知道在顺境和逆境中如何处身，尤其在人生遇到艰难时，要知雄守雌，韬光养晦，有进有退，有行有止，而不是一味地鲁莽向前；同时，要抱定必胜的信念，相信光明已经不远。屯卦爻辞保留了部分原始歌谣，如"屯如邅如，乘马班如，匪寇婚媾""乘马班如，求婚媾""乘马班如，泣血涟如"。这些不仅是研究中国古代原始口头文学的珍贵资料，同时也是我国古代掠夺婚或劫夺婚俗的真实写照。在族内婚被禁止而族外婚刚刚兴起时，结婚是以强抢的形式来进行的，这些歌谣对了解古代婚姻习俗具有重要价值。

蒙卦第四：

屯卦之后是蒙卦，二者相邻有一定的意义，如《序卦传》所云："屯者，物之始生也。物生必蒙，故受之以蒙。蒙者，蒙也，物之稚也。"稚，是小的意思，稚小的特点就是童蒙未发。"蒙"，就是蒙昧，有日光不明，蒙昧无知的意思。例如，天地开辟之初谓之鸿蒙，物之初生谓之芽萌，人之初谓之童蒙，道德智力开发之初谓之蒙昧。"蒙"实际上是一个很抽象的概念，鸿蒙、芽萌、蒙稚、朦胧、蒙暗、愚蒙等不清楚、不明白的事象都可以用"蒙"称之。蒙卦的卦象是坎在下艮在上，是指山下有危险，前途渺茫暗昧不清，所以称作"蒙"。因此，蒙卦的意象是高山下有水奔腾涌出，境况不清楚，警示君子遇险则止，行动果决，在蒙昧之时应该蓄养纯正的美好品德，以求最终成就大业。蒙卦的内容非常丰富，有"利用刑人"启发人觉悟，起教育作用的"发蒙"；有反映古代童子娶年长女子为妻的原始婚俗的"包蒙"；有"因时应物"，不妄动，不先物而动，而是抓住时机果断行事，遵循"时中"的哲学思想，这些观点值得后人学习和借鉴。同时，蒙卦中也有认为童子可与天地神明交往的迷信观念，对后世也有一定的不好影响。

需卦第五：

蒙卦之后是需卦，《序卦传》云："蒙者，蒙也，物之稚也。物稚不可不养也，故受之以需。需者，饮食之道也。"稚小的东西需要培养，尤其是童蒙阶段更需要养育，养育的最大问题就是"饮食"，所以需卦是讲饮食之道的。"需"是"濡"的本字，有濡泽、浸润的意思，引申为滋养；"需"是"须"的假借字，有等待的意思，引申为稽留。需卦的卦象是乾在下坎在上，坎为雨、为云、为水；乾为天，为云气，因此，需卦的意象就是天上有云，将要下雨，警示君子危险就在前面，应该饮食宴乐以滋养身心，顺应规律应对即将到来的险难。需卦的六爻排列非常整齐，按照由远及近的顺序进行叙述，具有较强的逻辑性。其内容大致可以从三个层次来理解，一是前面有危险的征兆，要耐心观察、等待，不要冒险而行；二是要坚守刚健之德，行为端正，保持内心和谐，以求积蓄力量，等待时机；三是顺应天意，抓住机遇，勇往直前，用恰当的手段化解灾难，即以酒食礼貌待客。利用"酒食"作为化解矛盾和危险的手段，既说明了古代"饮食"的重要性，同时也是我国传统"饮食文化"形成的源头之一。宴请宾客饮酒作乐，是亲近关系很好的方法，也是中华传统习俗，但如果过度就会失去初衷，成为腐败违法的媒介。

讼卦第六：

需卦之后是讼卦，"讼"，是指诉讼，根据事实与人争论是非曲直而待人裁决，为己辩冤。《序卦传》云："饮食必有讼，故受之以讼。"每个人都需要饮食，获得饮食必然会引起纷争，所以需卦的后面是讼卦，这种说法很多前辈学者认为有些牵强，不过在"饮食"匮乏的年代，为饮食而发生纷争也是难免的。讼卦的卦象是坎在下乾在上，即阳刚居上，险境在下，面临危险时态度强硬刚健，不肯示弱，必定会发生争执。因此，讼卦的意象是日气上升，水流下注，二者背道而行，劝诫君子不可盲目行事，与人发生矛盾冲突。讼卦反映了我国传统的轻易不要与人打官司的人际交往观念。即使发生了争执，只要把是非辩论清楚即可，而不是以打赢官司为目的。诉讼失败了就要接受诉讼结果，尽快回到家中安分守己隐匿避祸。不要坚持己见，进行长时间的诉讼，以免遭受更大的祸患，尤其是下属与上司争讼，本来就是自取其祸；即使侥幸胜诉，得到赏赐或赔偿也不值得羡慕。这种反对诉讼的观点对后世影响很大，就连孔子也不赞成诉讼，《论语·颜渊》记载："子曰：听讼，吾犹人也。必也使无讼乎。"孔子在听诉讼审理案子时的目的和其他人一样，在于使诉讼不再发生，而不在于诉讼本身的输赢。这种观点已不太适合现代社会，依法治国，有了纷争诉讼是解决问题的最佳途径之一。

师卦第七：

　　讼卦之后是师卦，《序卦传》认为，争讼的结果必然会造成兴师动众。战争往往是由平常的争讼引起的。"师"，指军队，也有众多的意思，民众达到一定的人数才能构成师旅军队。师卦的卦象是坎在下坤在上，水在地中，有容民蓄众之象。因此，师卦的意象是地中有水，劝诫君子应该效法涵养水分的大地，以宽阔的胸怀包容和蓄养民众。因为没有民众就没有军队，没有包容和蓄养就不会拥有民众，也就无法组成军队。其实师卦的师就是讲如何兴师动众，出兵打仗的。师卦主要是讲战争理论的。若详细区分的话，师包括两层含义，一是兵员的集中组成队伍，二是采取军事行动。因此，师卦一是反映了我国古代"寓兵于农"的军队制度。师就是众，众就是兵，古代国家不设常备兵。古代先民，没有战事发生时就是从事农业生产的普通民众，发生战争时就变身为作战的士兵，即寓兵于农，兵农合一。对此，《黄帝四经·经法·论》也有记载："以其有事，起之则天下听；以其无事，安之则天下静。"二是讲述了古代军队作战的要求，强调了军队要有严格的纪律，只有遵守军纪，才能取得胜利；军队在任用官员方面必须审慎，战争胜利后要遵循因功封赏的原则。

比卦第八：

　　师卦之后是比卦，从卦象上看，比卦与师卦正好相反，《杂卦传》云："比乐师忧。""比"，指并列、紧靠、亲近，在这里引申为辅弼，是在下亲近、顺从在上的意思。比卦的卦象是坤在下坎在上，坎为水。因此，比卦的意象是地上有水，水的本性是往低处流，"水性润下"四方无择。以众水汇集大地，比喻民众顺从拥护君主。用今天的话来说，"比"的意思主要是讲人际关系，但是我们的先民不懂得人与人之间的关系最主要的是在生产过程中结成的关系，即经济关系，所以比卦只讲政治关系，在政治关系中又侧重讲统治与被统治、上下尊卑的关系。比卦重点说明了人际关系的上下亲近、顺从，彼此相互帮助是维系社会稳定的长久之计，尤其是领导者如果无所亲比者，必定会遭遇祸患。例如，九五爻的爻辞"显比"，就是尽善尽美的比，理想的比。它是一种不私曲隐伏，不偏不党，光明正大的亲密顺从关系。总之，比卦的宗旨是强调领导者应该利用民众所具有的相互亲比的本性，宽恕违命者，容纳顺从者，得到更多民众的拥护，以巩固国家的安定。

小畜卦第九：

　　比卦之后是小畜，《序卦传》认为，人与人之间有了亲比关系之后必然发生畜的关系，"比必有所畜也，故受之以小畜"。"畜"，指集聚、储藏，也有等待的意思。小畜卦的卦象是乾在下巽在上，巽为风。因此，小畜卦的意象是风行于天上，劝诫君子应该修养心性，培育文明美德。古人认为风是天帝的使者，是替天地颁布号令者。风行天上，浓云从西郊吹来却不见降雨，是指领导者的号令教化尚未遍及天下，所以称作小畜。畜有聚的意思，也有止的意思，聚止两义同时存在。所以"小畜"之时，君子应该修炼美德等待时机。小畜卦通过阴阳蓄积之理，说明了人文道德培育修养的过程及其重要性。首先，小畜卦辞用"密云不雨，自我西郊"比喻蓄积不够，告诉人们任何事物的发展，都要经历一个酝酿蓄积的过程，不可一蹴而就；其次，"小畜"是一个逐渐积累的过程，"小畜"之时，君子应该时时小心谨慎，切忌急躁冒进，更不可自私贪婪。总之，小畜卦通过阴阳变化，即从"阴畜阳"到"阴疑阳"的发展过程，表达了旧的矛盾解决，新的矛盾又将产生的矛盾不断相互转化的哲学思想。

履卦第十：

　　小畜卦之后是履卦。"履"，指鞋，革履，引申为踩踏；后世也有实行、执行等意思。《杂卦传》云："履，不处也。"不处就是动，就是进的意思。履卦的卦象是兑在下乾在上，兑为泽。因此，履卦的意象是头顶高天，脚踩沼泽，劝诫君子时时警惕，在人生之旅遭遇困境时要借助柔和的力量去应对外界的刚健，如果盲目地使用强力，越挣扎脚下的沼泽就会让人陷得越深，无法自拔。《说文解字》又云："礼，履也。所以事神致福也。"礼就是履，是当时人们立身处世的准则。其实，履的意义有两层，从外表看，履是实践，是行动；从内容看，履是礼，是人们实践、行动必须遵循的准则。履卦所注重的是后面一层含义，就是礼的问题。履卦将人生困境比喻成"履虎尾"，踩踏猛虎的尾巴，而没有遭遇被猛虎伤害的危险，形象地说明了以和悦柔顺应对强健而化险为夷的人生道理。如何才能以柔克刚免除祸患？履卦要求人们"尊礼"，即顺从天命，纯贞自守；时时戒惧，反观内省。这样遇到困境时便会不急不躁，和柔自处，从容应对。履卦的观点与老子"示弱""处柔"的观点相吻合，在一定的环境中很有道理，但人生总会遇到不同的困境，不能一味地示弱处柔，要根据不同境遇采取不同的应对方式和态度。

泰卦第十一：

　　履卦之后是泰卦。"泰"，指通畅、交通。泰卦的卦象是，乾在下坤在上。因此，泰卦的意象是乾元阳气下降，坤元地气上升，天气与地气交合，万事亨通。比喻君主应该效法天地交合，制定出符合自然规律的各项社会制度，帮助、引导人们顺应自然规律。《易经》宗旨中重要的一点就是"明于天之道，察于民之故"，既要探究自然规律，也要探究社会人事的道理。自然界有规律，社会人事也有自己的规律，而且二者之间有其一致性，天地之间与人类社会如果达到交通和畅的最佳状态，那就是"泰"。如何达到"泰"的状态？自然界是"天地相交"，引申到社会人事问题上就是"君与臣""君与民"上下同心同德，实现政治清明，百姓安居乐业。也提醒统治者,处于"泰"时,要小心谨慎,"包荒,用冯河,不遐遗。朋亡"。即统治者要大度宽容,无私无偏,兼顾远近亲疏,杜绝朋党,否则就会自取灭亡。另外,泰卦提出了"泰极而否"的观念,认为一切都在不停地变化,这是不以人的意志为转移的,天道如此,人道亦如此。我们的先人在三千多年前能提出这种深刻的辩证思想,是非常伟大的。

否卦第十二:

泰卦之后是否卦,否是泰的反面。泰是通畅,否是闭塞,《序卦传》云:"泰者,通也。物不可终通,故受之以否。"说明了物极必反的客观道理,通久必不通,泰极而否必来,所以泰卦之后是否卦。否卦的卦象是,坤在下乾在上。因此,否卦的意象是天在上,地在下,天地隔绝,天地不交万物不通。"天地不交,否;君子以俭德辟难,不可荣以禄。"警戒君子应该含藏收敛,有才不露,有德不显,更不可贪图高官厚禄,这样才能避免危难。其实,这一卦的主要内容是讲述客观规律与人的主观能动性的关系,否时,君子要懂得收敛,韬光养晦,但否极时则要乘机而动。例如,上九的爻辞是:"倾否,先否后喜。"上九处于否的终极,否发展到了极点,是该"倾否"的时候了。而"倾否"与"否倾"不同,它强调的是人的主观能动性,"否终则倾,何可长也",在"否"将倾的时候,君子要主动地去"倾否",不可等待。也就是说,天下绝无久"否"之理,无论好事坏事都有发展到极点的时候,都有发生质变的时候,这个时候君子就要主动出击,发挥积极作用。我们在阅读和学习时要充分理解,否卦是将天道之盛衰与人事之进退交织在一起的,一方面认为社会的发展是具有自身规律性的,但同时又重视人的能动性。

同人卦第十三:

否卦之后是同人卦,《序卦传》云:"物不可以终否,故受之以同人。"否是天地不交,万物闭塞不通;同人是上下相同,"否"发展到终极,就被同人否定。"同"是聚合的意思,"同人"是聚合众人,凝聚人心。同人卦的卦象是离在下乾在上,"离"古作"罗",网罗的意思。因此,同人卦的意象是网罗天下之人,以达到我同天下人,天下人皆与我同，四海一家的目的。"离"还有火的意思，"天与火，同人；君子以类族辨物。"天在上，火向上，二者在这一点是相同的。但是，世间万事万物千差万别，总是同中有异或异中有同，没有绝对的相同，君子要懂得同人卦的同是有差异的同，要懂得"物以类聚，人以群分""同声相应，同气相求"的道理。我们在阅读和学习时，要注意"同人卦"实际上涉及的是个人与全社会的关系问题，全卦由初爻到上爻构成了一个由同而异，由异而同的发展过程，说明了君子聚人不众则不可以取胜的道理。在当今社会，这一点也非常重要，只有赢得大众之心，事业才会成功。

大有卦第十四：

同人卦之后是大有卦，《序卦传》云："与人同者，物必归焉，故受之以大有。"大有与同人卦是相反的，同人卦的卦象是离在下乾在上，大有卦的卦象是乾在下离在上。大同是天下有罗，欲网罗天下之人；大有是罗在天上，天下之物无所不网，故称为"大有"。"离"还有火的意思，"火在天上，大有；君子以遏恶扬善，顾天休命。"大有卦的意象是火高悬在天上，普照万物。善恶是人间的事情，天命是自然的规律。君子应该阻恶扬善，不违天命，遵守社会准则。我们在阅读和学习大有卦时，要注意分析其中所蕴含的辩证法思想。例如，初九的爻辞是："无交害，匪咎，艰则无咎。"不相互侵害，不责怪他人，虽遇艰难而能无灾。由此而言，凡"咎"皆由自取，即"自取其咎"。因为，人处于顺境富有之时极易得咎，若能"匪其彭，无咎"，即不自大、不炫富，具有明辨的智慧，就不会有灾害。大有卦还劝诫君子要以诚信与人沟通，因为诚信能够启发他人产生共同的志向，能够得到上天的保佑。

谦卦第十五：

大有卦之后是谦卦，《序卦传》云："有大者，不可以盈，故受之以谦。"任何事物的发展都有一定的限度，达到满盈就会走向消减衰败，唯一能够避免衰减的办法就是保持谦虚。"谦"，是指有而不居。谦卦的卦象是艮在下坤在上，山入于地。因此，谦卦的意象是地中有山。山是高大的，地是卑下的，高大居于卑下之下，是为谦。古人极其重视谦逊，谦逊有益而无害，《易经》六十四卦中的其他卦都有悔吝凶咎，唯独谦卦下三爻皆吉，上三爻皆利，"谦：亨，君子有终。"无论何人只要能够做到谦逊，一切都会亨通。但是，亨通也是有一定条件的，一个人做到一时的谦逊比较容易，做到一生谦逊就有些难度了，所以"君子有终"，只有品德高尚的君子才能够终身保持谦逊。谦卦以谦逊为主，无论在什么情况下，只要保持谦逊的态度，都不会招致祸患。例如，初六爻，以柔居下，君子谦而又谦，虽身处险境，亦无祸患；六二爻，以柔居中得正位，谦逊的品德充实于内而鸣于外，位正而吉；九三爻，君子有大功劳却又能居上体下，终身大吉……上六爻，虽然有战事发生，但因为谦逊，所以皆利而无害。当今社会，为人处世保持一颗谦逊之心也是非常必要的。

豫卦第十六：

谦卦之后是豫卦，《序卦传》云："有大而能谦必豫，故受之以豫。"物资丰富、生活富有，而又能保持谦逊，必然会有安逸快乐的结果。前辈学者认为在本卦中，"豫"至少有三种解释。逸豫，安逸休闲；和豫，和悦顺畅；备豫，凡事皆有预兆，可见微而知著。豫卦的卦象是坤在下震在上，坤为地震为雷。因此，豫卦的意象是雷出地动，阳气萌生，万物复苏。雷本潜闭于地中，随着阳气上升雷奋出地面，自然会发出巨大的声响，有通畅和乐之义。总体而言，豫卦主要反映了两个方面，一是从正面阐发了达到"豫"的方法和途径；二是从反面说明过分享"豫"的凶险，提示人们处于"豫"境时趋吉避凶的途径。古代先人非常重视"养谦处豫"之道，安逸和乐是人类社会追求的目标，但过分贪图安逸和乐，人类社会就会停滞不前，甚至遭遇祸患。因此，我们通过阅读和学习豫卦，要明白这样一个道理：社会不可无豫，人心不可有豫。

随卦第十七：

豫卦之后是随卦，《序卦传》："豫必有随，故受之以随。"安逸和乐是好事，物必来随。"随"，是指顺从，进一步引申为通达时变，不拘泥于陈规旧习。随卦的卦象是震在下兑在上，兑为泽。因此，随卦的意象是泽中有雷，君子应该以己随物，顺应天道。例如，傍晚时就要入室休息，

"泽中有雷，随；君子以向晦入宴息"，遵循日出而作，日入而息的自然规律。君子只要"以己随物"，就可以获得大亨，"随：元亨，利贞，无咎。"但是，"随"也是有条件的，必须以贞正为前提，然后才能大亨无咎。例如，九四爻辞，"随有获，贞凶。有孚在道，以明，何咎。"追求有所收获，但是这些收获可能带来祸患，补救的方法就是尽早觉醒，顺应天道，对他人或所做的事情以诚相待，做到光明磊落，灾祸自然就会消减，无咎。我们通过阅读和学习随卦，要切记一个人生道理，若想实现安逸和乐，就必须顺应自然和社会规律，坚守正义坦诚待人；并且不能过分沉溺于安逸和乐之中，否则就会遭遇祸患。

蛊卦第十八：

　　随卦之后是蛊卦。《序卦传》云："以喜随人者必有事，故受之以蛊。蛊者，事也。"以喜悦随人是件好事，但好事长久下去必会变成坏事，所以随卦后面跟着蛊卦。"蛊"，是指无事生非而惹出来的事情。《说文解字》云："晦淫之所生也。"蛊是不好的事情，而且是积蓄很久而产生的坏事情。蛊卦的卦象是巽下艮上，巽为风，艮为山。因此，蛊卦的意象是高山之下有风在吹动。风吹到山下，被高山阻挠不能畅达，便会摧败山中的树木，有蛊之象。但是，风能振起万物，涤荡浊气，君子处于如此境界，应该端正民风，培育贤德。我们通过阅读和学习蛊卦，要明白一个道理，事情经过长久积弊而至于败坏，就是蛊。无论是万事万物还是个人，乃至于整个社会都存在"蛊"的问题，虽然"终则有始""乱必有治"是自然界和社会的客观规律，但是防微杜渐，防止"蛊"的出现，将坏事扼杀在萌芽中也是非常重要的。

临卦第十九：

　　蛊卦之后是临卦。《序卦传》云："蛊者，事也。有事而后可大，故受之以临。临者，大也。"临是使事情变得盛大。临卦的卦象是兑在下坤在上，地下有泽。因此，临卦的意象是水泽之上有高地。大地本是最卑下的，然而还有比大地更卑下的，那就是泽。泽上的大地是岸，岸与水交际，泽被大地面临。由此可知，临是从高处往下看，从上视下，用到人事上，就是从君视民，有治理百姓的意思，"泽上有地，临。君子以教思无穷，容保民无疆。"君子观此卦象，应该对百姓实施不断的教化督察，并且像大地面临水泽一样，广泛地包容蓄养民众。我们阅读和学习临卦时，要充分了解其中所体现出来的儒家管理思想。临卦在讲到君主如何管理百姓时，主张采取道德感化的方式，反对钳制压迫，反对用行政命令等强制手段治理国家。同时临卦也提出："刚浸而长。说而顺，刚中而应，大亨以正，天之道也。"认为管理百姓要本于天道，顺应自然规律，这里又表现出了明显的道家思想。

观卦第二十：

临卦之后是观卦。《序卦传》云："临者，大也。物大然后可观，故受之以观。"有学者认为观卦的"观"字有两层含义，一是自上示下，上边做出样子让人仰望；二是自下观上，下面的人主动观看上面的人如何行为。观卦的卦象是，坤在下巽在上，巽为风。因此，观卦的意象是风行于大地之上，吹拂着万物，"先王以省方，观民设教。"先王就像风吹遍大地一样，巡察各个邦国，考察民风，设置教化，订立规矩，而且君王要在各个方面给臣民做出榜样，让他们观仰而受教育。观卦所蕴含的思想非常丰富，如不言之教、神道设教、用舍行藏、以德化民等各种思想，我们在阅读和学习时要取其精华去其糟粕，继承和发扬其中优秀的思想。例如，作为领导者要以身作则，行不言之教；遵循自然规律，于无声无形中观感化物，以德教服人。作为领导者，要严格要求自己，因为"童观，小人无咎，君子吝。"童观是指像小儿一样蒙昧无知，看不清事物分不清道理。小人"童观"是可以原谅，没有祸患的，因为小人见识浅薄；领导者则不可以，领导者如果和小人一样分不清是非，就会招致严重的祸患。

噬嗑卦第二十一：

观卦之后是噬嗑卦。《序卦传》云："可观而后有所合，故受之以噬嗑。嗑者，合也。"噬，是指啮、咬的意思；嗑，是指合的意思。噬嗑，嘴里有个东西，咬住了才能把嘴合上。噬嗑卦的卦象是震在下离在上，震为雷，为动；离即罗，罗网，引申为法网。因此，噬嗑卦的意象是贪欲动于下,则法网威于上,"噬嗑:亨,利用狱。"由此可知,本卦专门论述狱案刑律之事。噬嗑卦把人口中有物,必嗑而后合的生活道理推广应用到社会人事上来。人世间所有的问题,就像口中有物隔在中间,必须通过咬合才能亨通;必须用法律刑罚的手段除掉奸邪,社会才能安定。我们在阅读和学习噬嗑卦时,应该注意卦中反映出的"明罚敕法""刚柔并济""宽严适宜"的治狱主张。这些既符合儒家的法律思想,同时也与道家的法律精神相吻合,也说明《易经》是儒道思想的共同源头。

贲卦第二十二:

噬嗑卦之后是贲卦。《序卦传》云:"嗑者,合也,物不可以苟合而已,故受之以贲。贲者,饰也。"贲的含义是饰,饰也就是文,指的是事物的文饰。贲卦的卦象是离在下艮在上,跟噬嗑卦正好相反。噬嗑卦是通过决狱使人合于正道,贲卦是通过文饰使人合于本分。贲卦的意象是山下有火,文明以止,"君子以明庶政,无敢折狱",即君子应该明察各项政务,不可不辨是非刚猛断决狱案。通过阅读和学习贲卦,我们了解到贲是文饰的意思,而文与质相对,质是事物的本质,所以贲卦实际上是论述文与质的关系,即内容与形式的关系。贲卦以"黄昏迎亲"来阐释"文饰"的含义,以及文与质的关系,将深奥的道理用形象生动的事例加以说明。太阳落山了,黄昏正是迎娶新娘的时刻,也是婚庆开始的时刻,婚庆必有彩饰,从新郎到新娘,从迎亲的彩车到拉车的马匹,从女方的家里到男方的聘礼都装饰一新,最后结果圆满。由此可知,贲卦的观点是文饰不可无质,本质也需要加以文饰,本质与文饰二者不可或缺,但也不可过分文饰,因为"白贲,无咎。"装饰清素,没有害处。

剥卦第二十三:

贲卦之后是剥卦。《序卦传》云:"贲者,饰也。致饰然后亨则尽矣,故受之以剥。"贲卦是论述文饰问题的,过分文饰就会起到反作用,就会走向衰败,所以后面就是剥卦。"剥",是指剥落、剥蚀,事物衰落、残谢,都可称作剥。剥卦的卦象是坤在下艮在上,艮为山。因此,剥卦的意象是山倾覆在地面上。高山出于地面,以其自高于地,日渐剥蚀消损,日久必倾覆于地面上。剥卦的意象主要是警戒那些身居高位的统治者，应该加强自身修养，加厚其基础，安固其根本。剥卦的爻辞则是用床由下至上，床腿到床架；由里至表，床榫到床席的逐渐被剥蚀作为比喻，阐述了积微成大、察微知著的道理。通过阅读和学习，我们会发现剥卦中多处提到了君子与小人、上与民等概念。例如，"君子得舆，民所载也；小人剥庐，终不可用也。"君子得到车用，说明百姓拥戴他；小人被剥夺房屋，说明小人剥蚀君子，最终是行不通的。由此可以说明，这一时期已经有了明显的阶级关系，社会进入了文明时代，统治者已经认识到自然与社会的变化规律，都是不以人的意志为转移的，提出了"上以厚下，安宅"的朴素的民本观念。

复卦第二十四：

剥卦之后是复卦。《序卦传》云："物不可以终尽剥，穷上反下，故受之以复。"物极必反是不可违反的自然规律，事物被剥蚀是正常的，但不可能完全被剥尽，被剥蚀到极处，事物就会发生翻转。"复"，具有"反"与"返"两种含义，其一是事物发展到了极端而向相反方向转化；其二是事物经过肯定、否定再重新归于肯定，即否定之否定等于肯定。复卦的卦象是震在下坤在上，雷本在地下，春暖时出于地面，冬寒时又回到地下，形成反复。因此，复卦的意象是雷回到地中，"雷在地中，复；先王以至日闭关，商旅不行，后不省方。"先王、后都是指统治者；至日，是指冬至。在冬至这一天，统治者采取安静休养的措施，关闭各地关卡，停止商旅活动，自己也不省视四方。通过阅读和学习，我们要注意到复卦以雷复归于地中为取象，说明了天地间万事万物此消彼长、循环往复的自然规律，这就是所谓的"天地之心"，即天地生生不已之心。人生有顺境，更多的是逆境，当身处逆境之时不要气馁懊丧，要韬光养晦，安心休养，充实自己，为新机会的到来做好准备。

无妄卦第二十五：

复卦之后是无妄卦。《序卦传》云："复则不妄矣，故受之以无妄。"妄，是指胡乱、虚妄、不实；无妄，指没有虚妄，不胡乱行事，不行不实之事。无妄卦的卦象是，震在下乾在上。震，是雷，是动的意思。如果遵循天道而动，就是无妄。因此，无妄卦的意象是雷行天下，以天威警示于人，使人不得妄为。"天下雷行，物与无妄；先王以茂对时，育万物。"雷是按照客观规律春发冬收的，春雷一响万物复苏，万物随着雷的运行规律而生长、成熟、衰败，所以无妄。统治者应该充分体会无妄卦的意义，把它运用到国家管理上，要按照"四时"变化的规律对百姓进行管理教化。我们阅读和学习无妄卦，要充分了解"时"的问题实际上就是如何处理主观与客观的关系问题，要学会审时度势。"时"变了，也就是客观条件变了，人就要根据客观实际制定最佳对策。另外，无妄卦的爻辞还指出了一种特殊的客观现象，即有的时候，人的吉凶并非都与"时"相关，总会有一种由偶然因素决定的意外情况发生，即人们常说的"无妄之灾""无妄之疾"。例如，六三爻辞："无妄之灾，或系之牛，行人之得，邑人之灾。"村人拴着一头牛，被行人顺手牵走了，对村人而言就是无妄之灾。我们必须要承认这种事情是客观存在的，但也不能因此就否认事物之间皆有着必然联系的客观真理，因为一切偶然性都有其必然性的存在。

大畜卦第二十六：

　　无妄卦之后是大畜卦。《序卦传》云："有无妄然后可畜，故受之以大畜。"无妄是指有实而不虚妄，因此可以积蓄。大畜卦的卦象是乾在下艮在上，艮为山，乾为天，至大无比的天被包容在山中，故为大畜，"天在山中，大畜。君子以多识前言往行，以畜其德。"大畜的意象是天被包含在山中，君子观此象深受启发，广泛学习前辈先贤的言论和事迹，不断充实自己，蓄养美德。我们在阅读和学习的过程中，要逐步了解到大畜卦主要是论述君子通过蓄积、等待时机而达到最终亨通的道理。例如，九三爻辞："良马逐，利艰贞。曰闲舆卫，利有攸往。"骏马奔驰追逐，占问虽然有一定的危险，但是如果经常练习驾车和防卫方面的技能，前往各处就会无所不利，最后达到"何天之衢，道大行也"。历经努力君子终获显达，世道变得公正畅通。另外，大畜卦也强调君臣之道，君臣同心合志是大畜的关键所在。如果君臣不合，君主蓄贤而贤人不应，贤人选明君而君主不应，皆难以形成大畜之道。这一点，对当今社会的领导者也会起到一定的启发作用。

颐卦第二十七：

　　大畜卦之后是颐卦。《序卦传》云："物蓄然后可养，故受之以颐。"物已经得到蓄积，接下来的问题就是如何颐养，使物得到生息。"颐"，是指下巴、口颊，人用口吃饭以养身，引申为保养的意思。但颐卦中的"颐"具有普遍性的意义，除了人自养其身其德之外，"颐"还包括天地养育万物，君主养育贤人、养育百姓等含义，即"自求口实，观其自养也。天地养万物，圣人养贤以及万民。"颐卦的卦象是震在下艮在上，震为雷，艮为山。因此，颐卦的意象是山下有雷，"山下有雷，颐；君子以慎言语，节饮食。"君子应该谨慎言语，节制饮食，严格控制口腹之欲，这是自养的问题。通过阅读和学习，我们了解到颐卦主要是论述人如何谋取食物以求生存的问题，也就是养的问题，实际上"养"包括自养与养人两个方面。但无论是自养还是养人都必须得其正道，"颐，贞吉，养正则吉也。"所谓正道就是顺应天时以养身养天下，主要内容就是养心养形，心为德形为体。目前，我国经济高速发展，国人富裕了，生活水平提高了，却出现了过度重视养形忽视了养心的情况。因此，养德为大，养体为小，是当今国人应该牢记的一个道理。

大过卦第二十八：

　　颐卦之后是大过卦。《序卦传》云："颐者，养也。不养则不可动，故受之以大过。"世间万事万物都是养而后成的，养成就能动，动了就会产生过的问题。"过"，是指太甚、超过，引申为过失。大过卦的卦象是巽在下兑在上，泽在木上；其意象是泽水漫过了大树，"泽灭木，大过；君子以独立不惧，遁世无闷。"水泽本来是滋润养育树木的，现在泽水过大，反而淹没了树木。君子观"大过"之象应该有所领悟，做事要坚定自己的操守，要敢作敢为、无所畏惧，即使是不被世用，也不会感到后悔和苦闷。大过卦用生活中常见的事例来说明，无论是个人还是国家管理，一旦做得过分、过度就会有危险。例如，"枯杨生华，何可久也；老妇士夫，亦可丑也。"枯萎的杨树开出花朵，这样的荣耀怎么可以持久呢？老妇配壮汉，这是耻辱的事情。但是，通过阅读和学习，我们发现大过卦在论述"大过"的危险时，也为解决这种危险指明了出路，那就是坚持"独立不惧，遁世无闷"的精神，"利有所往"，有所作为，有所行动。用今天的话说就是危机亦是机遇，不怕危险抓住机遇，方能取得成功。

坎卦第二十九：

　　大过卦之后是坎卦。《序卦传》云："物不可以终过，故受之以坎。"坎，是指陷阱；用作动词时，是指挖地为陷阱待物下落。坎卦的卦象是坎下坎上，即习坎，两坎相重叠，坎坎相叠。坎为陷阱，挖地而成，所以容易形成沟坎，有水流注入其中。因此，坎卦的意象是水流不断涌入坎中，形成危险，"水洊至，习坎。君子以常德行，习教事。"君子遇到这种情况，应该不断地修养其品德，反复熟悉自己所负责的政务教令。我们在阅读和学习坎卦的过程中，发现坎卦的卦辞和爻辞论述的都是处于险境摆脱险境的方法，这对我们现在的社会生活有着非常重要的意义。生活在世上的每个人都会遇到危险处于险境，例如，"来之坎坎，险且枕，入于坎窞，勿用。"前后、进退之处都是深坑，并且掉进了深坑中的深坑，非常危险。处于这种境况时，如何摆脱危险，首先要镇静，不能盲目采取行动。"习坎，重险也。水流而不盈，行险而不失其信。"陷于极其危险的境地，要像水流一样不顾一切、永不停止地向前流动，身处险境也不要失去诚信之心，即身困于险，但心不可困于险，这样就会有摆脱危险的希望。

离卦第三十：

　　观坎之后是离卦。《序卦传》云："坎者，陷也。陷必有所丽，故受之以离。"离，丽也；丽，是指附丽。陷于危险之中，必有所附丽，才能摆脱险境。离卦的卦象是离下离上，离为罗、为火、为附丽；离卦的意象是光明重叠振作，"明两作，离；大人以继明照于四方。"这里取的是火象，火意味着光明；离离，是指连续不断的光明。因此，警醒大人应该用连续不断的光明照临四方，用自己的美德引领天下。六二爻辞："黄离，元吉。"设下金黄色的罗网，大吉，这里取象为罗。"离，丽也。日月丽乎天，百谷草木丽乎土。重明以丽乎正，乃化成天下。"离是附丽的意思，日月附丽于天空，百谷草木附丽于大地。重叠不断的光明附丽于中正之道，便可化育成就天下万物，这里取象为附丽。离卦的主要内容是论述附丽与附丽的重要性，无论是自然界还是人类社会，附丽是一种普遍存在的现象。无论什么样的人，活在世上都要有所附丽，都要有所依靠。例如，生活中要有一定的人际关系；谋生要依靠特有的手段；精神上要有坚定的信仰和追求；心灵上要有慰藉，等等。尤其当今社会是一个双赢的社会，是需要团队奋斗的社会，同时，也是一个物资丰富、思想纷纭、诱惑极多的社会。关键是要选择正确的附丽对象，用正确的方法去附丽，这是我们阅读学习本卦的重点所在。

下 经

咸卦第三十一：

离卦之后是咸卦，上经三十卦至离卦结束，下经三十四卦从咸卦开始。《序卦传》云："有天地，然后有万物；有万物，然后有男女；有男女，然后有夫妇；有夫妇，然后有父子；有父子，然后有君臣；有君臣，然后有上下；有上下，然后礼仪有所错。"在这里，"咸"的读音和意义都与"感"字相同，古代的"感"写作咸，心字是后加上去的。咸是"交相感应""交感相通"的意思；错是差别的意思。咸卦的卦象是艮在下兑在上，兑为泽，为少女；艮为山，为少男。咸卦的意象是山上有泽，泽在山上，山泽二物相感相通，"山上有泽，咸；君子以虚受人。"观此卦象，君子应该像山一样谦下，虚怀若谷容纳天下之人。咸卦以人身取象，以男子谦下感应女子为比喻，从脚趾开始，到小腿、大腿、脊背、脸颊、舌头，由下至上对"交感相通"进行论述。而且将这种男女交相感应的道理，推广至自然界和人类社会，"天地感而万物化生，圣人感人心而天下和平；观其所感，而天地万物之情可见矣！"天地交感万物生长，圣人感动民心天下太平和谐。我们只要对这种相互交通感应现象认真观察，就可以深刻了解和把握自然界和人类社会的各种现象和规律。我们在阅读学习本卦时要注意一个问题，即咸卦的挂爻辞有相互矛盾的地方。

恒卦第三十二：

　　咸卦之后是恒卦。《序卦传》云："夫妇之道，不可以不久也，故受之以恒。恒者，久也。"咸卦论述的是夫妇之道，夫妇之道贵在长久，终身不可改变。恒，即指长久、恒久，一切长久不变的事物都可以称之为恒，如"日月之恒"。恒卦的卦象是巽在下震在上，阳刚在上，阴柔在下，雷与风相配合，顺理而动。而且恒久不变、运动不止，这就是天地之道。"雷风，恒；君子以立不易方。"观此卦象，君子应该立身行事、坚守正道，持之以恒，永远不会改变。从恒卦的卦象我们可以看出，恒卦是从恒定不变和运动变化两个方面来论述事物的恒久之道的，二者的辩证统一才是真正的恒久，这也体现了"不易"和"变易"的《易》学精神。另外，恒卦的核心是贵"中"，中就能恒，不中就不能恒。无论是恒定还是运动，都有一个度，超过了这个度，欲速则不达。例如，"浚恒之凶，始求深也。"做任何事情都要有一个循序渐进的过程，浚恒的凶险就是来自一开始便遽求深入，太急于求成。泥于恒而不知变或者变动没有节制，都属于没有守中，都会招致凶险，"振恒，凶。"这一观点和孔子"过犹不及"的思想是一致的。

遁卦第三十三：

　　恒卦之后是遁卦。《序卦传》云："恒者，久也。物不可以久居其所，故受之以遁。"遁，是指退去、离开，避而去之。恒是长久，任何事情时间久了，总要走向反面，长久必会变为退去、离开，世上没有不散的筵席。遁卦的卦象是艮在下乾在上，山在下天在上。天上的云气出于山，不为山所蓄止而离去，就像贤明之士不为朝廷所蓄养而遁去。"天下有山，遁；君子以远小人，不恶而严。"遁卦的意象是天在大山之外，君子观此卦象应该远离小人，不露憎恶之情而能严格界线。通过阅读和学习，我们了解到遁卦的主要内容就是论述君子如何隐遁。例如，"遁尾，厉，勿用有攸往。"尾随在别人后面隐遁，有危险，不宜有所行往；"肥遁，无不利"果断而退，高飞隐遁，无所不利。遁卦主要表达了君子在政治环境中的道德行为和政治主张，在小人得势的不利环境中，君子应该采取隐遁的方式以独善其身，以待时变。我们应该注意，遁卦中的隐遁，只是儒家所提倡的一种灵活的政治策略,与道家"出世"的哲学思想有着本质区别。

大壮卦第三十四:

  遁卦之后是大壮卦。《序卦传》云:"遁者,退也。物不可终遁,故受之以大壮。"壮,是指强、盛;强壮、强盛。事物衰则必盛,消则必长,隐遁必大壮。大壮卦的卦象是乾在下震在上,与遁卦为卦爻翻覆的关系。其意象是雷在天上轰鸣,"雷在天上,大壮;君子以非礼勿履。"观此卦象,君子应该警醒,不去做那些过分强硬、不符合礼仪要求的事情。大壮卦的主要内容是论述当客观事物发展过盛之时,如何守弱退止,以及壮极转化的道理。"大壮则止",任何事物的发展过于强盛就要走向衰败,所以要放慢速度,逐渐停止,否则就会招致灾祸。例如,九三爻辞:"小人用壮,君子用罔,贞厉。羝羊触藩,羸其角。"小人因为强壮而逞强,就像强壮刚狠的公羊冲撞藩篱,毁坏头角;君子即使强壮也不会随意表现,更不会恃强凌弱。"刚柔相济"是天地间的必然规律,君子要尽量结合实际情况以刚处柔或以柔处刚,尤其是在发展的强盛时期,要把握好"止"的度,当止则止。

晋卦第三十五:

  大壮卦之后是晋卦。《序卦传》云:"物不可以终壮,故受之以晋。晋者,进也。"晋,就是进,前进或晋升的意思。任何事物发展到强盛,都有向前更进一步的可能。晋卦的卦象是坤在下离在上,离为火。火光在大地之上,就像太阳从地平线上冉冉升起,升得越高光明越强。"明出地上,晋;君子以自昭明德。"观此卦象,君子应该努力修养,使自身的美德更加彰显。晋卦的主要内容是论述升与进的道理。首先,要懂得进退适时,而且要守中,走正途,"晋如摧如,独行正也。裕无咎,未受命也。"可进则进,可退则退。在还没有接受官职任命的时候,只要自己坚守正道就会进退自如。其次,要谦虚柔顺,"顺而丽乎大明,柔进而上行",谦逊而依附于太阳的光辉,以谦柔的态度前往就能不断地上升。通过阅读和学习本卦,我们要明白一个道理,无论什么人,在向前发展的过程中一定要张弛有度,明确方向和目标之后,根据客观环境和自己的实际境况,该前进时要全力以赴，不可进时要果断停止，韬光养晦以退为进，不可强行。

明夷卦第三十六：

晋卦之后是明夷卦。《序卦传》云："晋者，进也。进必有所伤，故受之以明夷。"夷，是伤的意思。不断地晋升到一定程度，就会受伤。明夷的卦象是离在下坤在上，跟晋卦正好相反，为颠倒挂。晋卦是太阳从地面上升起，日明为昼；明夷则是太阳落到地底下，明伤为夜。表现在政治管理上，晋卦是明盛之卦，明君在上群贤并进；明夷是昏暗之卦，昏君在上明者受伤。"明入地中，明夷；君子以莅众，用晦而明。"观此卦象，君子在面临百姓时，外表应该表现得昏晦愚钝而内心则精明睿智，即大智若愚。明夷卦主要是以商周之际，周文王与商纣王、箕子等人的事迹为例，说明处"明夷"之时全身守正、韬光养晦的道理。例如，明入地中时"内文明而外柔顺，以蒙大难，文王以之。利艰贞，晦其明也，内难而能正其志，箕子以之。"周文王内怀美德外表柔顺，以此度过危难；商朝重臣箕子在危难中伪装癫狂，收敛起自己的美德和智慧，但内心不失其正。而商纣王则"不明晦，初登于天，后入于地"。先即位为天子，后以亡国失位而告终。总之，明夷卦告诉我们，处于困境时不可妄为，要懂得收敛，养精蓄锐以待时机东山再起。

家人卦第三十七：

明夷卦之后是家人卦。《序卦传》云："夷者，伤也。伤于外者必反其家，故受之以家人。"家人，即一家之人，也是家庭的意思。无论古人还是现代人，家庭都是避风的港湾，在外受了伤害，首先想到的就是回家，寻求家人的帮助和安慰。家人卦的卦象是离在下巽在上，巽为木，离为火。人所居住的地方为家，古人"构木以为宫室"，所以"巽"在这里指的是家人居住的地方；相传"炎帝作火，死而为灶神"，所以"离"在这里指的是灶火。室中有灶，因此"离巽"相组合而构成了家。家必有规矩，有家风。"风自火出，家人；君子以言有物而行有恒。"古人认为家庭风气是教化的根本，君子观此卦象，要从自身修养开始，说话要有根据，做事要有准则，要坚持始终，不可半途而废。家人卦主要是论述家庭关系，以及持家治家的道理，其中对家庭教育的重视、家风的形成等观念，都对后世有着深远的影响。但是，我们在阅读学习家人卦的过程中要注意，卦中明显地反映出男尊女卑思想，对这一思想要结合历史实际辩证地看待。

睽卦第三十八：

家人卦之后是睽卦。《序卦传》云："家道穷必乖，故受之以睽。睽者，乖也。"睽，是违背、不合的意思；形容一个人张目而视的样子。家道总有穷的时候，家人会相互乖违离散。睽卦的卦象是兑在下离在上，离为火兑为泽，"火动而上，泽动而下"，火焰向上升腾，水泽向下流动，二者相违背。观此卦象，"君子以同而异"。在实际生活中，君子应该认识到任何事物的同都是以异为前提的，以同而异，同中求异，保持自己的个性和特色。睽卦的主要内容是论述乖违的产生，以及由乖违转化到合的必然性。乖违产生于"疑"，疑心生于内，乖违现于外。例如，上九爻辞："睽孤，见豕负涂，载鬼一车，先张之弧，后说之弧。匪寇，婚媾，往遇雨则吉。"一个疑心很重的人，四下张望，遇见满身泥污的猪在沼泽地里行走，恍惚间又看到一辆车装满了鬼，情急之下张弓欲射，然后又放下了弓，原来是迎亲的队伍而非鬼怪和强盗。最后，用"往遇雨则吉"比喻解除了心中的怀疑，睽极而合，无往不吉。疑心多生怪，这是我们在生活中要牢记的一个道理。

蹇卦第三十九：

睽卦之后是蹇卦。《序卦传》云："睽者，乖也。乖必有难，故受之以蹇。蹇者，难也。"蹇，本以为跛足，是指行路之难，引申为艰险困难。处于乖张的境况，一定会有艰难险阻。蹇卦的卦象是艮在下坎在上，坎为水、为险，艮为山、为阻，"山上有水，蹇；君子以反身修德。"水在山上，遇到阻碍不能下流。观此卦象，君子在面临艰难险阻时，应该反省自身，加强品德修养，以战胜困难。蹇卦的主要内容是论述人在遭遇困境时应该如何应对问题。通过阅读和学习，我们发现蹇卦提醒人们身处逆境时要"遇险则止"，积蓄力量以摆脱险境；要静待时机以图转化，不要逞刚用强。但这些都不是最重要的，蹇卦认为身处逆境时，最重要的是及时调整方向，做出明智的选择，"蹇利西南，往得中也。不利东北，其道穷也。利见大人，往有功也。当位贞吉，以正邦也。"身处险境时要选择正确方向，"东北向"走不通就转向"西南向"，端正方向就可以脱离险境。另外，要做出正确选择，还需要寻求聪明智慧之人的引导和帮助。虚心向他人请教，以求他人指点迷津，这一点对现代人尤为重要。

解卦第四十：

蹇壮卦之后是解卦。《序卦传》云："蹇者，难也。物不可终难，故受之以解。解者，缓也。"解，是指散、缓的意思；缓解，解散。任何事物都是发展变化的，艰难困苦总是会过去的，就像人们常说的阳光总在风雨后。解卦的卦象是坎在下震在上，震是动，坎是险；震是雷，坎是雨。危险的境界开始有了动的迹象，预示着险难开始缓解；雷声轰鸣开始降雨，大自然的一场纠结已经解散。"雷雨作，解；君子以赦过宥罪。"观此卦象，君子应该领悟一个道理，"天地解而雷雨作，雷雨作而百果草木皆甲坼。"天地尚有雷兴作雨，给万物以萌芽生长的季节；君子也应该给百姓一个重新做人的机会，适时适当赦免他们的过错，宽宥他们的罪过。这反映了我国古代一种主张赦宥民罪的法律思想。另外，解卦提出了一个重要观点，对现代人仍有启发作用，即"解之时大矣哉。"缓解危难要因时致用，要遵循自然和社会发展的客观规律，要适时而动，不可盲目行事，否则会陷入更深的危险。

损卦第四十一：

解卦之后是损卦。《序卦传》云："解者，缓也。缓必有所失，故受之以损。"损，是指减损、敛抑。损卦的卦象是兑在下艮在上，兑为泽，艮为山。"山下有泽，损；君子以惩忿窒欲。"高山之下有低洼的水泽，这是损下之象。观此卦象，君子应该修养自身，控制情绪避免一时之愤怒，因为随意发泄愤怒以满足自己的心理需求，是损人益己的行为；同样，君子要彻底遏制贪念和欲望，因为，过度贪心以满足自己的物质需求，也是一种损人益己的行为。反之，控制住情绪，遏制住贪念，一切为他人着想，就是损己益人。损卦的主要内容就是论述如何减损，其中包括自我减损。通过阅读和学习，我们深刻明白了一个道理，那就是"损极受益"与"益及受损"是自然界和人类社会的普遍性规律。"损刚益柔有时。损益盈虚，与时偕行。"无论是损上益下，还是损下益上都要适时而行，因为一切事物的减损增益、盈满虚亏均是遵循客观规律而运行的。例如，"弗损益之，大得志也。"有时看起来好像是损己益人，其实最后自己反而可能会得到很大的益处。

益卦第四十二：

　　解卦之后是益卦。《序卦传》云："损而不已，必益，故受之以益。"损的反面是益，损发展到一定程度必转变为益。益，长也。增长、增加的意思。益卦的卦象是震在下巽在上，震为雷，巽为风，风雷交加，风得雷声相助声音更加猛烈；雷得风声相助声音更加长远。"风雷，益；君子以见善则迁，有过则改。"观此卦象，风与雷有相益的关系，都有迅猛快疾的特点。君子应该效法风雷见善即迁，知错就改，雷厉风行，不可犹豫拖延。益卦的主要内容是论述"损上益下"的道理，是从统治者的角度论述统治者与百姓之间"损益"的关系。"益，损上益下，民说无疆。自上下下，其道大光。"减损于上增益于下，民众就会非常高兴，在上位的统治者尊敬处于下位的民众，统治之道就会光明顺畅。由此可见，表面上是"损上益下"，实际上下双方都有获益。就像大自然一样，"天施地生，其益无方。凡益之道，与时偕行。"一切都要遵循自然和社会的客观规律，这是"益之道"的核心，也是我们阅读和学习益卦的重点所在。

夬卦第四十三：

　　益卦之后是夬卦。《序卦传》云："益而不已必决，故受之以夬。夬者，决也。"夬，通决；果决、决断，冲决、溃决。夬卦的卦象是乾在下兑在上，兑为泽。"泽上于天，夬；君子以施禄及下，居德则忌。"泽水在天上，溃决。天上之水溃决必化为雨露润下，观此卦象，君子应该广布德惠施予百姓，囤积福泽、自行享有是最忌讳的事情。夬卦的主要内容是论述如何决断的道理，而且是强者决断弱者，即阳决阴，君子决小人之卦，即"夬，决也，刚决柔也。健而说，决而和。"负责筮卜的官员筮得"夬"卦，站在王庭宣称卦兆显示，不久将会有人来通报属邑有危险。对这一危险事件，可以用其他办法解决，但不能出兵以武力解决。"告自邑，不利即戎，所尚乃穷也。"如果专用威猛，崇尚武力，就是决而不合其道穷也。可知，夬卦的核心是着重强调"刚决柔"，虽然占据优势，但不可掉以轻心，要警戒危惧，谨慎行事。这一卦很具有文学色彩，尤其是"臀无肤""牵羊悔亡"等比喻的运用生动形象，值得后人学习。

姤卦第四十四：

夬卦之后是姤卦。《序卦传》云："夬者，决也。决必有所遇，故受之以姤。姤者，遇也。"姤，通遘；遘训为遇，遇合，不期而遇的意思。古代诸侯会盟，有约定的叫会，即"期而会"，不期而会叫作遇。姤卦的卦象是巽在下乾在上，巽为风。"天下有风，姤；后以施命诰四方。"风行天下，吹拂万物；风向不确定，与万物不期而遇。观此卦象，君主发布政令应该像风一样传告天下。姤卦的主要内容是以男女遇合为比论述天地阴阳、刚柔相遇，君臣相合之道。例如，"姤：女壮，勿用娶女。"女子太健壮，不宜娶作妻子，因为女子太强男子就会变弱，破坏了夫刚妻弱的关系。同样，"天地相遇，品物咸章也。刚遇中正，天下大行也。姤之时义大矣哉。"天地阴阳相遇，万物才能生长茂盛。君主坚守中正之道，君臣和谐，教化政令才能通行于天下。因此，在阅读和学习时，我们要充分理解姤卦所体现出来的因时随宜的道理，这一点是非常重要的。另外，对姤卦中"夫刚妻弱"等落后观点也要持有批判的态度，毕竟这是几千年前的观点。

萃卦第四十五：

姤卦之后是萃卦。《序卦传》云："姤者，遇也。物相遇而后聚，故受之以萃。萃者，聚也。"萃，是聚的意思；集聚、会聚。无论人或事物，只要相遇就会成群，就会聚在一起。姤卦的卦象是坤在下兑在上，兑为泽。泽水汇聚于地上，"泽上于地，萃。君子以除戎器，戒不虞。"观此卦象，君子应该修治军械，时刻警戒，常备不懈。萃卦的主要内容是以地上聚集了泽水为象征，论述了君主如何聚集人力和财力以保其王位的道理。君主为了聚财蓄民，首先，"顺以说，刚中而应，故聚也。"顺应民情使民心悦服，以此获得百姓的拥护；其次，"王假有庙，致孝享也。利见大人，亨，聚以正也。"到祖庙进行祭祀以示孝心，以此获得大臣的帮助，凝聚人心。另外，萃卦提出了"戒不虞"的忧患意识，"大吉无咎，位不当也。"能够清醒地认识到自己处于不利的位子，时刻保持警惕状态，才能避免灾祸。"忧患意识"是中华民族的生存智慧，承载着深厚的民族精神。我们要发扬优秀的民族精神，在新时期增强忧患意识，常备不懈，努力进步。

升卦第四十六：

　　萃卦之后是升卦。《序卦传》云："萃者，聚也。聚而上者谓之升，故受之以升。"升，前进向上的意思。事物聚集起来，必然会向上增高。升卦的卦象是巽在下坤在上，巽为木。树木从大地中生长出来，越长越高，"地中生木，升；君子以顺德，积小以高大。"观此卦象，君子应该循序渐进地修身养性，培育美德，就像树木一样从矮小逐渐积累到高大。升卦的内容非常明确，就是以树木生长于地为象征，论述君子如何提升。升卦认为君子提升的条件包括，一是要讲诚信，"允升，大吉。"心存诚信而升进，非常吉利；二是"柔以时升"，要审时度势，静待时机；三是"巽而顺，刚中而应"，外表谦虚谨慎，内有刚健之德，同时还要有贤能之人的提携。这些条件对现代人的"提升"仍有一定的借鉴意义。心存诚信、谦虚谨慎、外柔内刚，他人的提携相助，也是现代人处世的基本原则。

困卦第四十七：

　　升卦之后是困卦。《序卦传》云："升而不已，必困，故受之以困。"困，穷困的意思，也有疲惫困乏之意。自下往上不停地生长，必有气竭力尽、限于困境的时候。困卦的卦象是坎在下兑在上，水在泽下。水在泽上，预示着泽中有水；水在泽下，说明泽中已干涸无水。"泽无水，困；君子以致命遂志。"泽中干枯无水，象征着人处于困境，观此卦象，君子应该通达天命，经受困境考验，成就远大志向。困卦的主要内容是论述人处于困境，以及如何摆脱困境的道理。通过阅读和学习，我们了解到困卦的"困"有两种，一种是普通百姓生存上的困境，"臀困于株木，入于幽谷，三岁不觌"。受困而坐在枯木桩上，然后又迷路而误入深谷之中，很长时间找不到出路，这是身之困；另一种是大人、君子在政治上的困境，是为道之困，"险以说，困而不是其所亨，其唯君子乎？"虽然身处险境而内心从容自乐；虽然困窘而不失立身之根本，最终亨通，这大概只有君子才能做到吧。我们在阅读和学习困卦时发现，当人们遇到困境时通常会"利用祭祀"求得鬼神相助，不能把这种情况单纯地看成是迷信，这实际上只是一种心灵的寄托和安慰。

井卦第四十八：

困卦之后是井卦。《序卦传》云："困乎上者必反下，故受之以井。"事物不可能永远呈上升态势，上升到一定程度就会受困，受困就会向下滑落，而井下则可谓世间最低处。井的卦象是巽在下坎在上，坎为水，巽为木。"木上有水，井；君子以劳民相劝。"很多学者都认为"木"是指木桶，用木桶从井里往上汲水，水就提升上来了，这就是井卦的象征意义。君子观此卦象，应该抚慰百姓、勉励互助。井卦的主要内容大概包括两个方面。一是遵循恒常之道，讲求终始之理。井与古代先民的生活息息相关，无论在哪里建设都邑开始生活，都必须先打井以解决饮水问题，即使搬迁了，井依然长久地留在原地，即"改邑不改井"。时至今日，故乡的那口老井，依然萦绕在人们思乡的梦中。二是论述与世无争，默默施与的美德。不管人们是否使用，井水都不会因此而减少或增加；不管人来人往，井依然还是井，"无丧无得，往来井井。"至今人们仍在用"井养而无穷"来歌颂无私奉献的美德；用"古井无波"来赞美一个人广阔的胸怀和深厚的涵养。

革卦第四十九：

井卦之后是革卦。《序卦传》云："井道不可不革，故受之以革。"革，是指除去兽皮上的毛。引申为革除、更新、改革等。革卦的卦象是离在下兑在上，离为火，"泽中有火，革；君子以治历明时。"水中有火，水与火相息相灭，水可以灭火，火可以让水干涸，水火不相容。火在下水在上，火的本性是向上燃烧，水的本性是向下流动，二者相就必相克，相互产生变革、变化。君子观此卦象，应该修治历法，审明时令，革故维新。革卦用鲜明生动的例子来解释"革"的意义，"革，水火相息，二女同居，其志不相得"。革，就像水火共处互不相容，两女同居互不相让，便会发生一系列的变革和变化，用形象具体的语言阐释抽象深奥的道理，具有浓厚的文学色彩和深刻的哲学道理。革卦的主要内容就是论述改革、变化之道，"天地革而四时成，汤武革命，顺乎天而应乎人。革之时大矣哉！"无论是改革还是变化既要遵循自然规律，又离不开主观努力，这是革卦的核心思想，也是我们学习的重点所在。

鼎卦第五十：

革卦之后是鼎卦。《序卦传》云："革物者莫若鼎，故受之以鼎。"鼎，古代烹煮食物的器具，后亦作为祭器、礼器，进而成为政权或国家的象征。鼎卦的卦象是巽在下离在上，巽为风，离为火，火借风势越燃越烈。"木上有火，鼎；君子以正位凝命。"火在木材上燃烧，烹煮器具中的食物。观此卦象，君子应该端正职守，完成使命。鼎卦直接以器物为象，论述君主"定鼎立国"应该顺天应人的执政之道，"鼎，象也。以木巽火，亨饪也。圣人亨以享上帝，而大亨以养圣贤。"圣人烹煮食物以祭祀天地，以表示对上天的尊重；同时又更多地烹煮事物以奉养贤明之人，以获得帮助和支持。鼎卦的爻辞非常形象，寓意深刻。例如，初六的爻辞："鼎颠趾，利出否；得妾以其子，无咎。"鼎身翻转鼎足朝上，鼎里面陈秽的东西被倾倒出来，旧的东西清除了，肯定会有新的东西补充进来；果然，新娶的妾将要为他生子。九四的爻辞："鼎折足，覆公𫗧，其形渥，凶。"鼎足突然折断了，打翻了鼎中的肉羹，洒了一身，弄脏了衣服，预示着有凶险的事情将要发生。直至今日，这种手法在文学和影视作品中仍然经常出现。

震卦第五十一：

鼎卦之后是震卦。《序卦传》云："主器者莫若长子，故受之以震。"鼎为祭器、礼器，祭祀典礼时要有主器之人，一般情况下主器之人为长子。震为雷，为长子，《说卦传》："乾，天也，故称父；坤，地也，故称母；震一索而得男，故谓之长男。"震卦的卦象是震下震上，二雷相重，可谓霹雳，惊天动地。"洊雷，震；君子以恐惧修省。"震雷重叠，观此卦象，君子惶恐惊惧，应该修身自省。震卦的主要内容是论述面对危机时人的心态和涵养的问题。源于恐惧而产生的自然崇拜，古人将雷视为天谴和灾变，时至今日，有人遭受雷击也会产生做坏事而受到上天惩罚的心理。面对雷震，人们的态度是不一样的，有人"震遂泥"，雷声轰响，惊恐万分落入泥泞当中；有人"震惊百里，不丧匕鬯"，雷声轰鸣响彻百里，不失落手中的汤匙和酒杯。因此，震卦揭示的是人的心理，是人面对危机时的心态，无论古人还是现代人，只有平时注重修养，遇到危难时才会临危不惧。

艮卦第五十二：

震卦之后是艮卦。《序卦传》云："震者，动也。物不可以终动，止之，故受之以艮。艮者，止也。"艮，为山、为止；山有安重坚实的意思，也代表险阻。事物的属性都是相对的，动必有止。艮卦的卦象是艮下艮上，两山相连，"兼山，艮；君子以思不出其位。"两山叠峙，观此卦象，君子所考虑和谋划的事情不要超越自己的职能限制范围，要守本分，不在其位不谋其事。艮卦的主要内容是以人身取象，从脚趾、小腿、腰胯、上身到口唇各个部位，论述人处于重重险阻之时，应当谨言慎行，方可避免祸患。例如，六五爻辞："艮其辅，言有序，悔亡。"谨慎口唇，不要随意发言，出言则有条理，这样就不会招致灾祸。"病从口入，祸从口出""好话一句三冬暖"，谨言慎行仍是我们生活中的至理名言。另外，艮卦中"时止则止，时行则行"，动静因时的思想与道家思想相符合，学习时可以两相结合，加深理解。

渐卦第五十三：

艮卦之后是渐卦。《序卦传》云："艮者，止也。物不可以终止，故受之以渐。渐者，进也。"渐，是进，缓进，逐渐进入、缓慢进入的意思。渐卦的卦象是艮在下巽在上，艮为山，巽为木，树木在高山之上，"山上有木，渐；君子以居贤德，善俗。"高山之上有树木逐渐生长茂盛，观此卦象，君子应该蓄养自己的品德，以身作则引领世风纯正向善。渐卦的主要内容是借用夫妇和男女关系，重点论述做事情要循序渐进的哲学道理。例如，渐卦主要是讲女子出嫁的，六爻的爻辞都是以鸿雁取象。因为鸿雁的本性是群行而且遵循一定的顺序，南来北往也有固定的时间，符合渐进之象。正因为鸿雁这种"有别有序"的本性特点，所以古代婚嫁有互赠鸿雁的习俗。渐卦以鸿雁逐渐进入某种处所来象征人逐渐进入某种环境，并以此判断吉凶。卦中女子经历了"夫征不复，妇孕不育"等艰难困苦，最终获得大吉"女归吉也"，其原因是"进得位，往有功也"。循序渐进便可得到适宜的居所，如此前往则能获得成功。

归妹卦第五十四：

渐卦之后是归妹卦。《序卦传》云："渐者，进也。进必有所归，故受之以归妹。"归，是指女子出嫁；妹，少女。归妹卦的卦象是兑在下震在上，兑为泽，震为雷。"泽上有雷，归妹；君子以永终知敝。"水泽上有雷震动轰鸣，观此卦象，君子应该保持夫妇之道，并且要预先了解和掌握维护夫妇关系使其长久的方法与措施。归妹卦的主要内容是通过嫁女，论述了本应正常的事情如果没有在合适的时间去做，就会一无所获。"归妹，天地之大义。天地不交，而万物不兴；归妹，人之终始也。说以动，所归妹也。"归妹包含着天地阴阳的大道理。天地阴阳不交通则万物不能生长，女子出嫁就是保证人类不断繁衍，所以是一件两情相悦的好事。但是，最终的结局却是"女承筐，无实；士刲羊，无血。无攸利。"女子捧着没有东西的空筐，男子刺杀着无血的羊，无所利。为什么会出现这种情况呢？是因为"征凶，位不当也。无攸利，柔乘刚也。"例如，六五爻"帝乙归妹"，陪嫁女子服饰鲜艳超过出嫁的女子，属于位不当；九四爻"归妹愆期，迟归有时"，嫁女的季节不对，要等待时机，属于时间不合适。另外，归妹卦涉及的"帝乙归妹"的历史事实和一夫多妻、女子陪嫁的落后婚姻制度，这些问题需要我们在学习的过程中正确对待。

丰卦第五十五：

归妹卦之后是丰卦。《序卦传》云："得其所归者必大，故受之以丰。丰者，大也。"丰，盛大、茂盛、丰厚的意思。丰卦的卦象是离在下震在上，离为火、为明，震为雷、为动。"雷电皆至，丰；君子以折狱致刑。"雷鸣电闪，观此卦象，君子应该严明公正地审问狱案，判定刑罚。丰卦的主要内容是根据盛极而衰的自然规律提出如何保持丰盈的道理，

"丰，大也；明以动，故丰。"用光明正大的品德指导行动，做任何事情都会成功。但是一切事物都处于不断的变化之中，要想保持长久的成功状态必须遵循自然规律。下面这段话是非常经典的，时至今日仍然经常性地被人们加以引用，也是我们阅读、学习这一卦的重点所在，"日中则昃，月盈则食，天地盈虚，与时消息，而况于人乎？况于鬼神乎？"太阳升至正午就会西斜，月亮达到圆满就会亏缺，自然万物的盈满虚损是与一年四季的消长变化一同进行的，何况人与鬼神更不可例外，行事一定要遵循自然规律。

旅卦第五十六：

　　丰卦之后是旅卦。《序卦传》云："丰者，大也。穷大者必失其居，故受之以旅。"旅，离家在外的意思，旅人、商旅，包括在外行役、求官、问学、为宦等都可称作旅。丰是盛大，旅是羁旅；丰大至于极点，必将失去所居之处，流离失所，成为羁旅之人。旅卦的卦象是艮在下离在上，艮为山，离为火。"山上有火，旅；君子以明慎用刑，而不留狱。"火在山上，火焰向上燃烧，有脱离高山飘荡不定的迹象。观此卦象，君子应该明智审慎地使用刑罚，及时断案不拖延。旅卦的主要内容是论述旅居在外要格外小心，必须守持正道方可保证人身和财产的安全，要懂得顺时随宜的道理。本卦的重点除讲述人生哲学道理之外，还非常形象地塑造了一个我国古代早期的商人形象。这是一个疑心很重的商人，他居住在旅舍中，怀里藏着大量的钱财，并获得了一个童仆；不幸旅舍发生了火灾，童仆也消失不见了；商人只好携带钱财去寻找另外的住处，虽然钱财没有失去，但因尚未找到安身之处而担惊受怕。这个商人之所以遭受不幸，其主要原因是过于多疑，心胸不豁达而自取灾祸。

巽卦第五十七：

　　旅卦之后是巽卦。《序卦传》云："旅而无所容，故受之以巽。巽者，入也。"巽的本义为伏顺，引申为入的意思。巽卦的卦象是巽下巽上，巽为风，风与风相顺随，无处不入。"随风，巽；君子以申命行事。"风与风在天地间相随而吹，观此卦象，君子应该像风一样去行动，"重巽以申命"，申述教令、推行政事。巽卦的主要内容是以风吹万物无所不入，风为柔物作为比喻，论述阴柔敛伏之道。表现在国家政治方面，就是要求统治者申命行事，像风吹浮云一样，通过发布深入人心、符合事理的政教命令，消除奸邪之人，解决社会弊端，安抚民众。以风为象，形容人的行为态度和举止，这种观点一直延续到现在。例如，"对待同志像春风般温暖"；对待错误要像"秋风扫落叶"一样，要彻底改正，等等。这些都是我们阅读和学习巽卦时，应该重点关注的方面。

兑卦第五十八：

巽卦之后是兑卦。《序卦传》云："巽者，入也。入而后说之，故受之以兑。兑者，说也。"兑，说也；说，悦也。兑卦的卦象是兑下兑上，兑为泽。"丽泽，兑；君子以朋友讲习。"丽泽，是指泽与泽相附丽，即二泽重叠，相互增益，滋润对方。观此卦象，君子应与志同道合的朋友经常聚在一起，讨论世间道理，探究学业问题。兑卦的主要内容就是论述人与人之间如何建立和谐愉悦的关系。阅读和学习本卦，正确理解其核心观点，对当代社会有着重要的现实意义。人与人之间建立和谐愉悦关系的首要条件就是彼此信任，态度亲切，"刚中而柔外，说以利贞，是以顺乎天而应乎人。"刚健居中为本，以柔和诚信的态度待人接物，这样既符合天道又顺应人心。尤其是作为领导者，用诚信和悦的态度来引导百姓，百姓会为之不辞劳苦；用诚信和悦的态度鼓励百姓冒险犯难，百姓也会为之舍生忘死。

涣卦第五十九：

兑卦之后是涣卦。《序卦传》云："兑者，说也。说而后散之，故受之以涣。涣者，离也。"涣，就是离，就是散的意思。人在愁苦的时候，心情郁结；喜悦的时候，心情舒散。涣卦的卦象是坎在下巽在上，坎为水，巽为风，风在水上吹过，水遇到风则涣散。"风行水上，涣；先王以享于帝，立庙。"风行于水上，水波成纹，观此卦象，先王因此隆重地祭祀天地、建立宗庙。涣卦的主要内容有两个方面。一是以"风行水上焕然成文"象征教化，先王"祭祀天地、建立宗庙"是指"圣王以神道设教"的意思；二是论述遭遇水患时，乘舟济险的道理。从涣卦的爻辞可以看出这一卦是专门预测洪水的，从初六爻开始，洪水来了，骑上健壮的马匹出逃；九二爻辞，水势越来越大，及时奔逃躲过了灾祸；六三、六四爻辞，大水先是淹及自身，然后淹及四邻；九五爻辞，水势浩瀚一路奔腾呼号，快要淹及王宫；上九爻辞，这次洪水虽然凶险，但终于过去了，没有遭遇太大祸患。不过，要时时警惕方可无患。上古时期洪水频发给先民的生活带来了无限灾难，所以无论神话、传说还是史书对此多有记载。时至今日，洪水仍旧威胁着我们的生命和财产安全，涣卦关于水患的忧虑和警惕，对我们有着重要的借鉴意义。

节卦第六十：

涣卦之后是节卦。《序卦传》云："涣者，离也。物不可以终离，故受之以节。"节，是指节制、限制、约束的意思。事物已经离散，就要有所节制，不可能永久离散下去。节卦的卦象是兑在下坎在上，兑为泽，坎为水。"泽上有水，节。君子以制数度，议德行。"泽中本来就有水，泽上又有水，水满则不容。观此卦象，君子应该制定礼仪法度以约束百姓的行为，按照礼仪法度衡量自己的品德以自我约束。"节"的意思是对事物的运动变化发展加以适当的限制，所以节卦的主要内容是论述"适可而止"的道理。自然界的"节"体现在四时的变化；人类社会的"节"则体现在制度的约束。通过节卦的阅读和学习，我们对"节"有了比较深刻的了解，在人类社会中，"节"包括节民和节己。节民、节己相互配合才能达到真正的"节"，如果统治者自身穷奢极欲、不知节制，就会伤财；对百姓盘剥过度，即节民过度，就会害民。这个道理，对当代的领导者仍有重要的借鉴意义。

中孚卦第六十一：

节卦之后是中孚卦。《序卦传》云："节而信之，故受之以中孚。"中孚，诚信的意思。中孚卦的卦象是兑在下巽在上，兑为泽，巽为风。"泽上有风，中孚；君子以议狱缓死。"泽上有和风吹过，观此卦象，君子应该在审议狱案时，宽缓死刑。在这里风被比喻成教令，泽被比喻成百姓，统治者必须坚守忠信，方可使教令在百姓中得以贯彻执行。中孚卦的主要内容是论述统治者要用诚信教化天下"信发于中，中有实德而不迁于外。"中孚卦的爻辞以非常形象的比喻表现出了中孚卦的内容。例如，九二爻辞："鸣鹤在阴,其子和之;我有好爵,吾与尔靡之。"成年鹤鸟在树荫下低鸣,小鹤在旁边应和;我有美酒,与你共享。用鹤鸣起兴,描绘了一幅君主以至诚感人,百姓欣然来应的和美图画。这种以诚相待,上下和谐的政治追求,以及起兴发端的表现手法都值得我们继承和学习。

小过卦第六十二:

中孚卦之后是小过卦。《序卦传》云:"有其信者必行之,故受之以小过。"中孚为诚信,人有所信必有行动,有行动就难免会有过错。过,小的过错。小过卦的卦象是艮在下震在上,艮为山,震为雷。"山上有雷,小过;君子以行过乎恭,丧过乎哀,用过乎俭。"雷在高山上轰鸣,观此卦象,君子应该做到言行更加恭敬,丧事表现得更加悲哀,日常花费要更为节俭。小过卦的主要内容是论述事物发展一出现过度的倾向时就要及时阻止,防微杜渐,将不好的事情扼杀在萌芽中,以趋吉避凶。具体的方法就是"可小事,不可大事""不宜上,宜下",即退而安守自正,不要冒险激进,好大喜功。例如,初六爻辞:"飞鸟以凶。"鸟如果飞得过高,就会遭遇危险。上六爻辞:"弗遇过之,飞鸟离之,凶,是为灾眚。"行为太过了就会一无所获,如同飞鸟投网一样,自取灾祸。通过阅读和学习小过卦,我们要深刻了解一个道理,即做任何事情都必须"防戒而弗过",要懂得适时退守,不可强行进取。

既济卦第六十三:

小过卦之后是既济卦。《序卦传》云:"有过物者,必济,故受之以既济。"既,尽、已的意思;济,成、定的意思。既济,一切已成,一切已经确定。既济卦的卦象是离在下坎在上,离为火,坎为水。"水在火上,既济;君子以思患而预防之。"水在火上,火上炎水下润,阴阳相交万物通、百事成。观此卦象,君子应该居安思危,具有忧患意识,因为物极必反、盛极而亏是客观事物发展的必然规律,必须预先防范。既济卦的主要内容是论述阴阳相交万事亨通,六爻皆当位,象征天地万物从无序最终实现有序,可谓大功告成。不过,这只是完成了一个过程,有成功必定有失败,即"初吉终乱""濡其首,厉。"开始还挺顺利,最终有危难。渡河时,河水浸湿了头部,十分危险。事物的发展是一个有始有终,终而复始；有生有灭，生生不息的过程，所以有既济就会有新的开始，那就是《易经》的最后一卦"未济"。

未济卦第六十四：

既济卦之后是未济卦。《序卦传》云："物不可穷也，故受之以未济，终焉。"未济是《易经》的最后一卦，事物发展到了"既济"好像获得了成功，一切问题都解决了，但是既济只是结束了一个过程，而一个过程的结束包含着一个新过程的开始，所以《易经》的最后一卦不是既济而是未济。未济卦的卦象是坎在下离在上，与既济卦为颠倒关系，"火在水上，未济；君子以慎辨物居方。"火焰向上升腾，水向下奔流，象征着阴阳未交，万事不通。观此卦象，君子应该审慎地辨别事物种类，使其各归其所。未济卦的主要内容是论述在旧过程终结的同时，新的过程也就开始了。未济卦用小狐狸过河为喻说明"未济"的道理，形象生动。"未济：亨。小狐汔济，濡其尾，无攸利。"筮得未济卦是比较吉利的，只要谦虚做事，努力前进最终会取得成功。但是，如果像那只过河的小狐狸，走到一半，弄湿了尾巴就止步不前了，半途而废则一无所获。通过未济卦的阅读和学习，我们明白了一个道理，事物总是不断发展的，结束意味着开始，危机蕴含着生机，只要不断地努力最终总会有一个好的结果。

系辞上传

孔子《系辞传》分为上下两篇，每篇各有十二章，两篇结构前后呼应。孔子在《系辞传》中深入、全面地阐释了《周易》的思想实质和哲学价值。可以这样说，如果没有孔子的《系辞传》，后人对《周易》中的许多思想和道理便无法理解。《系辞上传》共十二章，主要揭示了《周易》的基本思想和基本原理，尤其是开篇第一章的"天尊地卑，乾坤定矣"把握住了《周易》的关键问题。"乾坤定矣"改变了殷易《归藏》六十四卦以"坤"为首的排列顺序，"首坤次乾"反映的是商代重母系的思想。因此，这不仅仅只是一个顺序变化的问题，而是殷周之际意识形态领域颠覆性的重大变化。"首乾次坤"直接决定了周代人等级观念的形成与特点，"卑高以陈，贵贱位矣"，夫尊妻卑、父尊子卑、君尊臣卑等一系列思想由此确定，并且贯穿了《周易》六十四卦的始终。这一变化改变了人们的思维模式，规范了周代以后数千年中国人的思想发展趋向。中国传统思想文化，特别是儒家文化的源头可以追溯到这里。所以，再一次强调中国传统文化有许多值得传承光大的优秀因子，但也有一定的糟粕，我们在学习的过程中要遵循与时俱进的原则，取其精华弃其糟粕。

系辞下传

《系辞下传》有十二章，主要揭示了"八卦"的产生、性质及其重要作用。例如，第一章就是阐释"易"的理与用，由八卦易简之理推及圣人守位聚人之用，其他章节则是对"易"用的具体展开与论述。"八卦成列，象在其中矣。因而重之，爻在其中矣。刚柔相推，变在其中矣。系辞焉而命之，动在其中矣。"八卦的卦象确立以后，全部的卦象都包括在其中了，无论是八卦重叠演变为六十四卦，还是卦爻象的变化与动向，就连圣人"守位聚人"思想的体现都包含在其中了。"天地之大德曰生，圣人之大宝曰位，何以守位？曰仁。何以聚人？曰财。理财正辞，禁民为非曰义。"天地最大的品德恩泽就是化生万物，圣人最重要的就是守住天子之位。圣人要通过聚拢人心来守位，依靠创造财富来聚人，善理财物而确立规章制度，仁爱于民而安稳行政，这就是处事得宜。通过《系辞下传》的阅读和学习，我们了解到了学习《易经》的重点所在，即读懂了八卦，其他卦也就自然清楚了。因为，八卦代表了世间万事万物的基本性质，"乾，健也；坤，顺也；震，动也；巽，入也；坎，陷也；离，丽也；艮，止也；兑，说也。"八卦的取象也是灵活多样的，只要能恰当地表达事物的性质，取什么物像都可以，只要符合它的基本性质"健"即可。例如，乾可为天、为父、为君、为男、为阳刚……这种不确定性正是"易"的精髓所在。

说卦传

《说卦传》共十一章，主要内容就是说明八卦的顺序和卦象的意义。例如，第一章阐述《易经》中蓍、卦、爻和辞产生的先后顺序，"惜者圣人之作《易》也，幽赞于神明而生蓍，参天两地而倚数，观变于阴阳而立卦，发挥于刚柔而生爻。"第二章论述六爻之象，"是以立天之道，曰阴与阳；立地之道，曰柔与刚；立人之道，曰仁与义。"第三章论述八卦的基本意象及其相互之间的对立统一关系。"天地定位，山泽通气，雷风相薄，水火不相射，八卦相错。"第四章说明八卦的名称、卦象、作用。"雷以动之，风以散之，雨以润之……"最后一章的内容是杂录八卦的象征，八卦取象多达102种，大致分为三类，一是连类取象，二是从属取象，三是以挂爻辞取象。总之，通过《系辞下传》的阅读和学习，我们基本上掌握了八卦的排列顺序和每一卦的象征意义，这是了解和读懂《周易》一书的基础。

序卦传

《序卦传》，是以《周易》上、下经的卦序为依据，论述六十四卦排列顺序，以及前后相承的哲学思想。例如，恒卦之后为什么是遁卦，"恒者，久也，物不可以久居其所，故受之以遁。"《序卦传》的重要价值在于非常具体、完整地阐释了《周易》六十四卦结构的思想体系。因为，在前面每一卦的导读部分都有具体说明，这里就不再重复了。

杂卦传

《杂卦传》，主要内容是错杂众卦而总体论述其意义。杂，有错杂、归总的意思。《杂卦传》在论述六十四卦的时候，为什么会打乱《序卦传》的前后顺序，有学者认为是《序卦传》中有比较牵强或论述不恰当的地方，《杂卦传》是对《序卦传》的纠正与补充。这一观点，需要我们在阅读和学习的过程中慢慢体会，形成自己的观点和主张。

溪桥访友图　明·王谔

上经

伏羲像　宋·马麟

马麟的伏羲像塑造了一位远古文明创建者的伟大形象，着重刻画了其智慧和气宇。画中伏羲广额长髯，长发披散在脑后，赤脚，身着兽皮缝制成的袍服踞坐于石上，他身材伟岸，双眉上扬，目光深邃，注视着足前爬行的神龟，一侧地上有八卦图像。这幅图鲜明而生动地表现了伏羲非凡的气宇。

乾卦^①第一

☰ 乾下 乾上

注释：①乾卦：象征天纯阳至健的性质。

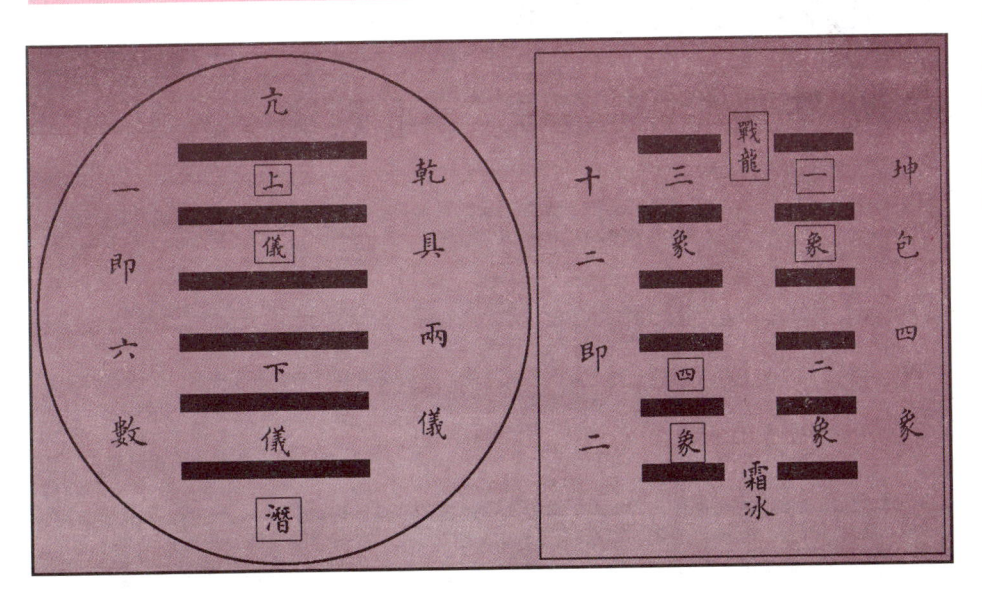

乾坤易解之图　元·《大易象数钩深图》

　　乾坤者数之一二也，形之方圆也，气之清浊也，理之动静也，故乾具两仪之意而分上下，坤包四象之体而分南北东西，两仪四象共数有六，并其乾坤之本体，则八卦之数周备矣。此乾坤所以去太极未远，内贞外悔两仪之理也，元亨利贞四象之道也，二三四五以为经，七八九六以为纬，八卦之方也。所以自一而二，自二而四，自四而八，自八而十六，自十六而三十二，自三十二而六十四，而天道备矣，岁功成矣，人事周矣，此易故六十四卦而乾坤居首也。学者能由六十四卦以归一，由一以司太极，则伏羲、文王、孔子皆备，于我成变化行鬼神亦是道也。

易经

● 乾①：元亨，利贞②。

◎ 初九③：潜龙④勿用⑤。

◎ 九二：见现⑥龙在田⑦，利见大人⑧。

◎ 九三：君子终日乾乾⑨，夕⑩惕⑪若⑫厉⑬，无咎⑭。

◎ 九四：或跃在渊，无咎。

◎ 九五：飞龙在天，利见大人。

◎ 上九：亢⑮龙有悔。

◎ 用九⑯：见现群龙，无首⑰，吉。

注释：①乾：卦名，以下各卦同。《易经》六十四卦，每卦都有自己的符号和名称。②元亨：大为亨通。利贞：以贞而利。贞在此讲成纯正。卦名后的这四个字，称为卦辞。③初九：这是爻题，即爻的名称。《易经》用"九"表示阳爻—，用"六"表示阴爻--。爻由下往上，依次为初、二、三、四、五、上。这里第一爻是阳爻，所以叫初九，如果是阴爻，就叫初六，其余类推。④潜龙：潜伏的龙。⑤勿用：不要有所作为。⑥见：通现。⑦田：田野。《易经》中其余的田字都指打猎。⑧大人：尊者。⑨乾乾：不停地奋斗。⑩夕：晚上。⑪惕：警惕。⑫若：好像。⑬厉：危险。⑭无咎：没有坏处。⑮亢：极高。⑯用九：指总六爻纯九之义。⑰无首：没有领头的。

此卦高祖与吕后走在芒砀山卜得，余人难压也。

解曰：鹿在云中乃天禄也，石上玉有光明，人琢玉，用工则见宝也。月在当空，光明之象。官人登云梯望月，乃足步云梯手攀白宫月桂之兆也。

乾为天　明·《断易天机》

★《彖》①曰：大哉乾元②！万物资始，乃统天。云行雨施，品物流形④。大明终始⑤，六位⑥时成，时乘六龙⑦以御天⑧。乾道变化，各正性命⑨，保合⑩大太和⑪，乃利贞。首出庶物⑫，万国咸⑬宁。

▲《象》⑭曰：天行健⑮，君子以自强不息。

注释： ①彖：判断。上面的卦辞和爻辞为经文；《彖》是《易传》的组成部分，用来解释卦辞。②乾元：阳气的本原。③资：依靠，依赖。④品物：使物成品类。流形：变化成形体。⑤大明终始：太阳升起又降落。⑥六位：六个爻位。⑦六龙：六条巨龙，暗指乾卦的六个阳爻。⑧御天：控制或顺应自然。⑨性命：属性与寿命。⑩保合：保持和融合。⑪大和：极端和谐。⑫庶物：众物。⑬咸：都。⑭《象》也是《易传》的组成部分，用以从卦象对整个卦义进行概括。总论一卦之象的叫《大象》，分论一爻之象的叫《小象》。⑮天行健：组成乾卦的两个三画卦都象征天，是双倍的健，所以说天行健。

龙行雨施图　明·《程氏墨苑》

"潜龙勿用"，阳在下也①。"见(现)龙在田"，德施普也。"终日乾乾"，反复道也。"或跃在渊"，进无咎也。"飞龙在天"，大人造②也。"亢龙有悔"，盈③不可久也。"用九"，天德④不可为首也。

◎《文言》⑤曰：元者，善之长⑥也；亨者，嘉之会⑦也；利者，义之和也；贞者，事之干⑧也。君子体仁⑨足以长人⑩，嘉会⑪足以合礼，利物足以和义⑫，贞固⑬足以干事。君子行此四德者，故曰："乾：元亨利贞。"

注释：①从这一句到"天德不可为首也"，是从爻象对爻辞进行解释，是为《小象》。②造：达到，作为。③盈：满盈，过头。④天德：指乾的属性。⑤《文言》是《易传》的组成部分。六十四卦中只有乾、坤二卦有《文言》，因为乾、坤二卦是六十四卦的基础。⑥长：首长。⑦会：集中。⑧干：主干，根本。⑨体仁：以仁为体。⑩长人：做人尊长。⑪嘉会：美好集中。⑫和义：与义相合。⑬贞固：纯正坚定。

◎初九曰"潜龙勿用",何谓也?

子①曰:"龙德②而隐③者也。不易乎世④,不成乎名。遁世⑤无闷,不见是⑥而无闷。乐则行之,忧则违之。确乎其不可拔⑦,潜龙也。

九二曰"见龙在田,利见大人",何谓也?

子曰:"龙德而正中⑧者也。庸言⑨之信,庸行⑩之谨。闲⑪邪存其诚,善世⑫而不伐⑬,德博而化⑭。《易》曰:'见龙在田,利见大人。'君德也。"

注释:①子:一般认为指孔子。②龙德:即乾德,指刚强的素质。③隐:离开政治舞台。④易乎世:随世而变。⑤遁世:逃避人世。⑥是:肯定。见是就是被肯定。⑦拔:改变意志。⑧正中:端正不偏。因为九二居于下乾三个阳爻的中间,故有此说。⑨庸言:平常之语。⑩庸行:平常的行为。⑪闲:这里解作防范。⑫善世:贡献社会。⑬伐:夸耀。⑭德博而化:道德广博而教化天下。

九三曰"君子终日乾乾，夕惕若，厉无咎"，何谓也？

子曰："君子进德修业①。忠信，所以进德也。修辞②立其诚，所以居业③也。知至至之④，可与言几⑤也；知终终之⑥，可与存义⑦也。是故，居上位而不骄，在下位而不忧。故乾乾因其时而惕，虽危而无咎矣。"

九四曰"或跃在渊，无咎"，何谓也？

子曰："上下无常，非为邪⑧也；进退无恒，非离群也。君子进

注释：①进德修业：增进道德，修持功业。②修辞：修饰言语。③居业：保住事业。④知至至之：明白应该达到就力求达到。⑤几：几微，微妙。⑥知终终之：意思是该了则了。⑦存义：坚持原则。⑧为邪：出于邪念。

德修业,欲及时也,故无咎。"

九五曰"飞龙在天,利见大人",何谓也?

飞龙在天图　明·《程氏墨苑》

子曰："同声相应①，同气相求②。水流湿，火就燥。云从龙，风从虎。圣人作而万物睹③。本乎天④者亲上，本乎地者亲下，则各从其类也。"

上九曰"亢龙有悔"，何谓也？

子曰："贵而无位⑤，高而无民，贤人⑥在下位而无辅，是以动而有悔也。"

◎"潜龙勿用"，下⑦也；"见龙在田"，时舍⑧也。"终日乾乾"，行事⑨也；"或跃在渊"，自试⑩也；"飞龙在天"，上治⑪也；"亢龙有

注释：①相应：互相应和。②相求：互相求合。③圣人作而万物睹：圣人有所作为而万众瞻仰。物，指人。④本乎天：以天为本。⑤贵而无位：贵，指上九位于卦的最上方；无位，没有地位，《周易》以第五个爻位为至尊之位。⑥贤人：指与上九相应的九三。⑦下：地位低下。⑧时舍：暂时居留。⑨行事：实践。⑩自试：自测身手。⑪上治：居上而治。

悔"，穷之灾也；"乾元用九"，天下治也。

◎潜龙勿用，阳气潜藏；见龙在田，天下文明①；终日乾乾，与时偕行；或跃在渊，乾道乃革②；飞龙在天，乃位乎天德③；亢龙有悔，与时偕极；乾元用九，乃见天则。

◎《乾》元④者，始而亨者也；利贞者，性情⑤也。乾始能以美利利天下，不言所利，大矣哉！大哉乾乎！刚健、中正、纯粹，精⑥也；六爻发挥⑦，旁通情⑧也；时乘六龙，以御天⑨也；云行雨施，天下平也。

注释：①文明：文采辉煌。②革：变革。③天德：自然规律。④《乾》元：指《乾》卦辞中所说的元。⑤性情：本性与实情。⑥精：纯粹而不混杂。⑦发挥：变化、运动。⑧旁通情：广泛贯通物情。⑨御天：控制或顺应自然。

君子以成德①为行,日可见现之行也。潜之为言也,隐而未见现,行而未成。是以君子弗用也。

君子学以聚②之,问以辩之,宽以居③之,仁以行之。《易》曰:"见现龙在田,利见大人。"君德也。

九三,重刚④而不中,上不在天,下不在田,故乾乾因其时而惕,虽危无咎矣。

九四,重⑤刚而不中⑥,上不在天,下不在田,中不在人,故或⑦之。或之者,疑之也,故无咎。

夫大人者,与天地合其德,与

注释:①成德:完善道德。②聚:积累。③居:容纳。④重刚:刚上加刚。因为九三以阳爻居于阳位(奇数位),所以说"重刚"。⑤这个"重"字应为衍文。⑥刚而不中:指九四以阳爻居于阴位,而不是上卦的正中。⑦或:即九四爻辞中的"或跃在渊",指拿不准。

日月合其明,与四时①合其序,与鬼神合其吉凶。先天而天弗②违,后天而奉天时。天且弗违,而况于人乎?况于鬼神乎?

亢之为言也,知进而不知退,知存而不知亡,知得而不知丧。其唯圣人乎?知进退存亡而不失其正者,其唯圣人乎?

注释:①四时:春、夏、秋、冬。②弗:不。

马 图 明·《来注易经图解》

坤卦①第二

☷ 坤下 坤上

注释：①坤卦：象征宇宙纯阴至顺的性质。

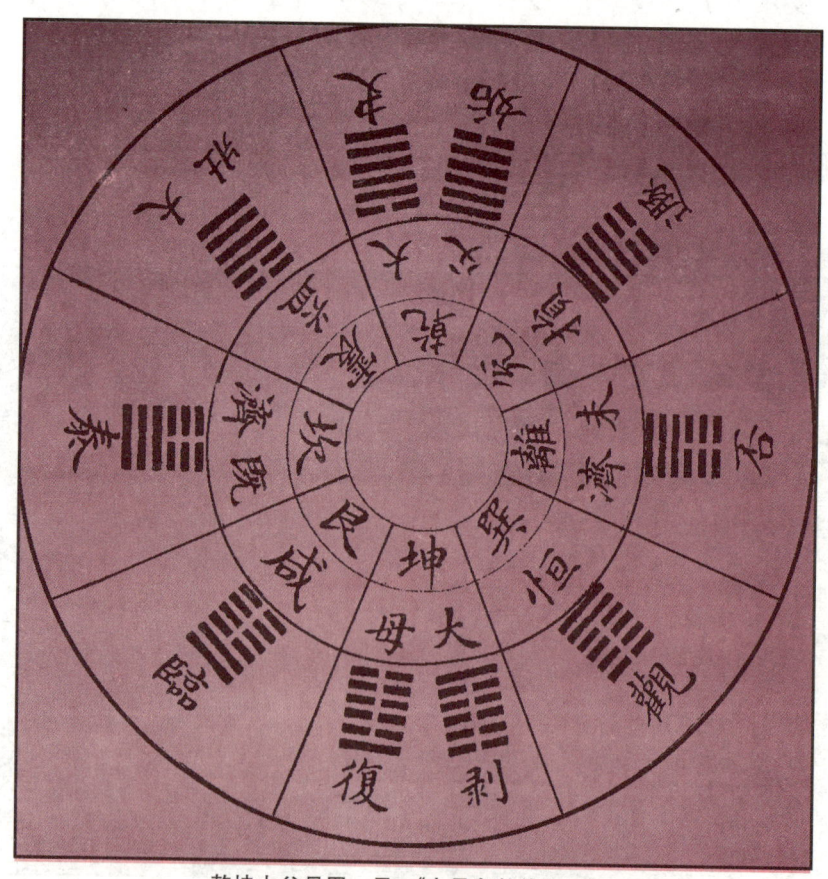

乾坤大父母图　元·《大易象数钩深图》

● 坤：元亨，利牝马①之贞。君子有攸②往，先迷后得主③，利。西南得朋，东北丧朋。安贞，吉。

★《彖》曰：至哉坤元④！万物资生，乃顺承天。坤厚载物⑤，德合无疆。含弘⑥光大，品物⑦咸亨⑧。"牝马"地类⑨，行地无疆，柔顺利贞。君子攸行，先迷失道，后顺得

注释：①牝马：母马。②攸：所。③得主：获得主宰。④坤元：坤的本元。⑤坤厚载物：地体厚实，承载万物。⑥含弘：蕴含宏大。⑦品物：各种事物。⑧咸亨：全部顺利。⑨地类：与地的属性相同的品类。

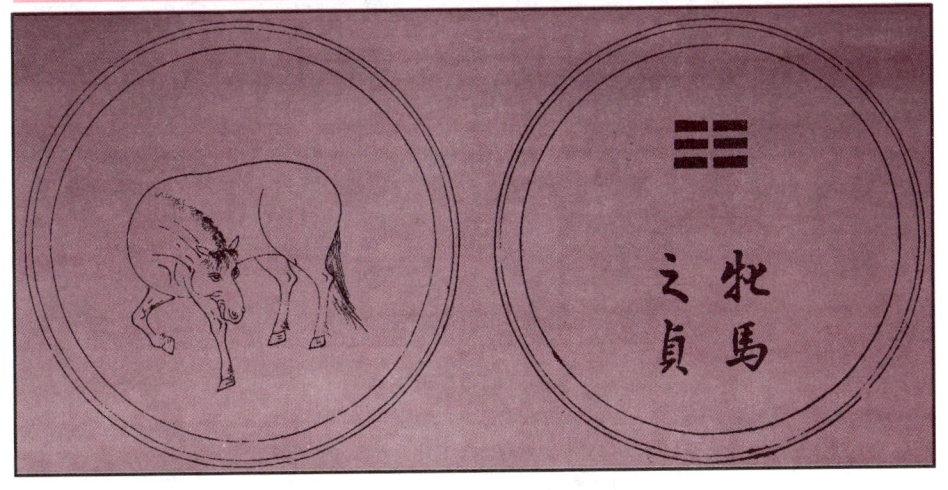

牝马之贞图　明·《程氏墨苑》

常。"西南得朋",乃与类行;"东北丧朋",乃终有庆。安贞之吉,应地无疆。

▲《象》曰:地势坤,君子以厚德①载物。

注释:①厚德:使品德厚实。

坤为地　明·《断易天机》

此卦汉高祖与项羽交争卜得,乃知身霸天下。

解曰:十一个口,乃吉字也。一官人坐看一堆钱,乃有才贵人也。一马者,乃禄马也。金甲神人在台上抛文书与官,乃文字得神力护助也。

◎ 初六："履霜""坚冰"至。

▲《象》曰："履霜""坚冰"①，阴始凝也；驯致②其道，至坚冰也。

◎ 六二：直、方、大③，不习④无不利。

▲《象》曰：六二之动，直以⑤方也；"不习无不利"，地道光也。

◎ 六三：含章可贞⑥。或从王事，无成⑦有终。

▲《象》曰："含章可贞"，以时发也；"或从王事"，知[智]⑧光大也。

◎ 六四：括囊⑨，无咎无誉⑩。

▲《象》曰："括囊""无咎"，慎不害也。

◎ 六五：黄裳⑪，元吉。

注释：①"坚冰"可能是衍文。②驯致：和顺地实现。③直、方、大：正直、端方、宏大。这是指坤的品德。④习：习惯，熟悉。⑤以：而且。⑥含章可贞：含藏才华，守持正道。⑦无成：没有成就。实际上是有成不告。⑧知：通智，智慧。⑨括囊：喻缄口不言，隐居不出。括即结扎，囊即口袋。⑩无咎无誉：既没有灾殃也没有声誉。⑪黄裳：黄色裙裤。按五行说，数字五与黄色相对应。

▲《象》曰："黄裳""元吉"，文①在中也。

◎ 上六：龙战于野，其血玄②黄。

▲《象》曰："龙战于野"，其道穷也。

◎ 用六：利永贞。

▲《象》曰：用六"永贞"，以大终也。

《文言》曰：坤至柔而动也刚，至静而德方③，后得主而有常④，含万物而化光⑤。坤道其顺乎！承天而时行。

积善之家，必有余庆；积不善之家，必有余殃。臣弑⑥其君，子弑其父，非一朝一夕之故，其所

注释：①文：文采，暗寓美好品德。②玄：黑色。③方：稳重、方正。④有常：有规律。⑤化光：变化光大。⑥弑：下杀上。

由来者渐矣,由辩之不早辩也。《易》曰"履霜,坚冰至",盖①言顺②也。③

直,其正也;方,其义也。君子敬以直内④,义以方外⑤,敬义立而德不孤⑥。直、方、大,不习无不利,则不疑其所行也。

阴虽有美,含之以从王事,弗敢成也。地道也,妻道也,臣道也。地道无成而代⑦有终⑧也。

天地变化,草木蕃⑨;天地闭,贤人隐。《易》曰"括囊,无咎无誉",盖⑩言谨也。

注释:①盖:大概。②顺:通慎,谨慎。③从此段开始至结束,分别解释各爻爻辞。④直内:使内心正直。⑤方外:规范外部行为。⑥孤:孤陋。⑦代:代替。⑧有终:取得结果。⑨蕃:茂盛。⑩盖:大概。

君子黄中通理①，正位居体②，美在其中，而畅于四支[肢]③，发于事业，美之至也。

阴疑于④阳，必战。为其嫌⑤于无阳也，故称龙焉。犹未离其类也，故称血焉。夫玄黄者，天地之杂也。天玄而地黄。

注释：①黄中：像"黄裳"一般色调中和。通理：通情达理。②正位居体：在合适位置上安身。③四支：同四肢。④疑于：拟于，指阴阳势均力敌。⑤嫌：误以为。

龟 书　明·《来注易经图解》

屯卦^①第三

☳☵ 震下 坎上

注释：①屯卦：象征万物在雷雨并作中初生。

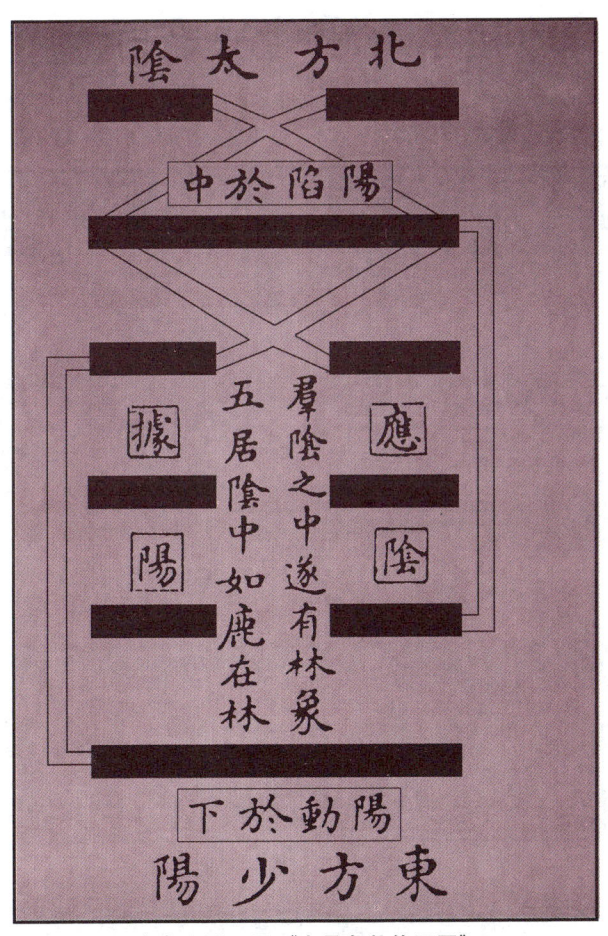

屯象之图　元·《大易象数钩深图》

易经

● 屯：元亨，利贞。勿用有攸往①，利建侯②。

★《彖》曰：屯，刚柔始交③而难生，动乎险中④，大亨贞。雷雨之动满盈，天造草昧⑤。宜建侯而不宁⑥。

▲《象》曰：云雷屯，君子以经纶⑦。

注释：①攸往：所往。②建侯：建立侯国。③刚柔始交：指阳刚阴柔开始相交。④动乎险中：下震为动，上坎为险。⑤草昧：原始的混沌状态。⑥不宁：不安居无所事事。⑦经纶：规划安排。

水雷屯 明·《断易天机》

此卦季布遇难卜得，汉推其忠乃赦其罪也。
解曰：人在望竿头立，望前不顾危也。车在泥中，不能轮转也。犬头回字，哭也。人射文书，占射也。刀在牛上，角字也。一合子，和合之吉兆也。

◎初九：磐[盘]桓①。利居贞，利建侯。

▲《象》曰：虽"磐[盘]桓"，志行②正也。以贵下贱，大得民也。

◎六二：屯如③邅④如，乘马班[般]⑤如，匪寇⑥婚媾。女子贞不字⑦，十年乃字。

▲《象》曰：六二之难，乘刚⑧也。"十年乃字"，反常也。

◎六三：即⑨鹿无虞⑩，惟入于林中。君子几[机]⑪不如舍⑫，往吝⑬。

▲《象》曰："即鹿无虞"，以从禽⑭也。君子舍之，"往吝"，穷也。

◎六四：乘马班[般]如。求婚媾，往吉，

注释：①磐桓：即盘桓，指逗留不前。②志行：志向与行动。③屯如：困难的样子。如，语末助词。④邅：难于前行。⑤班：同般，指盘转徘徊，欲进又退。⑥匪寇：不是盗贼。⑦字：许配。⑧乘刚：指六二居于初九之上。⑨即：接近，追逐。⑩虞：虞人，古时掌管山泽之官。此处喻辅助君子的助手。⑪几：通机。⑫舍：放弃。⑬吝：不好。⑭从禽：跟着猎物跑。

易经

无不利。

▲《象》曰：求而往，明①也。

◎九五：屯其膏②，小，贞吉；大，贞凶。

▲《象》曰：屯其膏，施未光③也。

上六：乘马班般如，泣血④涟如。

▲《象》曰：泣血涟如，何可长也！

注释：①明：明智。②膏：古人说"坎雨称膏"。③光：广大。④泣血：眼睛哭出血。

五老告河图　明·《程氏墨苑》

蒙卦①第四

坎下 艮上

注释：①蒙卦：象征万物初生后的蒙稚。

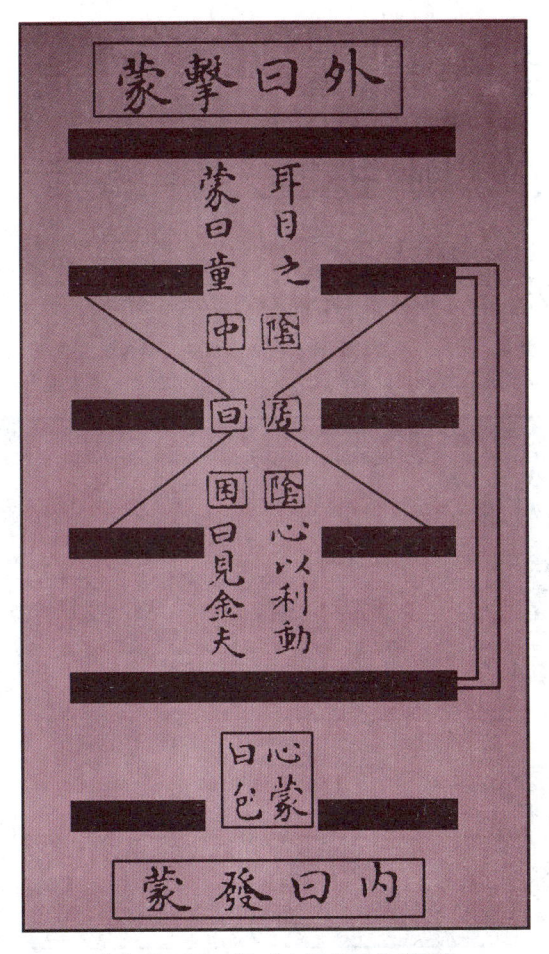

蒙象养正图　元·《大易象数钩深图》

易经

● 蒙：亨。匪①我求童蒙②，童蒙求我。初筮③告，再三渎，渎则不告。利贞。

★《彖》曰：蒙，山下有险，险而止，蒙。蒙，亨，以亨行时中④也。匪我求童蒙，童蒙求我，志应也。初筮告，以刚中⑤也。再三渎，渎则不告，渎蒙也。蒙以养正⑥，圣功也。

注释：①匪：不。②童蒙：指需教育者。③筮：用蓍草求卦，喻求教的诚意。④时中：（实践）随时合乎中道。⑤刚中：指九二以阳爻居于下卦之中。⑥养正：培养正大光明的品格。

此卦王莽篡汉社稷卜得，乃知汉家必有中兴主也。解曰：一鹿一堆钱，乃有禄也。一合子，乃自然和合也。李树一枝子折，尚有别枝云也。二人江中撑船珍宝填塞，乃厚获才利荣归也。

山水蒙　明·《断易天机》

▲《象》曰：山下出泉，蒙；君子以果行①育德。

◎初六：发蒙，利用刑②人，用说桎梏③，以往吝。

▲《象》曰：利用刑人，以正法④也。

◎九二：包蒙，吉；纳妇，吉。子克家⑤。

▲《象》曰：子克家，刚柔节⑥也。

◎六三：勿用取⑦女；见金夫⑧，不有躬⑨，无攸利。

▲《象》曰：勿用取女，行不顺也。

◎六四：困蒙⑩，吝。

▲《象》曰：困蒙之吝，独远实⑪也。

◎六五：童蒙，吉。

注释：①果行：果敢其行。②刑：通型，规范，严格约束。③桎梏：脚镣手铐。④正法：端正法规。⑤子克家：儿子能够持家。⑥刚柔节：九二下为初六，上为六三，所以说刚柔接。⑦取：同娶。⑧金夫：男人，指与六三有正应关系的上九。⑨躬：身体。⑩困蒙：陷于蒙昧。⑪远实：远离实际。

▲《象》曰：童蒙之吉，顺以巽①也。

◎上九：击蒙②，不利为寇，利御寇。

▲《象》曰：利用御寇，上下顺也。

注释：①巽：谦逊。②击蒙：用严厉之法管教童蒙。

太昊伏羲氏　明·《三才图会》

需卦①第五

乾下 坎上

注释：①需卦：象征等待。

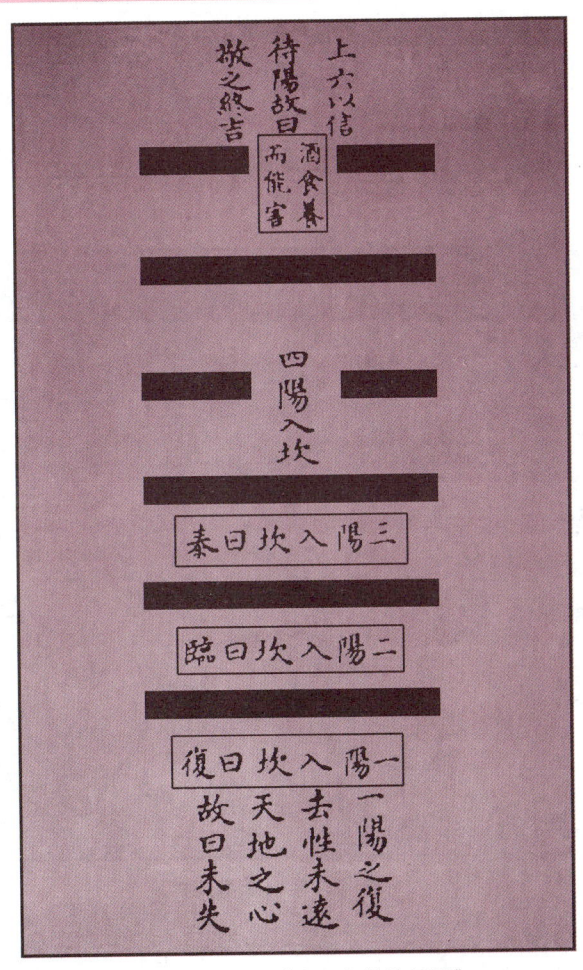

需须之图　元·《大易象数钩深图》

● 需：有孚①，光亨②，贞吉，利涉大川。

★《象》曰：需，须也，险在前③也。刚健而不陷④，其义不困穷矣。需，有孚，光亨，贞吉。位乎天位⑤以正中也。利涉大川，往有功也。

注释：①孚：诚信。②光亨：大为通顺。③险在前：需卦的上卦是坎水，所以说"险在前"。④不陷：不陷于险阻。⑤天位：指第五个爻位。因乾卦九五有"飞龙在天"之语，所以这个爻位被认为最尊贵。

水天需　明·《断易天机》

此卦蔡顺遇赤眉贼卜得，乃知必脱大难也。

解曰：月当天，乃光明无障碍也。一门，乃禹门也。一人攀龙尾者，乃堕真龙变他也。一僧接引，乃得福禄人接引也。一墓，主戌年发福发禄也。

▲《象》曰：云上于天，需；君子以饮食宴乐。

◎初九：需于郊。利用①恒，无咎。

▲《象》曰：需于郊，不犯难行也。利用恒，无咎，未失常也。

◎九二：需于沙②，小有言③，终吉。

▲《象》曰：需于沙，衍④在中也。虽小有言，以终吉也。

◎九三：需于泥⑤，致寇至。

▲《象》曰：需于泥，灾在外也。自我致寇，敬慎⑥不败也。

◎六四：需于血洫⑦，出自穴⑧。

▲《象》曰：需于血洫，顺以听也。

注释：①用：以。②沙：沙滩。③言：议论。④衍：宽绰，指沉得住气。⑤泥：泥泞之地。⑥敬慎：认真谨慎。⑦血：通洫，沟洫。⑧穴：坑穴。

◎ 九五：需于酒食，贞吉。

▲《象》曰：酒食贞吉，以中正也。

◎ 上六：入于穴，有不速之客三人来，敬之终吉。

▲《象》曰：不速之客来，敬之终吉。虽不当位①，未大失也。

注释：①**不当位**：按爻位说，阴爻居于阳位（奇数位）或阳爻居于阴位（偶数位）为不当位。但上六是阴爻居阴位，应为当位。《象》疑为误解。

丛菁图　明·《程氏墨苑》

讼卦①第六

☵☰ 坎下 乾上

注释：①讼卦：象征争论。

讼象之图　元·《大易象数钩深图》

● 讼：有孚①，窒②惕，中吉。终凶。利见大人，不利涉大川。

★《彖》曰：讼，上刚下险③，险而健，讼。讼，有孚，窒惕，中吉，刚来而得中也。终凶，讼不可成也。利见大人，尚中正也。不利涉大川，入于渊也。

注释：①孚：实，指事实根据。②窒：阻塞。③上刚下险：上乾为刚，下坎为险。

天水讼　明·《断易天机》

此卦汉高祖斩丁公疑惑卜得，后果遭戮也。
解曰：口舌二字，乃祸端所起也。山下有睡虎，防见惊恐也。文书在云中，远也未可具讼。人立虎下，到尾有惊恐，占者得之当省，慎勿出入。吉。

▲《象》曰：天与水违行①，讼；君子以作事谋始。

◎初六：不永②所事，小有言，终吉。

▲《象》曰：不永所事，讼不可长也。虽小有言，其辩明也。

◎九二：不克讼，归而逋③，其邑人三百户，无眚④。

▲《象》曰：不克讼，归逋窜也。自下讼上，患至掇⑤也。

◎六三：食旧德⑥，贞厉⑦，终吉。或从王事，无成。

▲《象》曰：食旧德，从上⑧吉也。

◎九四：不克讼⑨，复⑩即⑪命渝⑫，安

注释：①**天与水违行**：天指上乾，水指下坎。古人认为天向西转，水向东流，是天与水相违而行。②**永**：长。③**逋**：逃走。④**眚**：过失，灾祸。⑤**掇**：拾取，此处指容易得到患害。⑥**食旧德**：吃老本，指享受旧有俸禄。⑦**贞厉**：正确但危险。⑧**从上**：跟随君上，因为六三的上面是乾卦。⑨**不克讼**：争讼失败。⑩**复**：转回去。⑪**即**：就。⑫**渝**：改变习性。

贞，吉。

▲《象》曰：复即命渝，安贞，不失也。

◎九五：讼元吉。

▲《象》曰：讼元吉，以中正也。

◎上九：或锡①之鞶带，终朝三褫②之。

▲《象》曰：以讼受服，亦不足敬也。

注释：①锡：赐予。②褫：剥夺。

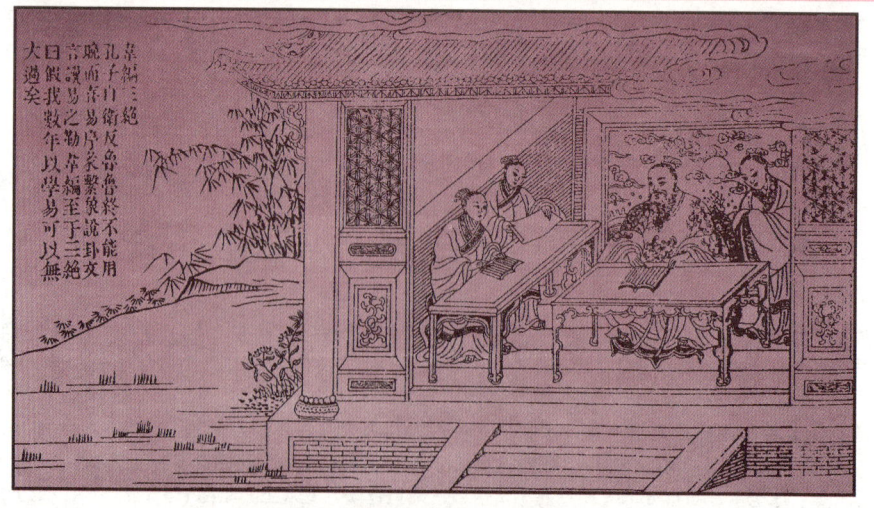

孔子圣迹图之韦编三绝

师卦①第七

☷ 坎下 坤上

注释：①师卦：讲战争理论。

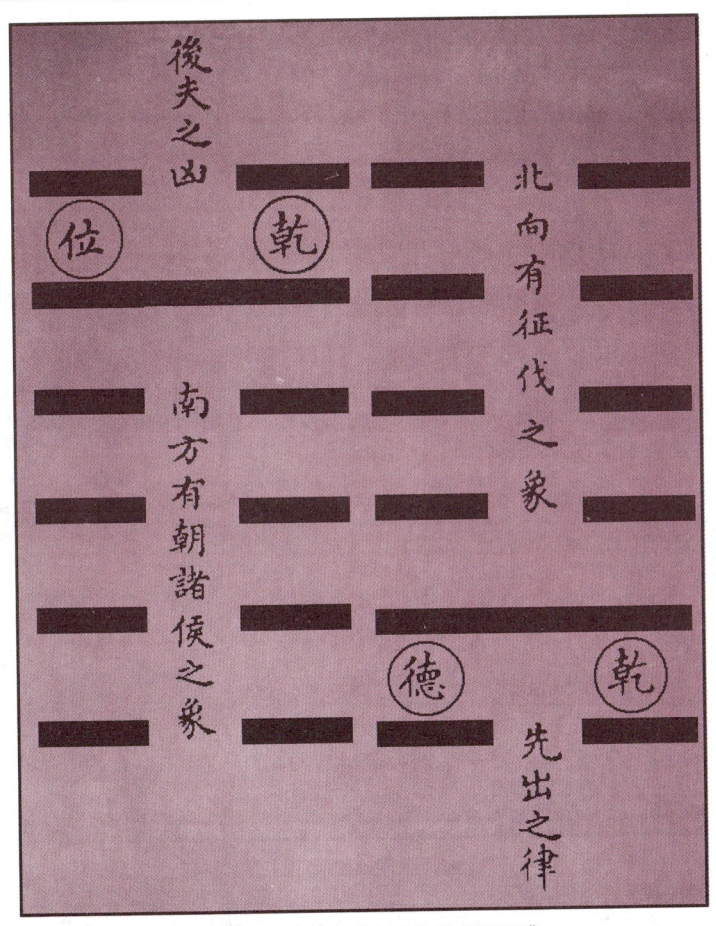

师比御众图　元·《大易象数钩深图》

● 师：贞，丈人①吉，无咎。

★《彖》曰：师，众也；贞，正也，能以众正，可以王矣。刚中②而应，行险而顺③，以此毒[督]④天下，而民从之，吉又何咎矣！

▲《象》曰：地中有水，师；君子以容民畜众。

注释：①丈人：老成持重者。②刚中：指九二，因为其位于下卦的中间。③行险而顺：下坎为险，上坤为顺。④毒：通督，治理。

地水师　明·《断易天机》

此卦周亚夫将欲排阵卜得，果获胜也。

解曰：虎马羊者，乃寅午未之位也。将军台上立，掌兵权也。执印者，待信也。人膝跪于台上，乃受功赏也。凡百遇此得人提携之兆也。

◎ 初六：师出以律，否臧①，凶。

▲《象》曰：师出以律，失律凶也。

◎ 九二：在师中吉，无咎，王三锡命②。

▲《象》曰：在师中吉，承天宠也；王三锡命，怀万邦③也。

◎ 六三：师或舆尸④，凶。

▲《象》曰：师或舆尸，大无功也。

◎ 六四：师左次⑤，无咎。

▲《象》曰：左次无咎，未失常也。

◎ 六五：田⑥有禽，利执言，无咎。长子⑦帅师，弟子⑧舆尸，贞凶。

▲《象》曰：长子帅师，以中行也；弟子舆尸，使不当也。

注释：①否臧：不好。②锡命：发布奖赏的命令。③怀万邦：使天下归顺。④舆尸：用车运载尸体。⑤左次：后退驻扎。⑥田：打猎。⑦长子：指九二。⑧弟子：指六三，喻平庸之辈。

易经

◎ 上六：大君有命，开国承家，小人勿用。

▲《象》曰：大君有命，以正功也。小人勿用，必乱邦也。

汤武征伐·《绘图二十四史通俗演义》

比卦①第八

坤下 坎上

注释：①比卦：象征亲近。

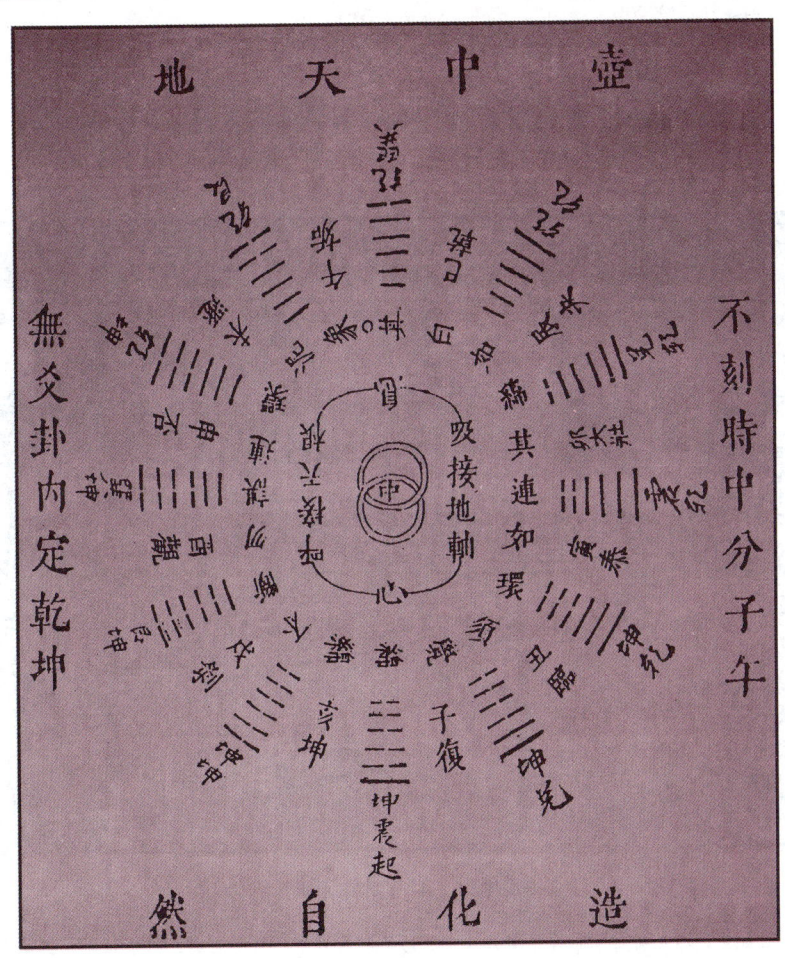

壶中天地 造化自然图 明·曹士珩

● 比：吉。原筮①，元永贞，无咎。不宁方②来，后夫③凶。

★《象》曰：比，吉也；比，辅也，下顺从④也。原筮，元永贞，无咎，以刚中也。不宁方来，上下应⑤也。后夫凶，其道穷也。

注释：①原筮：再三占筮。②方：方国，商、周时代对少数部落的称呼。③后夫：后来者，指上六。④下顺从：本卦九五以下均为阴爻，故说下顺从。⑤上下应：指上卦九五与下卦六二相照应。

水地比　明·《断易天机》

此卦陆贾将说蛮卜得，后果胜蛮王归降也。
解曰：月圆当空，乃光明之象。秀才望月饮酒，乃举杯对月也。自酌自斟，乃乐极也。药炉在高处，乃无疾病，不用煎药。枯树花开，晚发也。

▲《象》曰：地上有水，比；先王以建万国，亲诸侯。

◎初六：有孚①比之，无咎。有孚盈缶②，终来有它吉。

▲《象》曰：比之初六，有它吉也。

◎六二：比之自内③，贞吉。

▲《象》曰：比之自内，不自失也。

◎六三：比之匪人④。

▲《象》曰：比之匪人，不亦伤乎！

◎六四：外比⑤之，贞吉。

▲《象》曰：外比于贤，以从上也。

◎九五：显比⑥，王用三驱⑦，失前禽；邑人不诫⑧，吉。

注释：①孚：诚心。②缶：瓦罐子。③内：内在要求。④匪人：非其人。⑤外比：向外亲近。六四与初六敌应，只好转向外卦，亲近九五。⑥显比：明显地亲近。⑦三驱：不合围，网开一面。⑧诫：告诫。

▲《象》曰：显比之吉，位正中也。舍逆取顺①，失前禽也。邑人不诫，上使中也。

◎ 上六：比之无首，凶。

▲《象》曰：比之无首②，无所终也。

注释：①舍逆取顺：指顺应自然法则。②无首：没有带头的。

孔子圣迹图之梦见周公

小畜卦①第九

☴ 乾下 巽上

注释：①小畜卦：象征阴柔力量的聚集。

大小畜吉凶图　元·《大易象数钩深图》

● 小畜：亨。密云不雨，自我西郊。

★《彖》曰：小畜，柔得位而上下应之，曰小畜。健而巽①，刚中②而志行，乃亨。密云不雨，尚往也。自我西郊，施③未行也。

▲《象》曰：风行天上，小畜；君子以懿④文德⑤。

注释：①健而巽：本卦下卦为乾，上卦为巽，故说"健而巽"。②刚中：指九二，位于下乾的中间。③施：化育。④懿：增美。⑤文德：温文的气质。

风天小畜　明·《断易天机》

此卦韩信击取散关不破卜得。后再击之，果破也。
解曰：两重山，乃出字也。一人山顶，险不可往也。舟横岸上，才能动得也。望竿在草里，乃望草头姓人也。上有羊马头，乃午未日上见也。

◎ 初九：复自道①，何其咎？吉。

▲《象》曰：复自道，其义吉也。

◎ 九二：牵复②，吉。

▲《象》曰：牵复在中，亦不自失也。

◎ 九三：舆说辐③，夫妻反目。

▲《象》曰：夫妻反目，不能正室④也。

◎ 六四：有孚，血去惕出⑤，无咎。

▲《象》曰：有孚惕出，上合志⑥也。

◎ 九五：有孚挛如⑦，富以其邻。

▲《象》曰：有孚挛如，不独富也。

◎ 上九：既雨既处⑧，尚德载；妇⑨贞厉⑩，月几望；君子征凶。

▲《象》曰：既雨既处，德积载也。君子征凶，有所疑也。

注释：①复自道：反复其道。②牵复：牵连而复。③说：通脱。辐：即輹。舆下方木，亦称钩心木，也叫"伏菟"。④正室：端正家庭关系。⑤惕出：惊惧排除。⑥合志：同心。⑦挛如：连绵不绝。如，语末助词。⑧处：停止。⑨妇：指阴柔的力量。⑩贞厉：守正防危。

履卦^①第十

lǚ guà dì shí

兑下 乾上

duì xià qián shàng

注释：①履卦：象征行为的合礼。

履虎尾之图　元·《大易象数钩深图》

● 履：履虎尾，不咥①人，亨。

★《彖》曰：履，柔履刚也。说[悦]②而应乎乾，是以履虎尾，不咥人，亨。刚中正③，履帝位④而不疚，光明也。

▲《象》曰：上天下泽，履；君子以

上经 ◎ 履卦第十

注释：①咥：咬。②说：通悦，指下兑。③刚中正：指九五以阳爻居阳位，且位于上乾的中间。④帝位：上乾的中爻被认为是"帝位"。

天泽履　明·《断易天机》

此卦子路出行卜得，后遇虎拔其尾也。
解曰：笠子，乃成立也。文书破，用去员也。女子，乃好也。在伞，有所庇盖也。卓旗官人边坐，门旗也。墩土有千里字，乃坐镇千里侯伯之任也。

辨上下，定民志。

◎ 初九：素履①往，无咎。

▲《象》曰：素履之往，独行愿也。

◎ 九二：履道坦坦，幽人②贞吉。

▲《象》曰：幽人贞吉，中③不自乱也。

◎ 六三：眇④能视，跛能履，履虎尾，咥人，凶。武人为于大君。

▲《象》曰：眇能视，不足以有明也；跛能履，不足以与行也。咥人之凶，位不当也。武人为于大君，志刚也。

◎ 九四：履虎尾，愬愬⑤终吉。

注释：①素履：照平常那样走。②幽人：无名利心者。③中：指心。④眇：瞎了一只眼。⑤愬愬：小心谨慎。

▲《象》曰：愬愬终吉，志行也。

◎九五：夬①履，贞厉。

▲《象》曰：夬履贞厉，位正当也。

◎上九：视履考祥②，其旋，元吉。

▲《象》曰：元吉在上，大有庆也。

注释：①夬：果决。②考祥：研究是否吉利。

履虎尾图　明·曹士珩

泰卦第十一

乾下 坤上

注释：①泰卦：象征自然、社会的和顺美好。

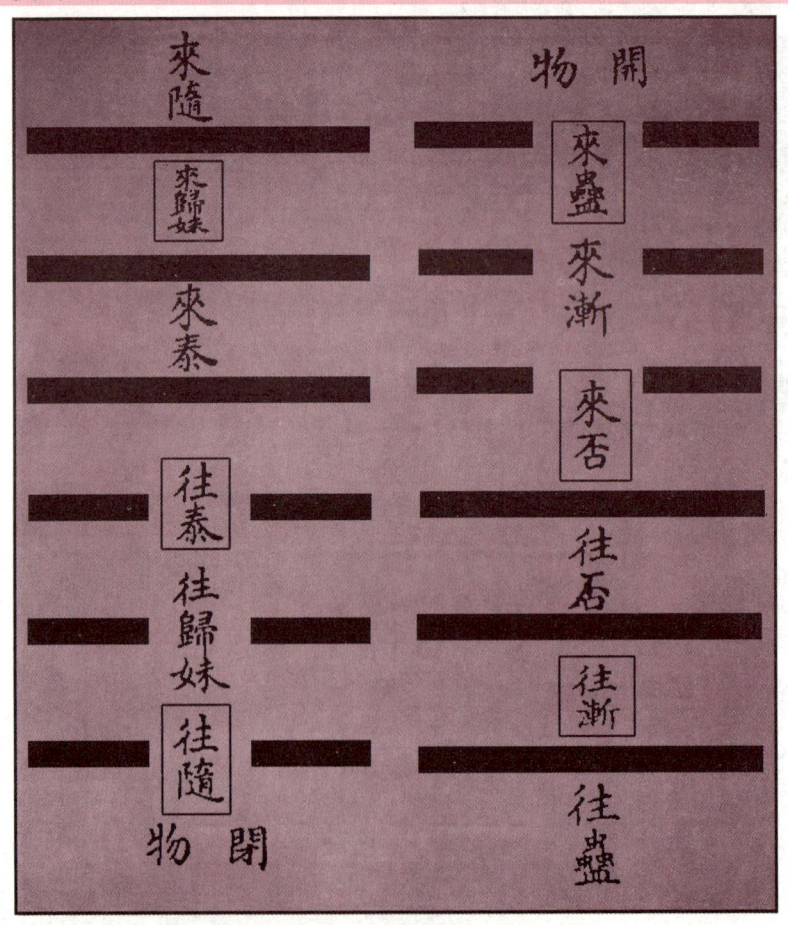

否泰往来图　元·《大易象数钩深图》

● 泰：小往大来，吉亨。

★《彖》曰：泰，小往大来，吉亨。则是天地交，而万物通也，上下交而其志同也。内阳而外阴，内健而外顺①，内君子而外小人，君子道长，小人道消也。

▲《象》曰：天地交，泰；后以财裁

注释：①内健而外顺：上坤为顺，下乾为健。

地天泰　明·《断易天机》

此卦尧帝将禅位卜得，乃得舜而逊位也。
解曰：月中桂开官人登梯，乃足蹑云梯手扳仙桂也。鹿衔书，乃天恩赐禄书也。小儿在云中，乃年少子步青云也。一羊回头，未位见喜也。

成①天地之道，辅相②天地之宜，以左右③民。

◎初九：拔茅茹④，以其汇⑤，征⑥吉。

▲《象》曰：拔茅征吉，志在外也。

◎九二：包荒⑦，用冯⑧河，不遐遗。朋亡无⑨，得尚于中行。

▲《象》曰：包荒，得尚于中行，以光大也。

◎九三：无平不陂，无往不复。艰贞⑩无咎。勿恤⑪其孚，于食有福。

▲《象》曰：无往不复，天地际⑫也。

◎六四：翩翩⑬，不富⑭以其邻，不戒以孚⑮。

注释：①财成：财通裁，即裁成，调节。②辅相：辅佐帮助。③左右：同佐佑，保佑。④茹：根系牵连貌。⑤汇：同类会聚，指九二、九三。⑥征：进发。⑦包荒：包容宽广。⑧冯：涉越。⑨朋亡：没有朋党。亡，通无。⑩艰贞：艰难守正。⑪恤：担心。⑫天地际：泰卦下乾上坤，九三正在上下卦的交接处，所以说"天地际"。⑬翩翩：鸟飞翔样。⑭不富：《易经》以阴为不富。六四、六五、上六均为阴爻，所以说"不富以其邻"。⑮不戒以孚：不相互有戒心是因为有诚信。

▲《象》曰：翩翩不富，皆失实①也。不戒以孚，中心愿也。

◎六五：帝乙②归妹③，以祉元吉。

▲《象》曰：以祉元吉，中以行愿也。

◎上六：城复[覆]④于隍⑤，勿用师。自邑[挹]⑥告命，贞吝。

▲《象》曰：城复[覆]于隍，其命乱也。

注释：①失实：虚心。阴爻中间缺断，所以说"不实"。②帝乙：商纣王之父。③归妹：嫁女。④复：同覆。⑤隍：干涸的城沟。⑥邑：通挹，减损。

文王爱莲图　杨柳青年画

否卦^①第十二

坤下 乾上

注释：①否卦：象征阴阳隔绝，天地闭塞。

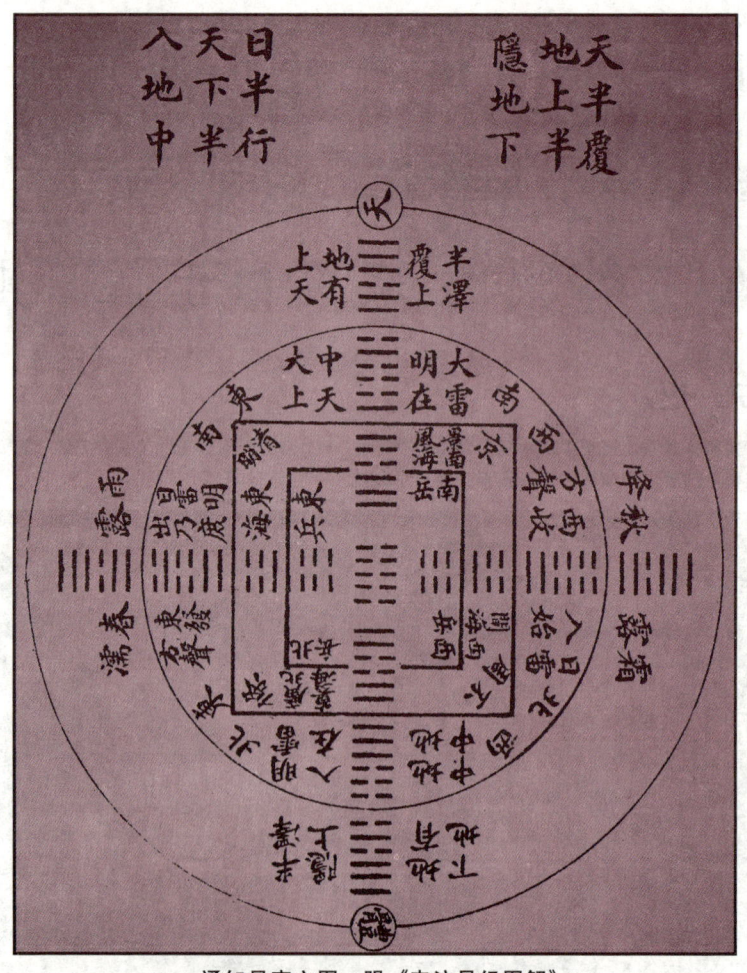

通知昼夜之图　明·《来注易经图解》

● 否：否①之匪人②，不利君子贞，大往小来③。

★《象》曰：否之匪人，不利君子贞，大往小来，则是天地不交而万物不通也。上下不交，而天下

注释：①否：不通泰，不顺利。②匪人：非其人。③大往小来：指上乾往下，下坤往上。

天地否　明·《断易天机》

此卦苏秦将游说六国卜得，后果为相矣。

解曰：男子卧病，病在往图也。镜破，明中有损也。人路上坐，远未能到也。张弓箭头落地，射不中也。人拍掌笑，喜极生悲也。口舌，主唇吻也。

无邦也。内阴而外阳，内柔而外刚，内小人而外君子。小人道长，君子道消也。

▲《象》曰：天地不交，否；君子以俭德辟[避]①难，不可荣以禄。

◎初六：拔茅茹，以其汇，贞吉，亨。

▲《象》曰：拔茅贞吉，志在君也。

◎六二：包承②，小人吉，大人否亨。

▲《象》曰：大人否亨，不乱群③也。

◎六三：包羞④。

▲《象》曰：包羞，位不当也。

◎九四：有命无咎，畴[俦]⑤离祉⑥。

注释：①辟：通避。②包承：被包容而拍马逢迎。③乱群：搞乱群体，指大人与小人混为一体。④包羞：被包容而为非，故可耻。⑤畴：通俦，同类。⑥离祉：受福。离，依附；祉，福。

▲《象》曰：有命无咎，志行也。

◎九五：休①否，大人吉。其亡其亡，系于苞桑。

▲《象》曰：大人之吉，位正当也。

◎上九：倾②否，先否后喜。

▲《象》曰：否终则倾，何可长也？

注释：①休：停止。②倾：倾覆。

女娲氏炼石补天　明·《开辟衍义》

易经

同人卦[①]第十三

☰ 离下 乾上

注释：①同人卦：象征团结。

同人之图　元·《大易象数钩深图》

● 同人：同人于野，亨。利涉大川，利君子贞。

★《彖》曰：同人，柔得位得中①而应乎乾，曰同人。同人曰："同人于野，亨，利涉大川。"乾行也。文明以健②，中正而应③，君子正也。

注释：①**柔得位得中**：指六二以阴爻居阴位，且位于下离的中间。②**文明以健**：文明指下离，健指上乾。③**中正而应**：指六二和九五分居上下卦的中间，且阴爻居阴位，阳爻居阳位，彼此阴阳正应。

天火同人　明·《断易天机》

此卦刘文龙在外求官卜得，后果衣锦还乡。
解曰：人捧文书上有心字，心专名利兼有也。人张弓射山上，乃高中也。一鹿饮水，乃爵禄源源而来如水不绝也。一溪，乃峰前程远大也。

唯君子为能通天下之志。

▲《象》曰：天与火，同人；君子以类族辨物。

◎初九：同人于门①，无咎。

▲《象》曰：出门同人，又谁咎也？

◎六二：同人于宗，吝。

▲《象》曰：同人于宗②，吝道也。

◎九三：伏戎③于莽④，升其高陵，三岁不兴。

▲《象》曰：伏戎于莽，敌刚⑤也。三岁不兴，安行也？

◎九四：乘其墉⑥，弗克攻，吉。

▲《象》曰：乘其墉，义弗克也。其

注释：①门：出门。②宗：宗族。③戎：部队。④莽：草莽。⑤敌刚：与刚为敌。刚，指上乾。⑥墉：城墙。

吉，则困而反返则也。

◎ 九五：同人，先号咷①而后笑。大师②克相遇。

▲《象》曰：同人之先，以中直也。大师相遇，言相克也。

◎ 上九：同人于郊，无悔。

▲《象》曰：同人于郊，志未得也。

注释：①号咷：嚎啕大哭。②大师：强大的部队。

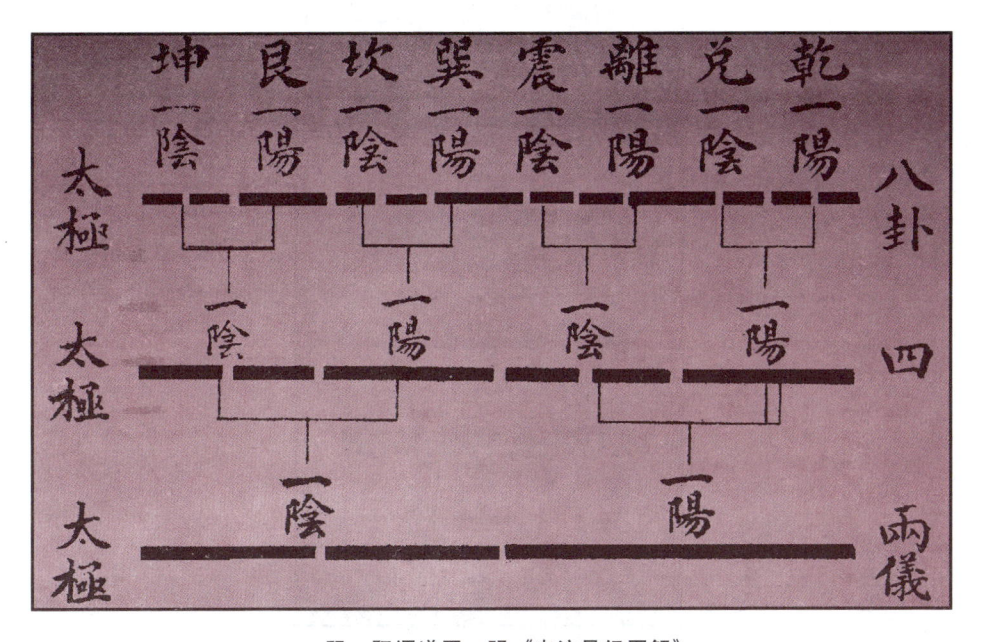

一阴一阳谓道图　明·《来注易经图解》

大有卦①第十四

qián xià　　lí shàng
乾下　离上

注释：①大有卦：象征盛大富有，大为顺利。

大有守位图　元·《大易象数钩深图》

● 大有：元亨。

★《象》曰：大有，柔得尊位[①]，大中而上下应之，曰大有。其德刚健而文明[②]，应乎天而时行，是以元亨。

注释：①柔得尊位：指本卦第五个爻位为阴。②刚健而文明：刚健指下乾，文明指上离。

火天大有　明·《断易天机》

此卦蔺相如送赵璧往秦卜得，后果还璧也。

解曰：妇人腹中一道气，喜气也。气中二小儿，有孕双生之，兆也。一药王，临产遇良医也。药有光，药灵验也。女人受药，受灾也。一犬，戌日见喜。

▲《象》曰：火在天上，大有；君子以遏恶扬善，顺天休命①。

◎初九：无交害②，匪咎，艰则无咎。

▲《象》曰：大有初九，无交害也。

◎九二：大车以载，有攸往，无咎。

▲《象》曰：大车以载，积中不败也。

◎九三：公用亨③于天子，小人弗克④。

▲《象》曰：公用亨于天子，小人害也。

◎九四：匪其彭⑤，无咎。

注释：①休命：使生命美好。②无交害：没有交相侵害。因为初九与九四没有正应关系。③用亨：朝献，进贡。亨，通享。④弗克：做不到。⑤匪其彭：不过盛。彭，通膨，茂盛的样子。

▲《象》曰：匪其彭膨，无咎，明辨晢哲也。

◎六五：厥①孚交如②，威如③，吉。

▲《象》曰：厥孚交如，信以发志也。威如之吉，易而无备也。

◎上九：自天佑之，吉无不利。

▲《象》曰：大有上吉，自天佑也。

注释：①厥：他的。②交如：交接上下。③威如：威严自显。

石季伦像　明·陈洪绶

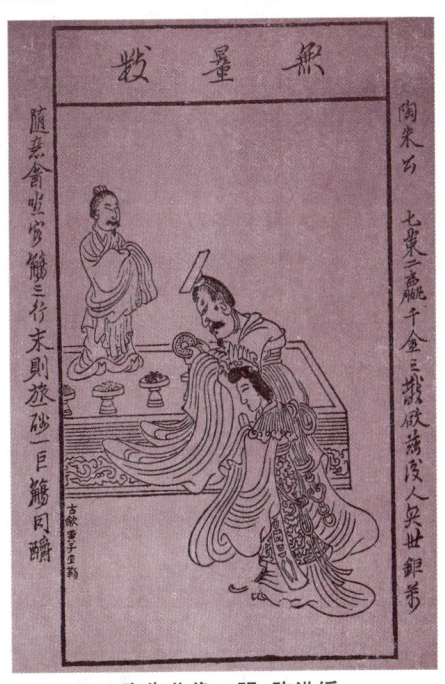

陶朱公像　明·陈洪绶

谦卦^①第十五

☷ 艮下 坤上

注释：①谦卦：象征谦逊。

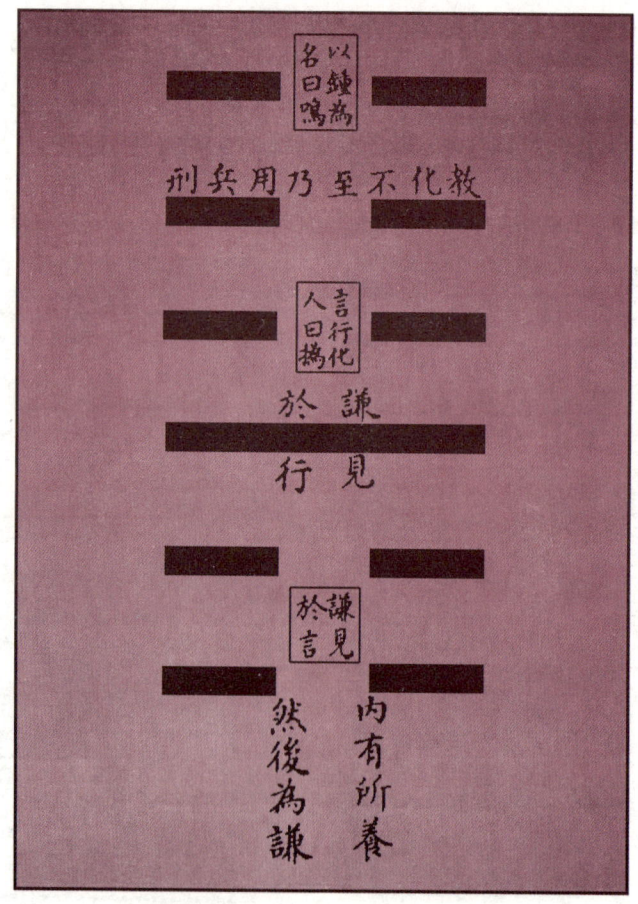

谦象之图　元·《大易象数钩深图》

● 谦：亨，君子有终。

★《彖》曰：谦，亨，天道下济而光明，地道卑而上行。天道亏盈而益谦，地道变盈而流谦，鬼神害盈而福谦，人道恶盈而好谦。谦尊而光，卑而不可逾，君子之终也。

地山谦　明·《断易天机》

此卦唐玄宗因禄山乱卜得，乃知干戈必息也。
解曰：月当天，无私也。一人骑鹿，才禄俱至也。三人脚下乱丝，乃牵连未得解也。贵人捧镜，乃遇清王官人也。文字上有公字，公事得理也。

▲《象》曰：地中有山①，谦；君子以裒多益寡②，称物平施。

◎初六：谦谦君子，用③涉大川，吉。

▲《象》曰：谦谦君子，卑以自牧也。

◎六二：鸣谦④，贞吉。

▲《象》曰：鸣谦贞吉，中心得也。

◎九三：劳谦⑤君子，有终吉。

▲《象》曰：劳谦君子，万民服也。

◎六四：无不利，扐[挥]⑥谦。

▲《象》曰：无不利，扐[挥]谦，不违则也。

◎六五：不富以其邻，利用侵伐，无

注释：①地中有山：上坤为地，下艮为山。②裒多益寡：取多而补不足。裒，取。③用：凭着（谦退）。④鸣谦：宣扬谦让。⑤劳谦：勤劳谦虚。九三位居下卦，五阴倚之，是有功不居之像，所以说"劳谦"。⑥扐：通挥，发挥。

不利。

▲《象》曰：利用侵伐，征不服也。

◎ 上六：鸣谦，利用行师①征邑国。

▲《象》曰：鸣谦，志未得也。可用行师，征邑国也。

注释：①行师：出兵。

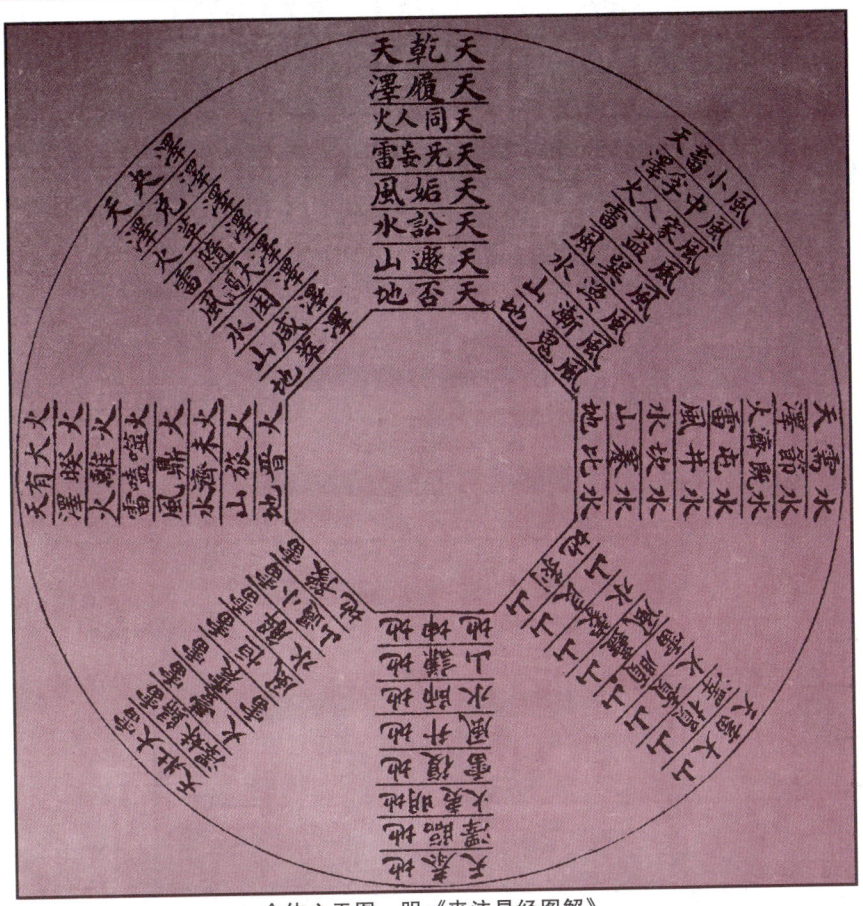

全体心天图　明·《来注易经图解》

豫卦①第十六

坤下 震上

注释：①豫卦：象征自在安乐。

豫象之图　元·《大易象数钩深图》

● 豫：利建侯、行师。

★《象》曰：豫，刚应①而志行②，顺以动③，豫。豫，顺以动，故天地如之，而况建侯行师乎？天地以顺动，故日月不过④而四时不忒⑤；圣人以顺动，则刑罚清而民服。

注释：①刚应：指九四与初六应。②志行：志趣实现。③顺以动：顺物性而动。下坤为顺，上震为动。④过：运行过头。⑤忒：差错。

雷地豫　明·《断易天机》

此卦诸葛孔明讨南蛮卜得，便知必胜也。

解曰：两重山，乃出也。官人在中，出求贵也。一禄一马，乃禄马运动也。金银数锭钱一堆者，乃厚获钱钞无数也。占者得之，求才遇贵之兆。

豫之时义大矣哉！

▲《象》曰：雷出地奋，豫；先王以作乐崇德，殷①荐之上帝，以配祖考。

◎初六：鸣豫②，凶。

▲《象》曰：初六鸣豫，志穷凶也。

◎六二：介于石③，不终日，贞吉。

▲《象》曰：不终日，贞吉，以中正也。

◎六三：盱④豫，悔；迟有悔。

▲《象》曰：盱豫有悔，位不当⑤也。

◎九四：由豫，大有得。勿疑，朋盍簪⑥。

▲《象》曰：由豫，大有得，志大行也。

◎六五：贞疾⑦，恒不死。

注释：①殷：隆重。②鸣豫：宣扬快乐。③介于石：硬如石。介，耿介，有骨气。④盱：张开眼睛，指察言观色（上面的九四象征权贵）。⑤位不当：指阴爻六居于阳位三。⑥盍簪：收束簪子（指朋友像头发一般多，齐聚集在身边）。⑦贞疾：以正致病。

▲《象》曰：六五贞疾，乘刚也。恒不死，中未亡也。

◎ 上六：冥豫①，成有渝，无咎。

▲《象》曰：冥豫在上，何可长也？

注释：①冥豫：暗中作乐。

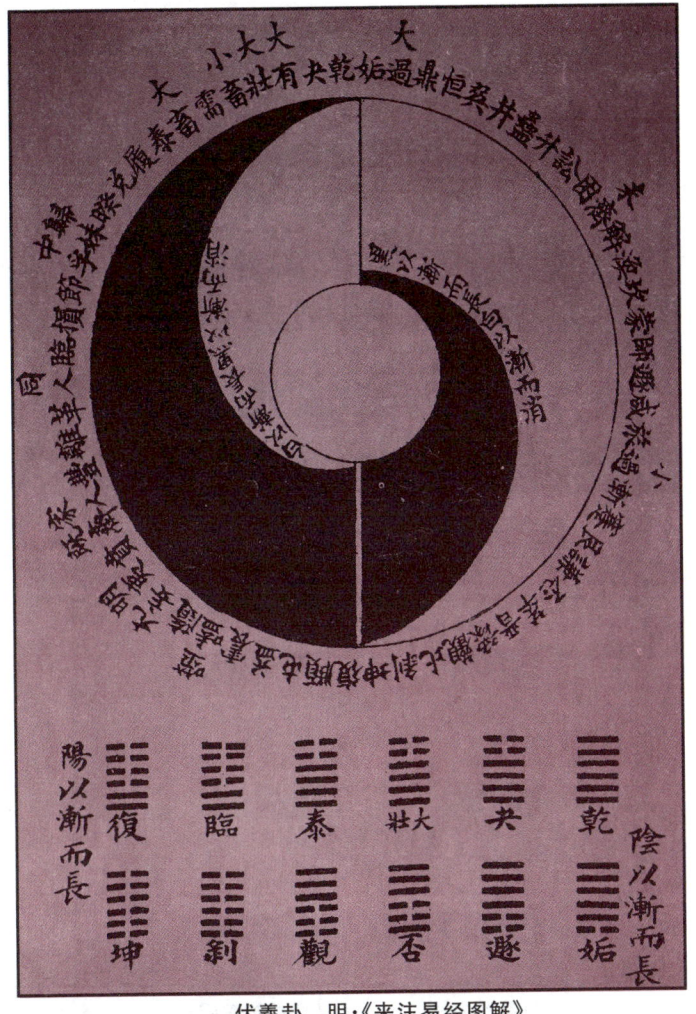

伏羲卦　明·《来注易经图解》

随卦①第十七

震下 兑上

注释：①随卦：象征随从向善。

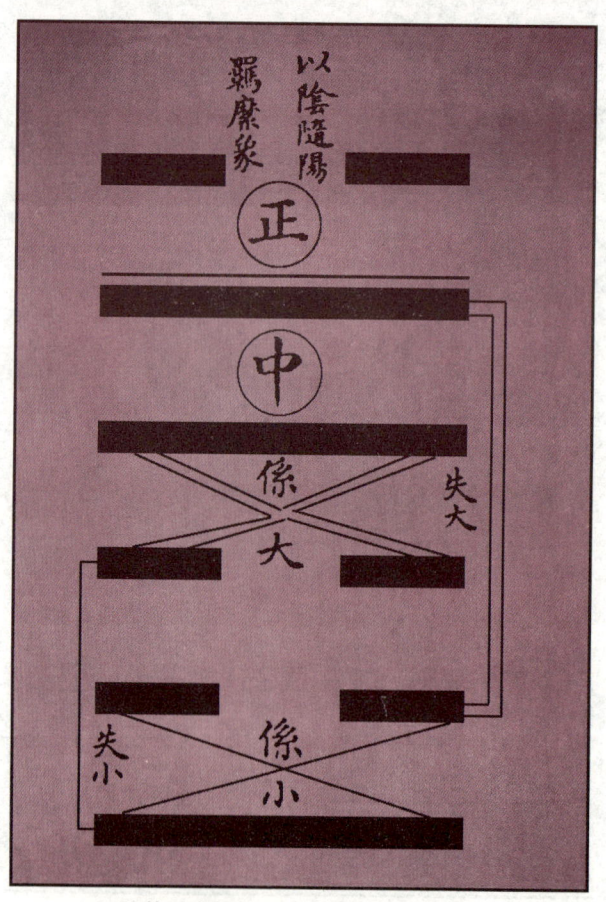

随卦系失图　元·《大易象数钩深图》

● 随：元亨，利贞，无咎。

★《彖》曰：随，刚来而下柔，动而说[悦]①，随。大亨贞，无咎，而天下随时。随时之义大矣哉！

▲《象》曰：泽中有雷，随；君子以向晦②入宴息③。

注释：①说：通悦。②向晦：入夜。③宴息：休息。

泽雷随　明·《断易天机》

此卦孙膑破秦卜得，便知决胜也。

解曰：云中鹰传书，信至也。一堆钱，有才也。朱门内有人坐，乃坐官府也。一人在门外立地，乃士人求进欲得变身也。凡事值此得贵人力也。

◎初九：官有渝①，贞吉。出门交有功。

▲《象》曰：官有渝，从正吉也。出门交有功，不失也。

◎六二：系小子，失丈夫。

▲《象》曰：系小子，弗兼与②也。

◎六三：系丈夫，失小子。随有求得，利居贞。

▲《象》曰：系丈夫，志舍下③也。

◎九四：随有获，贞凶。有孚在道，以明，何咎？

▲《象》曰：随有获，其义凶也。有孚在道，明功也。

注释：①渝：变化。②兼与：兼有亲朋好友。③舍下：放弃下面。

◎九五：孚于嘉①，吉。

▲《象》曰：孚于嘉，吉，位正中也。

◎上六：拘系②之，乃从，维之。王用亨[享]③于西山。

▲《象》曰：拘系之，上穷也。

注释：①孚于嘉：施诚信于美。②拘系：抓住捆起来。③用亨：设祭。亨，通享。

龙马负河图洛书　清·《绣像开辟演义》

蛊卦①第十八

巽下 艮上

注释：①蛊卦：象征积弊日久，必须整治弊乱。蛊，本义为小虫。

蛊象之图 元·《大易象数钩深图》

● 蛊：元亨，利涉大川。先甲三日①，后甲三日。

★《彖》曰：蛊，刚上而柔下②，巽而止，蛊。蛊，元亨而天下治也。利涉大川，往有事也。先甲三日，后甲三日，终则有始，天行也。

▲《象》曰：山下有风，蛊；君子以

注释：①先甲三日：在甲日之前三天。②刚上而柔下：刚，指上艮；柔，指下巽。

山风蛊　明·《断易天机》

此卦伯乐疗马卜得，乃知马难治，见三蛊同器皿也。
解曰：孙儿在云中，有子荣贵见。雁衔一书，乃喜信也。一鹿，乃爵禄也。一钱，乃钱财也。男女相拜，有好事相庆也。

振民育德。

◎ 初六：干父之盅①，有子，考②无咎，厉终吉。

▲《象》曰：干父之盅，意③承考也。

◎ 九二：干母之盅，不可贞。

▲《象》曰：干母之盅，得中道也。

◎ 九三：干父之盅，小有悔④，无大咎。

▲《象》曰：干父之盅，终无咎也。

◎ 六四：裕⑤父之盅，往见吝。

▲《象》曰：裕父之盅，往⑥未得也。

◎ 六五：干父之盅，用誉⑦。

▲《象》曰：干父之盅，承以德也。

◎ 上九：不事王侯，高尚其事。

▲《象》曰：不事王侯，志可则⑧也。

注释：①干父之盅：干，做，办理。盅，事。谓儿子能匡正父之弊乱。②考：父亲。③意：目的。④悔：失误。⑤裕：宽缓。⑥往：往后。⑦用誉：受到称赞。⑧志可则：志向值得效法。

临卦①第十九

兑下 坤上

注释：①临卦：象征君王统治人民。

临象之图　元·《大易象数钩深图》

● 临：元亨，利贞。至于八月有凶。

★《彖》曰：临，刚浸而长①。说(悦)而顺②，刚中而应③，大亨以正，天之道也。至于八月有凶，消不久也。

▲《象》曰：泽上有地，临。君子以教思无穷，容保民无疆。

注释：①刚浸而长：指初九和九二两阳爻逐步上长。②说而顺：上兑为悦，上坤为顺。说，通悦。③刚中而应：指九二和六五有正应关系，比喻阴阳合德。

地泽临　明·《断易天机》

此卦蔡琰去番卜得，乃知必远故国也。
解曰：妇人乘凤，风峰动阴才也。一车上有使旗，乃太守车也。人在山顶头，乃危道也。虎在山下坐，可防危也。一合，乃和合也。人射弓，乃得贵人牵引之象。

◎ 初九：咸临①，贞吉。

▲《象》曰：咸临，贞吉，志行正也。

◎ 九二：咸临，吉，无不利。

▲《象》曰：咸临，吉，无不利，未顺命也。

◎ 六三：甘临②，无攸利。既忧之，无咎。

▲《象》曰：甘临，位不当也。既忧之，咎不长也。

◎ 六四：至临③，无咎。

▲《象》曰：至临无咎，位当④也。

◎ 六五：知[智]临⑤，大君之宜，吉。

▲《象》曰：大君之宜，行中之谓也。

◎ 上六：敦临⑥，吉，无咎。

▲《象》曰：敦临之吉，志在内也。

注释：①咸临：感化式管理。咸，感化，感知。②甘临：甜言蜜语式管理。甘，甜。③至临：亲近式管理。④位当：指六四阴爻居阴位，且与初九正应。⑤知临：智慧式管理。知，同智。⑥敦临：宽厚式管理。敦，忠厚。

上经 ◎ 临卦第十九

125

观卦^① 第二十

坤下 巽上

注释：①观卦：象征观仰。

观国之光图　元·《大易象数钩深图》

● 观：盥①而不荐②，有孚颙③若。

★《彖》曰：大观④在上，顺而巽，中正⑤以观天下。观，盥而不荐，有孚颙若，下观而化也。观天之神道，而四时不忒，圣人以神道设教，而天下服矣。

▲《象》曰：风行地上，观；先王以

注释：①盥：洗手。②荐：献祭。③颙：仰望。④大观：指上面两阳爻，比喻天子雄视天下。⑤中正：指九五爻位甚佳。

风地观 明·《断易天机》

此卦唐明皇与叶静游月宫卜得，虽有好事必违也。
解曰：日月当天，大明普照也。官人香案边立，香案吏符从贵也。鹿在山上，高禄也。金申人，神人也。执印秤，印者信也，秤者提权也，均吉也。

省方①，观民设教。

◎ 初六：童观，小人无咎，君子吝。

▲《象》曰：初六童观，小人道也。

◎ 六二：窥观，利女贞。

▲《象》曰：窥观女贞，亦可丑也。

◎ 六三：观我②生，进退。

▲《象》曰：观我生，进退，未失道也。

◎ 六四：观国之光，利用③宾于王④。

▲《象》曰：观国之光，尚宾也。

◎ 九五：观我生，君子无咎。

▲《象》曰：观我生，观民也。

◎ 上九：观其生，君子无咎。

▲《象》曰：观其生，志未平也。

注释：①省方：巡视方国。②我：自己。③利用：有利于。④宾于王：在王那里做客。

噬嗑卦第二十一

☲☳ 震下 离上

注释：①噬嗑卦：象征治狱。噬是咀嚼，嗑是合嘴。

噬嗑身口象图　元·《大易象数钩深图》

● 噬嗑：亨，利用狱。

★《彖》曰：颐中有物曰噬嗑，噬嗑而亨。刚柔分，动而明，雷电合而章①。柔得中而上行②，虽不当位③，利用狱也。

▲《象》曰：雷电噬嗑，先王以明罚敕法。

注释：①雷电合而章：下震上离合起来很灿烂辉煌。②柔得中而上行：指六二居于下震的中间，向上运动而成六五。③不当位：指六五阴爻而居阳位。

火雷噬嗑 明·《断易天机》

此卦苏秦说六国卜得，后为六国丞相。

解曰：北斗星，乃主人灾祸也。妇人烧香拜，禳谢也。忧字不全，无忧也。喜字全，主有喜庆也。一雁食稻一钱财，一鹿者，爵禄皆足无不称心。

◎ 初九：屦校灭趾①，无咎。

▲《象》曰：屦校灭趾，不行也。

◎ 六二：噬肤灭鼻②，无咎。

▲《象》曰：噬肤灭鼻，乘刚③也。

◎ 六三：噬腊肉④，遇毒；小吝，无咎。

▲《象》曰：遇毒，位不当⑤也。

◎ 九四：噬干胏，得金矢，利艰贞吉。

▲《象》曰：利艰贞吉，未光⑥也。

◎ 六五：噬干肉，得黄金，贞厉，无咎。

▲《象》曰：贞厉，无咎，得当也。

◎ 上九：何[荷]校灭耳⑦，凶。

▲《象》曰：何[荷]校灭耳，聪不明也。

注释：①屦校灭趾：鞋套刑具遮没脚趾。比喻刑罚很轻。②噬肤灭鼻：咬啮肌肤伤损鼻子。③乘刚：指六二以阴爻凌驾于阳爻初九之上。④腊肉：谓兽腊，全体骨而为之者，坚韧之物也。⑤位不当：六三以阴爻居阳位，所以说不当。⑥光：光大。⑦何校灭耳：戴着木枷遮住耳朵。何，通荷；校，枷锁。

贲卦①第二十二

离下 艮上

注释：①贲卦：象征文饰。

贲天文之图　元·《大易象数钩深图》

● 贲：亨。小利有攸往。

★《象》曰：贲，亨；柔来而文刚，故亨。分刚上而文柔，故小利有攸往。刚柔交错，天文也；文明以止①，人文也。观乎天文以察时变，观乎人文以化成天下。

注释：①文明以止：文明指下离，上艮为止。止，止于礼义，各自行为符合名分。

山火贲　明·《断易天机》

此卦管鲍卜得，后果获金，彼此相逊终显名义也。

解曰：雨下，润泽也。车行路，有运转也。舟张帆在江中，遇顺风也。官人着公服登梯，乃足蹑云梯手梦月桂也。仙女云中执桂，乃姮娥爱少年也。

▲《象》曰：山下有火，贲；君子以明庶政①，无敢折狱②。

◎初九：贲其趾，舍车而徒。

▲《象》曰：舍车而徒，义③弗乘也。

◎六二：贲其须。

▲《象》曰：贲其须，与上兴④也。

◎九三：贲如，濡如⑤，永贞吉。

▲《象》曰：永贞之吉，终莫之陵⑥也。

◎六四：贲如，皤如⑦，白马翰如，匪寇婚媾⑧。

▲《象》曰：六四，当位疑⑨也。匪

注释：①庶政：一般的政事。②折狱：审判案件。③义：从道理上讲。④与上兴：指六二与九三为文饰。⑤贲如，濡如：文饰极盛。濡，润泽，用作动词；如，语末助词。⑥莫之陵：莫陵之。陵，超越。一作凌侮。⑦贲如，皤如：指返璞归真。皤，纯白。⑧匪寇婚媾：不是来抢掠而是来求婚配。⑨位疑：指以上艮为代表的质朴与贲卦的文饰倾向在追求上不一致。

寇婚媾，终无尤①也。

◎ 六五：贲于丘园，束帛戋戋，吝，终吉。

▲《象》曰：六五之吉，有喜也。

◎ 上九：白贲，无咎。

▲《象》曰：白贲无咎，上得志也。

注释：①尤：过失。

易有太极图　明·《程氏墨苑》

剥卦①第二十三

☷ 坤下 艮上

注释：①剥卦：象征事物被侵蚀剥落。

剥为阳气种图　元·《大易象数钩深图》

（图中文字：阳之种　气　阳气过坤则剥落于艮耳）

● 剥：不利有攸往。

★《彖》曰：剥，剥也，柔变刚也。不利有攸往，小人①长也。顺而止之②，观象也。君子尚消息盈虚，天行也。

▲《象》曰：山附地上，剥；上以厚下，安宅。

注释：①小人：指以阴爻为象征的消极势力。②顺而止之：顺是下坤的特性，止是上艮的特性。

山地剥　明·《断易天机》

此卦尉迟将军与金牙斗争卜得，不利男子。
解曰：妇人床上坐，防阴人灾也。烛风中，明灭不定也。葫芦，药具也。山下官人坐，退居也。冠中挂木上，喻休官也。一结乱丝，难整理收拾也。

◎ 初六：剥床以足，蔑[灭]①，贞凶。

▲《象》曰：剥床以足，以灭下也。

◎ 六二：剥床以辨[遍]②，蔑[灭]，贞凶。

▲《象》曰：剥床以辨[遍]，未有与③也。

◎ 六三：剥之，无咎。

▲《象》曰：剥之无咎，失上下④也。

◎ 六四：剥床以肤⑤，凶。

▲《象》曰：剥床以肤，切近灾也。

◎ 六五：贯鱼⑥，以宫人宠，无不利。

▲《象》曰：以宫人宠，终无尤也。

◎ 上九：硕果不食，君子得舆，小人剥庐。

▲《象》曰：君子得舆，民所载也；小人剥庐，终不可用也。

注释：①蔑：通灭。②辨：通遍，指四周的栏板。一作床身与床足之间的床干。③与：帮助。④上下：指亲近者。⑤肤：肌肤。此处喻指"床面"。⑥贯鱼：像鱼一样连贯而行。

复卦① 第二十四

☷☳ 震下 坤上

注释：①复卦：象征重新生长。

复七日图　元·《大易象数钩深图》

● 复：亨。出入无疾，朋来无咎。反复其道①，七日②来复，利有攸往。

★《彖》曰：复，亨，刚反，动③而以顺④行，是以出入无疾，朋来无咎。反复其道，七日来复，天行也。利有攸往，刚长也。复，其见

注释：①反复其道：指初九孤阳在循环道路上反复运行。②七日：从初到上再返回初，共经历七个爻位。③动：指下震。④顺：指上坤。

地雷复　明·《断易天机》

此卦唐太宗归天卜得，后七日复还魂也。
解曰：官人乘车，乃使车也。上两只旗，乃门旗也。墩子东字，乃江东侯战也。一将持刀立，乃武卒归降也。一兔一虎，乃寅卯位见求官显达也。

天地之心乎？

▲《象》曰：雷在地中，复；先王以至日闭关①，商旅不行，后不省方②。

◎初九：不远复，无祇③悔，元吉。

▲《象》曰：不远之复，以修身④也。

◎六二：休⑤复，吉。

▲《象》曰：休复之吉，以下仁⑥也。

◎六三：频顣⑦复，厉，无咎。

▲《象》曰：频顣复之厉，义无咎也。

◎六四：中行⑧独复。

▲《象》曰：中行独复，以从道也。

注释：①至日闭关：夏至和冬至日静养。②后不省方：君王不视察侯国。③祇：当为祇，大。一说为灾患。④修身：提高道德修养水平。⑤休：美好。⑥下仁：指初九。⑦频：通顣，皱眉。⑧中行：六四位于五个阴爻的中间，所以说中行。

◎ 六五：敦①复，无悔。

▲《象》曰：敦复无悔，中以自考②也。

◎ 上六：迷复③，凶，有灾眚④。用行师，终有大败，以其国君凶，至于十年不克征。

▲《象》曰：迷复之凶，反君道也。

注释：①敦：笃诚。②自考：自我考察，反省。③迷复：迷而复。④眚：祸害。

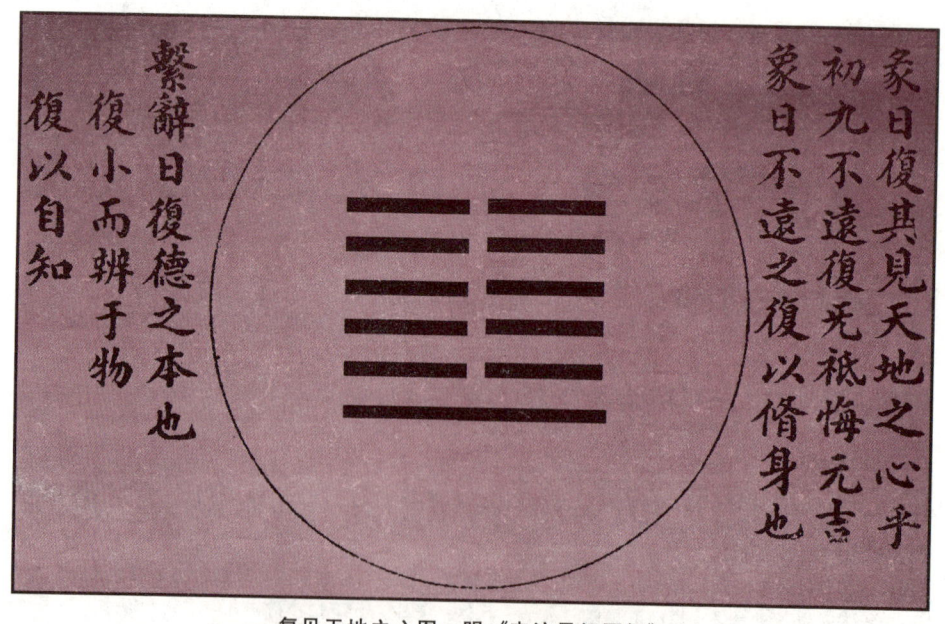

复见天地之心图　明·《来注易经图解》

无妄卦① 第二十五

震下 乾上

注释：①无妄卦：象征不妄为。

无妄本中孚图　元·《大易象数钩深图》

易经

● 无妄：元亨，利贞。其匪正有眚①，不利有攸往。

★《彖》曰：无妄，刚自外来②而为主于内。动而健③，刚中而应④。大亨以正，天之命也。其匪正有眚，不利有攸往，无妄之往何之⑤矣？

注释：①匪正有眚：不行正道有祸。②刚自外来：按卦变论，本卦的初九是从讼卦的九二变来的，故有此说。③动而健：下震是动，上乾是健。④刚中而应：指上卦的九五与下卦的六二阴阳正应。⑤何之：之何，去哪里。

天雷无妄　明·《断易天机》

此卦李广卜得，后凡为事不利也。
解曰：官人射鹿，乃禄有指射也。鹿衔文书，乃禄书至也。钱一堆在水中，乃钱塘得禄也。一鼠一猪，乃亥子位上见也，占者得之，凡百皆利之兆。

天命不佑，行矣哉！

▲《象》曰：天下雷行，物与①无妄；先王以茂对时，育万物。

◎初九：无妄，往吉。

▲《象》曰：无妄之往，得志也。

◎六二：不耕获，不菑畬②，则利有攸往。

▲《象》曰：不耕获，未富也。

◎六三：无妄之灾，或系之牛，行人之得，邑人之灾。

▲《象》曰：行人得牛，邑人灾也。

◎九四：可贞，无咎。

▲《象》曰：可贞无咎，固有之也。

注释：①物与：与物。②菑畬：新辟的生地与久种的熟地。

◎九五：无妄之疾，勿药有喜[①]。

▲《象》曰：无妄之药，不可试也。

◎上九：无妄，行有眚，无攸利。

▲《象》曰：无妄之行，穷之灾也。

注释：①勿药有喜：无须服药而自愈。

五圣蓍室之图　明·《断易天机》

大畜卦① 第二十六

qián xià　gèn shàng
乾下　艮上

注释：①**大畜卦**：象征畜聚至大。

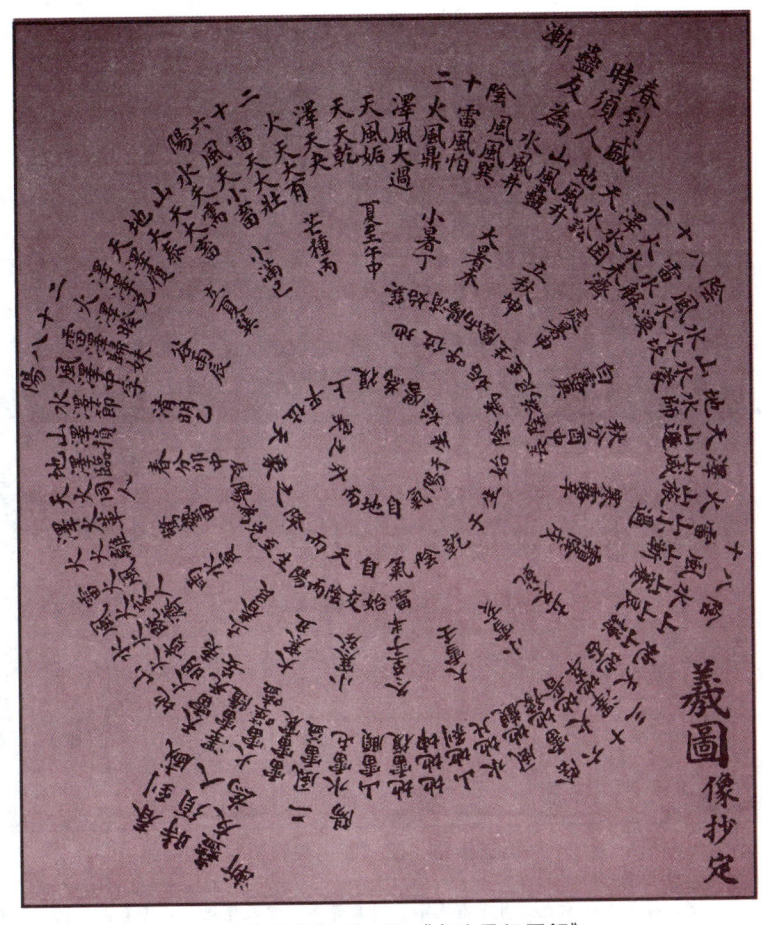

一中分造化圆图　明·《来注易经图解》

● 大畜：利贞。不家食①吉，利涉大川。

★《彖》曰：大畜，刚健笃实，辉光日新。其德刚上②而尚贤，能止健③，大正也。不家食吉，养贤也；利涉大川，应乎天也。

▲《象》曰：天在山中，大畜；君子以多识④前言往行，以畜⑤其德。

注释：①不家食：不在家吃饭，意思是应食禄于朝廷。②刚上：指九五居于君位之上。③止健：指艮可对下乾进行控制。④识：通志，记取。⑤畜：积累，培养。

山天大畜　明·《断易天机》

此卦昔神尧卜得，后果登天位也。
解曰：一鹿一马者，禄马并如意也。月下有文书，明且贵也。官人凭栏，乃清闲贵人也。栏内苍发茂盛，乃见西液判苍之战也，此卦最利求官。

◎初九：有厉，利已①。

▲《象》曰：有厉利已，不犯灾也。

◎九二：舆说𫐋②。

▲《象》曰：舆说𫐋，中无尤③也。

◎九三：良马逐，利艰贞。曰闲舆卫④，利有攸往。

▲《象》曰：利有攸往，上合志也。

◎六四：童牛之牿⑤，元吉。

▲《象》曰：六四元吉，有喜也。

◎六五：豮豕⑥之牙，吉。

▲《象》曰：六五之吉，有庆也。

◎上九：何天之衢⑦，亨。

▲《象》曰：何天之衢，道大行也。

注释：①利已：利于停止或放弃。②舆说𫐋：马车脱掉了车𫐋。说，通脱；𫐋，固定车轴与车厢的钩子。③尤：过失。④曰闲舆卫：日渐熟练车马防卫的技能。曰，当为日；闲，通娴，熟练。⑤牿：装在牛头上的木棍，用以控制牛。⑥豮豕：阉猪。⑦何天之衢：多么通畅的天路。

颐卦① 第二十七

震下 艮上

注释：①颐卦：象征颐养。

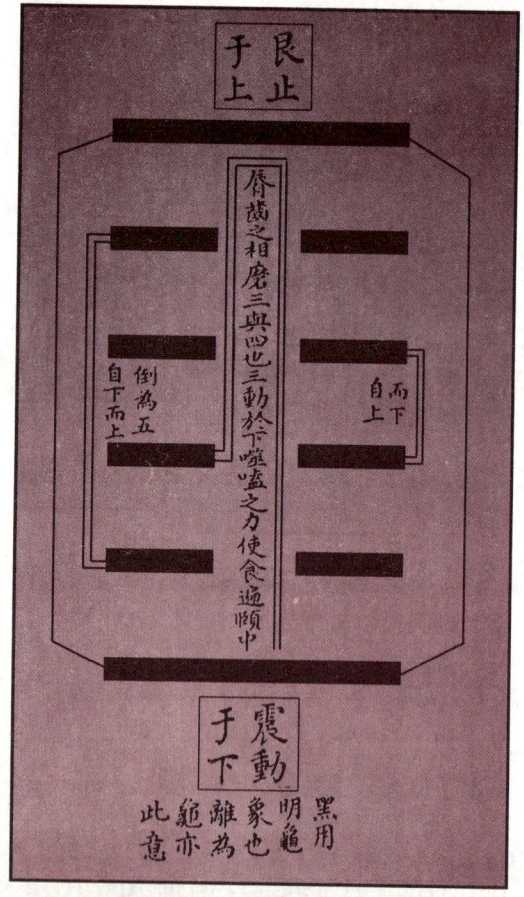

颐灵龟图　元·《大易象数钩深图》

● 颐：贞吉。观颐①，自求口实②。

★《彖》曰：颐，贞吉，养正则吉也。观颐，观其所养也。自求口实，观其自养也。天地养万物，圣人养贤以及万民。颐之时大矣哉！

▲《象》曰：山下有雷③，颐；君子以慎言语，节饮食。

注释：①观颐：观察腮帮子，即观察事物的颐养现象。②口实：食物。③山下有雷：指本卦的卦象为上艮下震。

上经 ◎ 颐卦第二十七

山雷颐　明·《断易天机》

此卦张骞寻黄河源卜得，乃知登天位也。
解曰：雨下，乃降泽也。三小儿，乃年少沾恩之象。日当天，日者君也。香案，乃御筵也。金紫官人引一人，乃是得侍从接引方得功成名就之兆也。占者皆吉。

151

◎初九：舍尔灵龟，观我朵颐，凶。

▲《象》曰：观我朵颐，亦不足贵也。

◎六二：颠颐①，拂经②于丘颐③，征凶。

▲《象》曰：六二征凶，行失类也。

◎六三：拂颐④，贞凶，十年勿用，无攸利。

▲《象》曰：十年勿用，道大悖也。

◎六四：颠颐，吉。虎视眈眈，其欲逐逐⑤，无咎。

▲《象》曰：颠颐之吉，上施光也。

◎六五：拂经，居贞吉，不可涉大川。

▲《象》曰：居贞之吉，顺以从上⑥也。

◎上九：由颐⑦，厉吉⑧，利涉大川。

▲《象》曰：由颐，厉吉，大有庆也。

注释：①颠颐：颠倒颐养。②拂经：违反常理。③丘颐：高处的颐养。本卦的上体为艮，故言。④拂颐：违反颐养的正道。⑤逐逐：持续不断。⑥顺以从上：顺，指六五为阴爻；上，指上九。⑦由颐：因为有颐养。⑧厉吉：即使有危险，最终也吉利。

大过卦① 第二十八

巽下 兑上

注释：①大过卦：象征打破平衡。

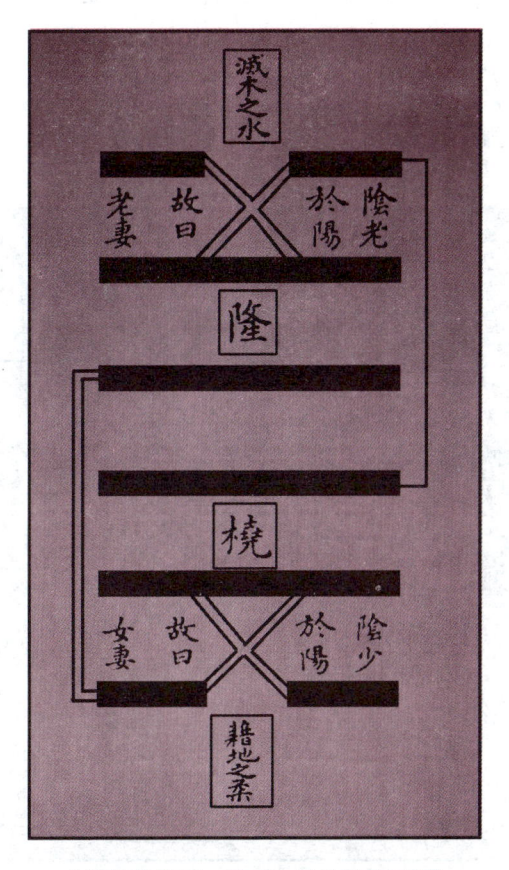

大过栋隆桡图　元·《大易象数钩深图》

易经

● 大过：栋桡①，利有攸往，亨。

★《彖》曰：大过，大者过②也。栋桡，本末弱也。刚过而中，巽而说(悦)行③，利有攸往，乃亨。大过之时大矣哉！

▲《象》曰：泽灭木，大过；君子以独立不惧，遁世无闷。

注释：①栋桡：屋梁弯曲。②大者过：大，指阳爻，因为有四个，所以说"过"。③巽而说行：逊顺而和悦于行。逊顺是下巽的特性，和悦是上兑的特性。

东斋注易图　明·《程氏墨苑》

◎ 初六：藉用白茅，无咎。

▲《象》曰：藉用白茅，柔在下①也。

◎ 九二：枯杨生稊②，老夫得其女妻，无不利。

▲《象》曰：老夫女妻，过以相与③也。

◎ 九三：栋桡，凶。

▲《象》曰：栋桡之凶，不可以有辅也。

◎ 九四：栋隆④，吉；有它，吝。

▲《象》曰：栋隆之吉，不桡乎下也。

注释：①柔在下：指初六位于四个阳爻之下。②稊：嫩芽。③过以相与：异乎寻常地相互亲与。④栋隆：屋梁隆起。

◎ 九五：枯杨生华[花]，老妇得其士夫①，无咎无誉。

▲《象》曰：枯杨生华[花]，何可久也。老妇士夫，亦可丑也。

◎ 上六：过涉灭顶②，凶，无咎。

▲《象》曰：过涉之凶，不可咎也。

注释：①士夫：年轻男子。②灭顶：淹没头顶。

周文王像 明·佚名

坎卦①第二十九

☵ 坎下 坎上

注释：①坎卦：象征险阻，坎为水。

习坎行险图　元·《大易象数钩深图》

● 习坎①：有孚，维心亨，行有尚。

★《彖》曰：习坎，重险也。水流而不盈，行险而不失其信。维心亨，乃以刚中也。行有尚，往有功也。天险，不可升②也；地险，山川丘陵也。王公设险以守其国，险之

注释：①习坎：重叠的坎，指多重艰险。②升：登。

坎为水　明·《断易天机》

此卦唐玄宗避禄山卜得，后果身出九重也。

解曰：人在井中，身陷也。人用绳引出，有汲引也。一牛一鼠，子丑日可进用也。人身虎头，有威望也。占者得之谋事遇大贵人方能获吉。

时用大矣哉！

▲《象》曰：水洊①至，习坎；君子以常德行，习教事。

◎初六：习坎，入于坎窞②，凶。

▲《象》曰：习坎，入坎，失道③，凶也。

◎九二：坎有险，求小得。

▲《象》曰：求小得，未出中④也。

◎六三：来之⑤坎坎，险且枕⑥，入于坎窞，勿用。

▲《象》曰：来之坎坎，终无功也。

◎六四：樽酒簋贰⑦，用缶⑧，纳约自牖⑨，终无咎。

注释：①洊：一再。②窞：深坑。③失道：背离正道。④出中：越出中爻之位置。⑤来之：来去。⑥枕：枕叠，重叠。⑦樽酒簋贰：一樽酒，两簋食。簋，古代的食具。⑧用缶：用瓦器。⑨牖：窗户。

▲《象》曰：樽酒簋贰，刚柔际①也。

◎九五：坎不盈，祗②既平，无咎。

▲《象》曰：坎不盈，中未大也。

◎上六：系用徽纆③，置于丛棘，三岁不得，凶。

▲《象》曰：上六失道，凶三岁也。

注释：①际：之间。②祗：通坁，小山坡。③徽纆：绳索。三股的叫徽，两股的叫纆。

坎水洊至图　明·《程氏墨苑》

离卦① 第三十

☲ 离下 离上

注释：①离卦：象征附丽。

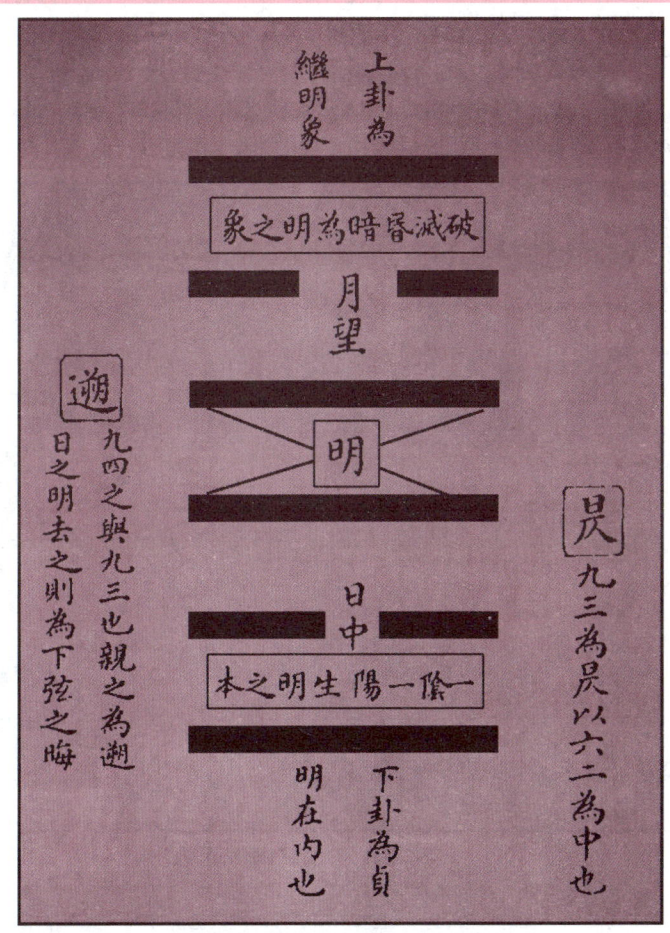

离继明图　元·《大易象数钩深图》

● 离：利贞，亨。畜牝牛，吉。

★《彖》曰：离，丽也。日月丽乎天，百穀草木丽乎土。重明①以丽乎正，乃化成天下。柔丽乎中正②，故亨。是以畜牝牛吉也。

▲《象》曰：明两作③，离；大人以

注释：①重明：二重光明，指本卦的上下卦离都表示光明。②柔丽乎中正：指主爻六二、六五均为阴，且分居于上下卦的中间。③两作：两次兴作。

离为火　明·《断易天机》

此卦朱买臣被妻弃时卜得，后知身必贵也。
解曰：人在虎背上立，主有惊险也。一般在江心，乃遇便风也。官人执箭在岸上立，乃遇大贵人荐拔。如箭急也，谋望先凶后喜之象，无咎。

继明照于四方。

◎ 初九：履错然①，敬之②，无咎。

▲《象》曰：履错之敬，以辟(避)③咎也。

◎ 六二：黄离④，元吉。

▲《象》曰：黄离元吉，得中道也。

◎ 九三：日昃⑤之离，不鼓缶而歌，则大耋⑥之嗟，凶。

▲《象》曰：日昃之离，何可久也。

◎ 九四：突如其来如，焚如，死如，弃如。

▲《象》曰：突如其来如，无所容也。

◎ 六五：出涕沱若，戚嗟若，吉。

注释：①履错然：践履郑重。②敬之：谨慎对待之。③辟：通避。④黄离：即丽黄，附着于黄色。黄色在方位五色中是中色。⑤日昃：太阳偏西。⑥大耋：年老之极，八十曰耋。

▲《象》曰：六五之吉，离王公①也。

◎ 上九：王用出征，有嘉②折首③，获匪其丑④，无咎。

▲《象》曰：王用出征，以正邦也。

注释：①离王公：附丽于王公。②有嘉：可喜。③折首：砍掉为首的。④获匪其丑：捕获不亲己的异类。

明两作离图　明·《程氏墨苑》

下经

王羽先生卦式图　明·《断易天机》

咸卦①第三十一

艮下 兑上

注释：①咸卦：象征交感。咸，在本卦中讲成感。

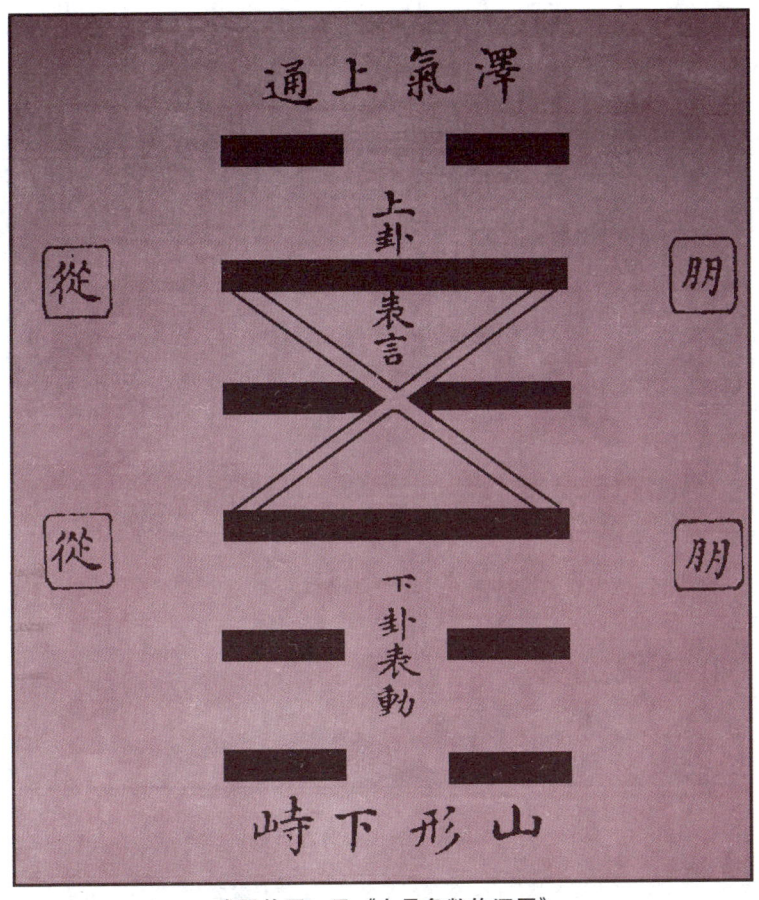

咸朋从图　元·《大易象数钩深图》

易经

● 咸：亨，利贞，取(娶)女吉。

★《彖》曰：咸，感也。柔上而刚下①，二气感应以相与，止而说(悦)②，男下女③，是以亨，利贞，取(娶)女吉也。天地感而万物化生，圣人感人心而天下和平；观其所

注释：①柔上而刚下：上兑为泽，下艮为山，故言。②止而说：上艮为止，下兑为悦，联系起来便是止而悦。说，通悦。③男下女：男在女的下面。在卦形上，艮为少男，兑为少女。

泽山咸　明·《断易天机》

此卦汉王昭君卜得，后知和番不回也。
解曰：空中有一拳，乃空中有人提挈也。钱宝一堆，乃主空中得财宝也。贵人在山顶，乃出身高也。女人上山，乃夫妻俱显也。合子，和合也。

感，而天地万物之情可见矣！

▲《象》曰：山上有泽，咸；君子以虚受人。

◎初六：咸其拇。

▲《象》曰：咸其拇，志在外也。

◎六二：咸其腓①，凶；居吉。

▲《象》曰：虽凶居吉，顺不害也。

◎九三：咸其股，执其随②，往吝③。

▲《象》曰：咸其股，亦不处④也。志在随人，所执下也。

◎九四：贞吉，悔亡⑤；憧憧⑥往来，朋从尔思。

▲《象》曰：贞吉悔亡，未感害也。

注释：①腓：小腿。②随：随从，盲从。③往吝：知过不改。④不处：动。⑤悔亡：悔恨消失。⑥憧憧：心犹豫而往来不定。

憧憧往来，未光大也。

◎ 九五：咸其脢①，无悔。

▲《象》曰：咸其脢，志末也。

◎ 上六：咸其辅颊舌。

▲《象》曰：咸其辅颊舌②，滕③口说也。

注释：①脢：背脊。②辅颊舌：指口头。③滕：滔滔不绝。

文序先后一原图　明·《来注易经图解》

恒卦①第三十二

☲ 巽下 震上

注释：①恒卦：象征恒久之道。

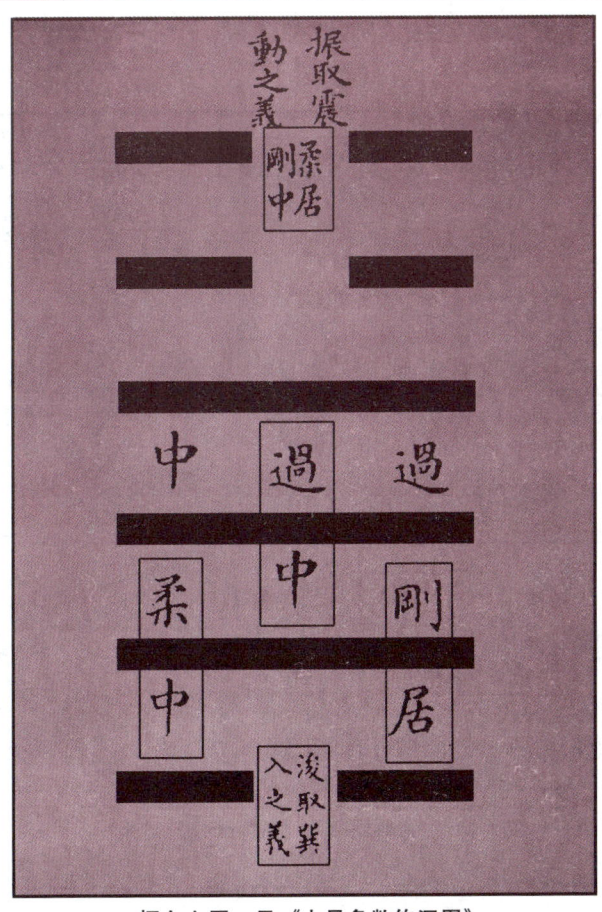

恒久之图　元·《大易象数钩深图》

● 恒：亨，无咎，利贞，利有攸往。

★《象》曰：恒，久也。刚上而柔下，雷风相与，巽而动，刚柔皆应①，恒。恒，亨无咎，利贞，久于其道也。天地之道，恒久而不已也。利有攸往，终则有始也。日月得天

注释：①刚柔皆应：指本卦上、下初六对九四、九二对六五、九三对上六，皆阴阳正应。

雷风恒　明·《断易天机》

此卦宋玉夺韩朋妻卜得。
解曰：日有云中，太阳正照也。凤衔书，诏书也。官人行路，遇贵人也。道士手指门，身入天门也。鼠下两口，主子月日时官人可立侍也。

而能久照，四时变化而能久成，圣人久于其道而天下化成。观其所恒，而天地万物之情可见矣！

▲《象》曰：雷风，恒；君子以立不易方。

◎初六：浚恒①，贞凶，无攸利。

▲《象》曰：浚恒之凶，始求深也。

◎九二：悔亡。

▲《象》曰：九二悔亡，能久中也。

◎九三：不恒其德，或承之羞②，贞吝。

▲《象》曰：不恒其德，无所容也。

◎九四：田③无禽。

▲《象》曰：久非其位④，安得禽也？

注释：①浚恒：深求恒久之道。浚，挖深。②或承之羞：有时会蒙受耻辱。③田：打猎。④非其位：指九四以阳爻居于阴位。

◎ 六五：恒其德，贞。妇人吉，夫子凶。

▲《象》曰：妇人贞吉，从一而终也。夫子制义，从妇凶也。

◎ 上六：振恒①，凶。

▲《象》曰：振恒在上，大无功也。

注释：①振恒：动摇恒常之道。振，动。

羲文图 明·《来注易经图解》

遁卦①第三十三

艮下 乾上

注释：①遁卦：象征退避、隐让。

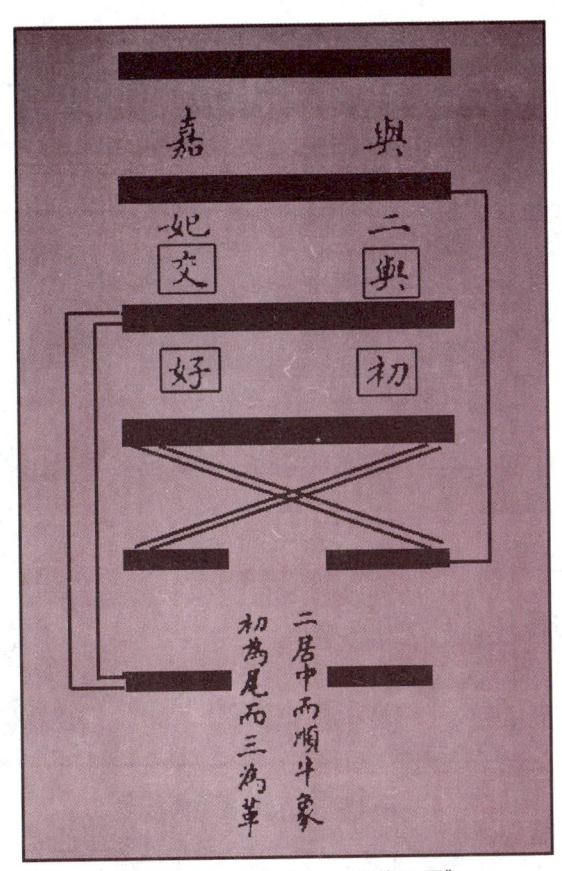

遁象之图　元·《大易象数钩深图》

● 遁：亨，小利贞。

★《彖》曰：遁亨，遁而亨也。刚当位而应①，与时行②也。小利贞，浸③而长也。遁之时义大矣哉！

▲《象》曰：天下有山，遁；君子以远小人，不恶而严。

◎初六：遁尾④，厉，勿用有攸往。

注释：①刚当位而应：指主爻九五与六二阴阳正应。②与时行：根据形势而动。③浸：逐渐。④遁尾：退避落在末尾。

天山遁　明·《断易天机》

此卦孟尝君进白狐裘夜度函谷关卜得，果脱身也。

解曰：一山，乃阻也。一水，远也。酒旗上文字，望事也。官人踏龟，人将归也。月半云中，隐也。幞头树上，挂冠。树下人独酌，自燕谓适其乐。

▲《象》曰：遁尾之厉，不往何灾也。

◎ 六二：执①之用黄牛之革，莫之胜说[脱]。

▲《象》曰：执用黄牛，固志也。

◎ 九三：系②遁，有疾厉；畜臣妾，吉。

▲《象》曰：系遁之厉，有疾惫也③。畜臣妾吉，不可大事也。

◎ 九四：好遁，君子吉，小人否。

▲《象》曰：君子好遁，小人否也。

◎ 九五：嘉④遁，贞吉。

▲《象》曰：嘉遁贞吉，以正志也。

◎ 上九：肥[飞]⑤遁，无不利。

▲《象》曰：肥[飞]遁，无不利，无所疑也。

注释：①执：捆绑。②系：拴住。③有疾惫也：因生病而疲乏。④嘉：赞美。⑤肥：通飞，高飞。

易经

大壮卦[①]第三十四 dà zhuàng guà dì sān shí sì

乾下 震上 qián xià zhèn shàng

注释：①大壮卦：象征强盛。

大壮羊藩图　元·《大易象数钩深图》

● 大壮：利贞。

★《彖》曰：大壮，大者壮也。刚以动①，故壮。大壮，利贞，大者正也。正大而天地之情可见矣！

▲《象》曰：雷在天上，大壮；君子以非礼勿履。

◎ 初九：壮于趾，征凶②，有孚。

▲《象》曰：壮于趾，其孚穷也。

注释：①刚以动：刚健而奋动。下乾为刚，上震为动。②征凶：前进危险。

十二卦气图　明·《来注易经图解》

◎九二：贞吉。

▲《象》曰：九二贞吉，以中也。

◎九三：小人用壮①，君子用罔②，贞厉。羝羊③触藩④，羸⑤其角。

▲《象》曰：小人用壮，君子罔也。

◎九四：贞吉悔亡，藩决不羸，壮于大舆之輹。

▲《象》曰：藩决不羸，尚往也。

◎六五：丧羊于易场⑥，无悔。

▲《象》曰：丧羊于易场，位不当也。

◎上六：羝羊触藩，不能退，不能遂；无攸利，艰则吉。

▲《象》曰：不能退，不能遂，不祥也。艰则吉，咎不长也。

注释：①用壮：滥用强力。②用罔：犹言罔用，不这么做。③羝羊：公羊。④藩：篱笆。⑤羸：本义是瘦弱，此处指损。⑥易：通场，田畔。

晋卦①第三十五

坤下 离上

注释：①晋卦：象征上进。

晋康侯之图　元·《大易象数钩深图》

● 晋：康侯①用锡②马蕃庶③，昼日三接⑤。

★《象》曰：晋，进也。明出地上④，顺而丽乎大明，柔进而上行。是以康侯用锡马蕃庶，昼日三接也。

注释：①康侯：周武王之弟。亦作安国治乱的王侯。②锡：赐予。③蕃庶：繁衍众多。④昼日三接：一天之内三次接见。

火地晋　明·《断易天机》

此卦昔司马进策卜得，后果为丞相。

解曰：文字破，不负全也。官人掩面，悲也。球在泥上，事沉也。鸡衔秤，鸡早鸣有准也。枯木生花，晚开也。鹿衔书，禄命也。一堆金宝，有财有利也。

▲《象》曰：明出地上①，晋；君子以自昭明德。

◎初六：晋如摧如②，贞吉。罔孚③，裕④无咎。

▲《象》曰：晋如摧如，独行正也。裕无咎，未受命也。

◎六二：晋如愁如⑤，贞吉。受兹介福⑥，于其王母。

▲《象》曰：受兹介福，以中正⑦也。

◎六三：众允⑧，悔亡。

▲《象》曰：众允之，志上尚行也。

◎九四：晋如鼫鼠⑨，贞厉。

注释：①明出地上：指离卦居于坤卦之上。②晋如摧如：上进而所向披靡。③罔孚：没有诚信。④裕：宽容待时。⑤晋如愁如：前进时忧愁。⑥介福：大福。⑦中正：指下卦主爻六二以阴爻居于阴位，既中且正。⑧允：信任。⑨鼫鼠：又叫五技鼠，有五种技能却无一精专。

183

▲《象》曰：鼫鼠贞厉，位不当也。

◎ 六五：悔亡，失得勿恤[1]，往吉无不利。

▲《象》曰：失得勿恤，往有庆也。

◎ 上九：晋其角[2]，维用伐邑，厉吉，无咎；贞吝。

▲《象》曰：维用伐邑，道未光也。

注释：①恤：忧虑。②晋其角：进至极高处，角指兽角尖端。

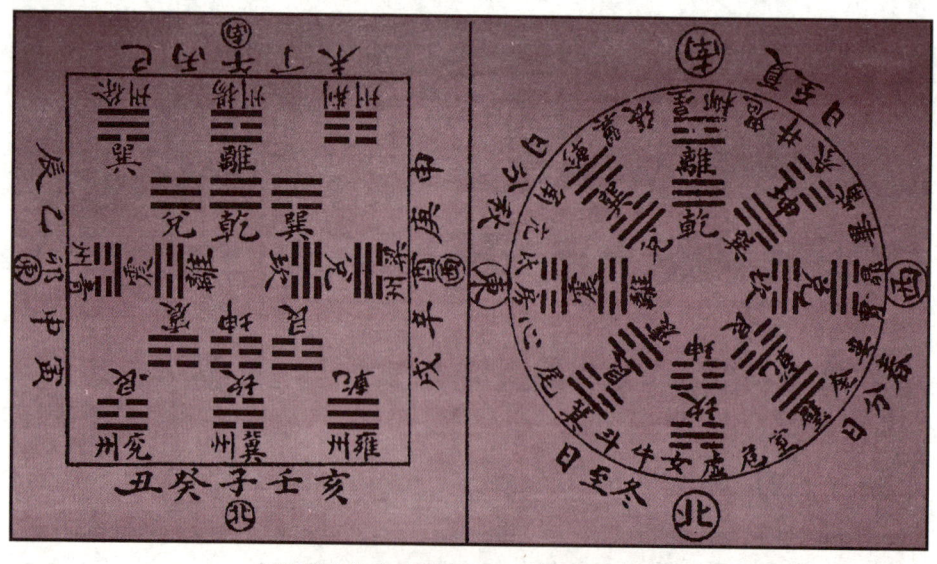

仰观天文俯察地理图　明·《来注易经图解》

明夷卦①第三十六

离下 坤上

注释：①明夷卦：象征光明受损。夷，伤害。

明夷箕子图　元·《大易象数钩深图》

● 明夷：利艰贞。

★《彖》曰：明入地中，明夷。内文明而外柔顺①，以蒙大难，文王②以之③。利艰贞，晦其明也，内难而能正其志，箕子④以之。

▲《象》曰：明入地中，明夷；君子

注释：①内文明而外柔顺：文明指下离，柔顺指上坤。②文王：周文王。③以之：用这种方法。④箕子：殷末贤臣，因抨击纣王被囚，从此装疯。

地火明夷　明·《断易天机》

此卦文王囚羑里见子不至卜得，后果没免，困也。
解曰：妇人在井中，陷也。虎在井上，又防伤也。钱缺，乃破乃无信不可望也。人逐其鹿，乃逐其禄不去及也，占者得此最为凶兆也。

以莅众，用晦而明。

◎ 初九：明夷于飞，垂其翼。君子于行，三日不食。有攸往，主人有言。

▲《象》曰：君子于行，义不食也。

◎ 六二：明夷，夷于左股，用拯马壮①，吉。

▲《象》曰：六二之吉，顺以则也。

◎ 九三：明夷于南狩，得其大首②；不可疾，贞。

▲《象》曰：南狩之志，乃大得也。

◎ 六四：入于左腹，获明夷之心，于出门庭。

▲《象》曰：入于左腹，获心意也。

◎ 六五：箕子之明夷，利贞。

注释：①用拯马壮：用良马拯济复壮。②首：头目。

▲《象》曰：箕子之贞，明不可息[熄]①也。

◎上六：不明晦，初登于天，后入于地。

▲《象》曰：初登于天，照四国也。后入于地，失则也。

注释：①息：同熄，熄灭。

囚奴正士图　清·《钦定书经图说》

家人卦①第三十七

離下 巽上

注释：①家人卦：象征治家之道。

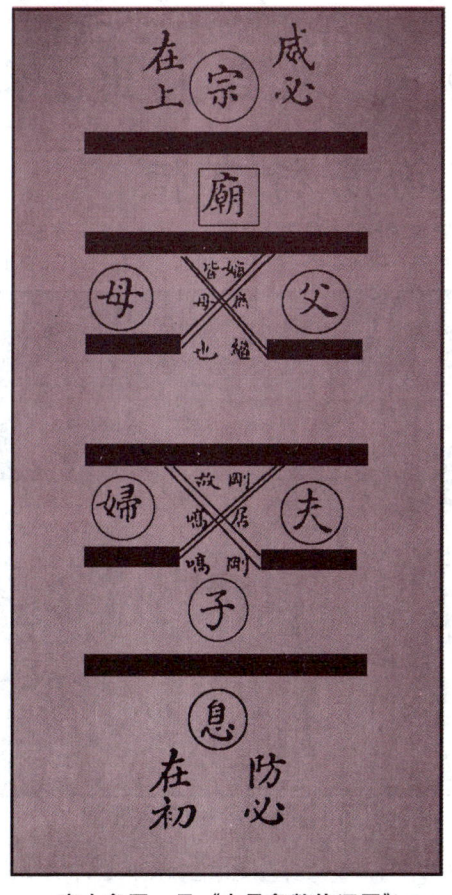

家人象图　元·《大易象数钩深图》

● 家人：利女贞。

★《彖》曰：家人，女正位乎内，男正位乎外，男女①正，天地之大义也。家人有严君焉，父母之谓也。父父，子子，兄兄，弟弟，夫夫，妇妇②，而家道正，正家而天下定矣。

▲《象》曰：风自火出，家人；君子以言有物而行有恒。

注释：①**男女**：男指九五，女指六二，此两爻分处上、下卦之中，分主外、内。②**父父，子子，兄兄，弟弟，夫夫，妇妇**：前面那个字均用作动词。即以父为父，以子为子，等等。

风火家人 明·《断易天机》

此卦董永丧父卖身卜得，后感得仙女为妻。

解曰：一人张弓，遇贵人主张。一带在水边，事迟滞也。云中文书，恩命也。贵人拜受，拜命也。妇人携手，必因妇人而得贵也，是利求婚之兆。

◎ 初九：闲有家，悔亡。

▲《象》曰：闲有家，志未变也。

◎ 六二：无攸遂①，在中馈②，贞吉。

▲《象》曰：六二之吉，顺以巽③也。

◎ 九三：家人嗃嗃④，悔厉吉；妇子嘻嘻⑤，终吝。

▲《象》曰：家人嗃嗃，未失也；妇子嘻嘻，失家节也。

◎ 六四：富家，大吉。

▲《象》曰：富家大吉，顺在位也。

◎ 九五：王假格⑥有家，勿恤，吉。

▲《象》曰：王假格有家，交相爱也。

◎ 上九：有孚威如⑦，终吉。

▲《象》曰：威如之吉，反身⑧之谓也。

注释：①遂：成就。②中馈：家中的饮食事宜。③顺以巽：柔顺而谦逊。六二以阴爻在下卦居中得正，象征主妇。④嗃嗃：愁怨声。⑤嘻嘻：欢笑声。⑥假：通格，至也。此处犹言用至诚感动。⑦威如：威严的样子。⑧反身：回过头来自我严格要求。

睽卦第三十八

兑下 离上

注释：①睽卦：象征相互背离。

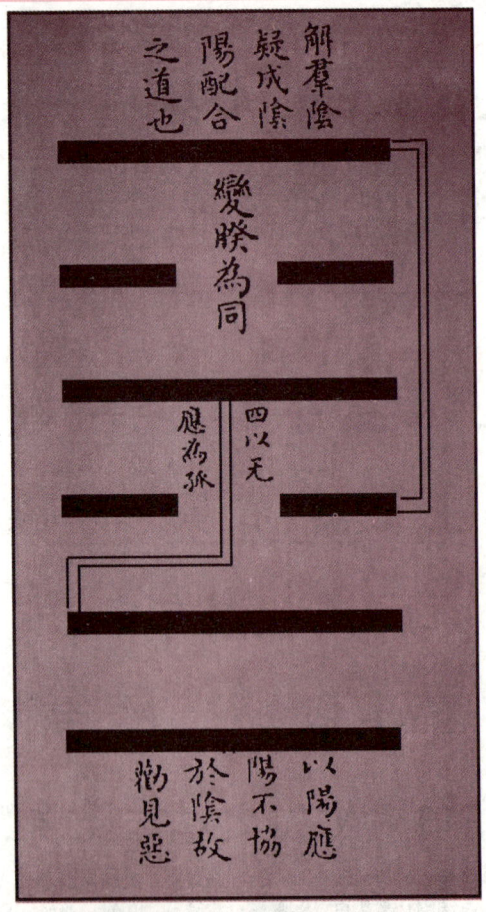

睽卦象图　元·《大易象数钩深图》

● 睽：小事吉。

★《彖》曰：睽，火动而上，泽动而下，二女①同居，其志不同行②。说[悦]而丽乎明，柔进而上行，得中而应乎刚③，是以小事吉。天地睽，而其事同也；男女睽，而其志通也；万物睽，而其事类也；睽之时

注释：①二女：八卦中，离为中女，兑为少女。②不同行：指离火向上烧，兑泽向下注，两相背离。③得中而应乎刚：指六五以柔得中，与九二正应。

火泽睽　明·《断易天机》

此卦武则天聘尚贾至精魅成卜得，除之。
解曰：人执斧在手，把权柄也。文书半破，不全也。牛鼠，子丑位见喜也。桃开，春至花开。门掩，人来归也。雁飞鸣，乃传信也。占行人有音回。

用大矣哉！

▲《象》曰：上火下泽，睽；君子以同而异。

◎初九：悔亡。丧马勿逐，自复。见恶人，无咎。

▲《象》曰：见恶人，以辟避①咎也。

◎九二：遇主于巷，无咎。

▲《象》曰：遇主于巷，未失道也。

◎六三：见舆曳②，其牛掣③，其人天且劓④；无初有终。

▲《象》曰：见舆曳，位不当也。无初有终，遇刚⑤也。

◎九四：睽孤⑥，遇元夫，交孚，厉，

注释：①辟：通避，躲开。②舆曳：车子被拖住。③掣：向前拉。④天且劓：受黥刑与劓刑。天，在额上刺字；劓，割除鼻子。⑤遇刚：指本爻以阴柔上接九四阳刚。⑥睽孤：孤单无应。

无咎。

▲《象》曰：交孚无咎，志行也。

◎ 六五：悔亡，厥宗①噬肤②，往何咎？

▲《象》曰：厥宗噬肤，往有庆也。

◎ 上九：睽孤，见豕③负涂④，载鬼一车，先张之弧，后说[脱]⑤之弧；匪寇，婚媾，往遇雨则吉。

▲《象》曰：遇雨之吉，群疑亡也⑥。

注释：①**厥宗**：他的同宗。②**噬肤**：咬住肌肤。一说食肉。③**豕**：猪。④**负涂**：身沾污泥。⑤**说**：通脱，放下。⑥**群疑亡也**：众人的猜疑消失了。

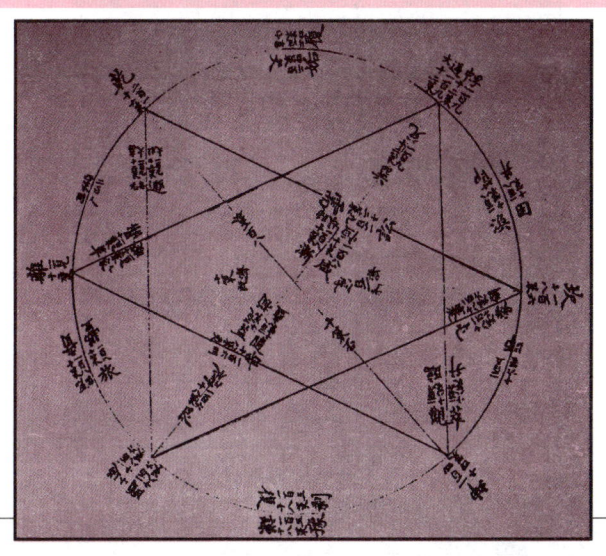

交图三十六卦策数循环图　元·《大易象数钩深图》

蹇卦①第三十九

☷ 艮下 坎上

注释：①蹇卦：象征前进困难。

蹇往来之图　元·《大易象数钩深图》

● 蹇：利西南，不利东北；利见大人，贞吉。

★《彖》曰：蹇，难也，险在前也。见险而能止①，知[智]矣哉！蹇利西南，往得中②也。不利东北，其道穷也。利见大人，往有功也。当位③贞吉，以正邦也。蹇之时用大

注释：①见险而能止：上坎为险，下艮为止。②中：指九五，以阳爻居主位。③当位：指本卦二、四爻居阴位，三、五爻以阳爻居阳位。

水山蹇　明·《断易天机》

此卦钟离末将收楚卜得，乃知身不王矣。
解曰：日当天，乃光明之象。旗一面上有使字，乃使旗也。鼓五面者，乃是更鼓也。中有一鹿者，乃兴旺之禄也。堆子千里字，远大也。

矣哉！

▲《象》曰：山上有水，蹇；君子以反身修德。

◎初六：往蹇来誉。

▲《象》曰：往蹇来誉，宜待也。

◎六二：王臣蹇蹇①，匪躬②之故。

▲《象》曰：王臣蹇蹇，终无尤③也。

◎九三：往蹇，来反[返]④。

▲《象》曰：往蹇来反[返]，内喜之也。

◎六四：往蹇，来连⑤。

▲《象》曰：往蹇来连，当位实⑥也。

注释：①蹇蹇：努力拯济时艰。②匪躬：不是为了自己。③尤：过错。④反：同返。⑤连：连接，这里指联络力量拯济时艰。⑥实：实际情况。

◎九五：大蹇，朋来。

▲《象》曰：大蹇朋来，以中节也[①]。

◎上六：往蹇，来硕[②]，吉。利见大人。

▲《象》曰：往蹇来硕，志在内也。利见大人，以从贵也。

注释：①以中节也：因为有中正的气节。②来硕：归来建大功。

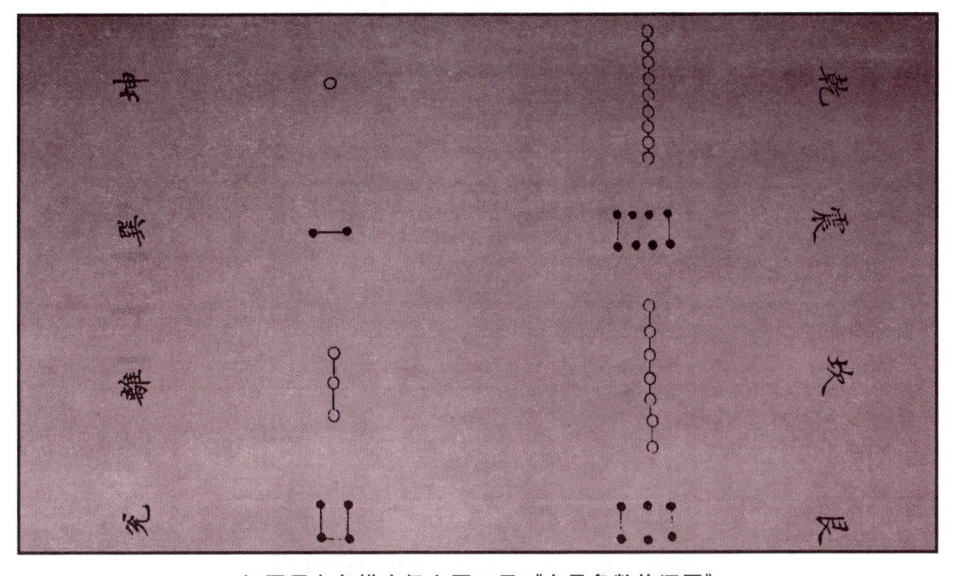

河图用九各拱太极之图　元·《大易象数钩深图》

解卦[1]第四十

坎下 震上

注释：①解卦：象征解脱。

解出坎险图 元·《大易象数钩深图》

● 解：利西南，无所往，其来复吉。有攸往，夙①吉。

★《象》曰：解，险以动②，动而免乎险，解。解利西南，往得众也。其来复吉，乃得中也。有攸往夙吉，往有功也。天地解而雷雨作，

注释：①夙：早。②险以动：下坎为险，上震为动。

雷水解 明·《断易天机》

此卦项羽受困垓下卜得，后果士卒溃散也。

解曰：旗上提字，乃奏功也。一刀掸地，演武也。一兔走，无疑也。贵人云中，步云梯，一鸡在边鸣，声闻远也。道士手指门，身入天门也。道人献书，因上表章得功勋之兆。

雷雨作而百果草木皆甲坼①。解之时大矣哉！

▲《象》曰：雷雨作，解；君子以赦过宥罪②。

◎初六：无咎。

▲《象》曰：刚柔之际，义无咎也。

◎九二：田③获三狐，得黄矢④，贞吉。

▲《象》曰：九二贞吉，得中道也。

◎六三：负且乘⑤，致寇至，贞吝。

▲《象》曰：负且乘，亦可丑也。自我致戎，又谁咎也？

◎九四：解而拇⑥，朋至斯孚。

注释：①甲坼：果壳裂开。②赦过宥罪：赦免过失，宽恕罪过。③田：打猎。④黄矢：铜箭头。⑤负且乘：背着东西坐车。⑥解而拇：解脱你的大脚趾头。

▲《象》曰：解而拇，未当位也。

◎六五：君子维有解，吉；有孚于小人。

▲《象》曰：君子有解，小人退也。

◎上六：公用射隼①，于高墉②之上，获之，无不利。

▲《象》曰：公用射隼，以解悖③也。

注释：①隼：一种猛禽。②墉：城墙。③解悖：消除祸患。悖，逆。

君子解小人退图　明·《程氏墨苑》

损卦① 第四十一

☱☶ 兑下 艮上

注释：①损卦：象征减省。

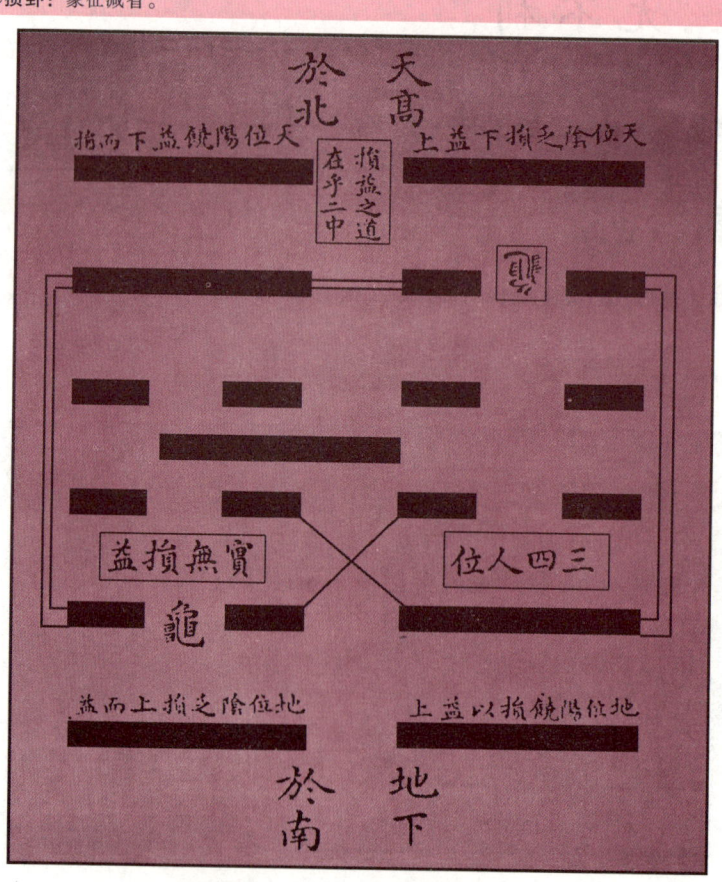

损益用中图　元·《大易象数钩深图》

● 损：有孚，元吉，无咎，可贞，利有攸往。曷之用①？二簋②可用享。

★《象》曰：损，损下益上，其道上行。损而有孚，元吉，无咎，可贞，利有攸往。曷之用？二簋可用享。二簋应有时，损刚益柔有时。损

注释：①曷之用：用什么。曷，同何。②簋：食具。

山泽损　明·《断易天机》

此卦薛仁贵将收燕卜得，大破燕军也。

解曰：二人对酌，欢饮也。酒瓶倒案上，无空无指望也。球在地上，所求未得上手也。文书二策有再告二字，王再求方吉事宜重祀也。

益盈虚，与时偕行。

▲《象》曰：山下有泽，损；君子以惩忿窒欲①。

◎初九：巳事②遄往③，无咎，酌损之。

▲《象》曰：巳事遄往，尚合志也。

◎九二：利贞，征凶，弗损益之。

▲《象》曰：九二利贞，中以为志也。

◎六三：三人行，则损一人；一人行，则得其友。

▲《象》曰：一人行，三则疑也。

◎六四：损其疾，使遄有喜④，无咎。

▲《象》曰：损其疾，亦可喜也。

◎六五：或益之十朋⑤之龟，弗克

注释：①惩忿窒欲：制止怒气，塞抑欲望。②巳事：即祀事，祭祀之事。③遄往：迅速赶去。④有喜：有快乐。⑤朋：古代的货币单位，两串贝壳为一朋。

违，元吉。

▲《象》曰：六五元吉，自上祐也。

◎上九：弗损益之，无咎，贞吉。利有攸往，得臣无家。

▲《象》曰：弗损益之，大得志也。

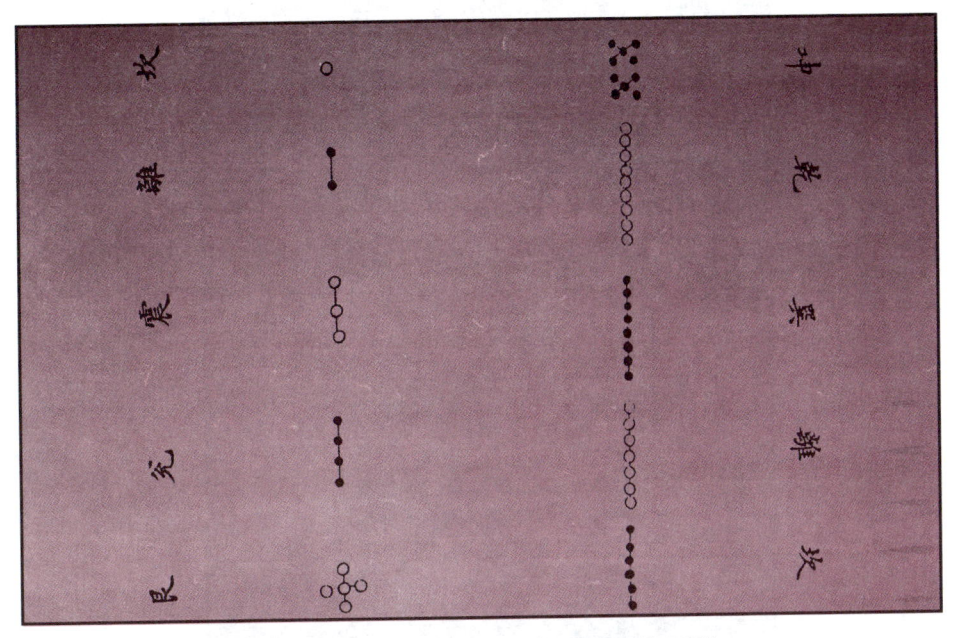

洛书用十各拱太极之图　元·《大易象数钩深图》

益卦①第四十二

☳☴ 震下 巽上

注释：①益卦：象征增益。

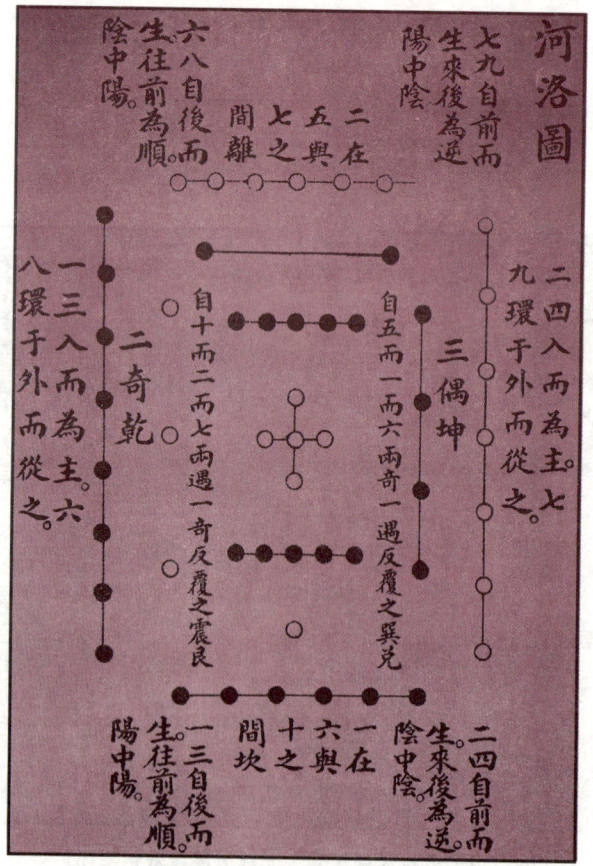

河洛图　明·《来注易经图解》

● 益：利有攸往，利涉大川。

★《彖》曰：益，损上益下，民说[悦]无疆。自上下下，其道大光。利有攸往，中正有庆①。利涉大川，木道②乃行。益动而巽，日进无疆。天施地生，其益无方。凡益之道，与时偕行。

注释：①中正有庆：指六二、九五两爻分居于上下卦的中间，且阴爻居阴位，阳爻居阳位，彼此阴阳正应。②木道：指上巽的作用。巽可以是风，也可以是木。

风雷益　明·《断易天机》

此卦冉伯牛有疾卜得，乃知谮师之过也。

解曰：官人抱合子，乃与贵道合。一人推车，乃营运及时。一鹿一钱，乃才禄俱旺相，占者得之，上官谒贵、望喜求才，事事亦皆有利益，凡占者利益中之兆者也。

▲《象》曰：风雷，益；君子以见善则迁，有过则改。

◎初九：利用为大作，元吉，无咎。

▲《象》曰：元吉，无咎，下不厚事①也。

◎六二：或益之十朋之龟，弗克违，永贞吉。王用享于帝②，吉。

▲《象》曰：或益之，自外来也。

◎六三：益之用凶事，无咎。有孚中行，告公用圭③。

▲《象》曰：益用凶事，固有之也。

◎六四：中行，告公从；利用为依迁国④。

▲《象》曰：告公从，以益志也。

注释：①厚事：担负重要的职务。②帝：天帝。③告公用圭：执圭晋见王公表示诚信。告，晋见；圭，玉器。执圭示信。④迁国：迁都。商、周都曾多次迁都，这在当时是最大的益民。

◎ 九五：有孚惠心，勿问元吉。有孚惠我德。

▲《象》曰：有孚惠心，勿问之矣。惠我德，大得志也。

◎ 上九：莫益之①，或击之；立心勿恒，凶。

▲《象》曰：莫益之，偏辞②也；或击之，自外来也。

注释：①莫益之：无人帮助他。②偏辞：偏激之辞。

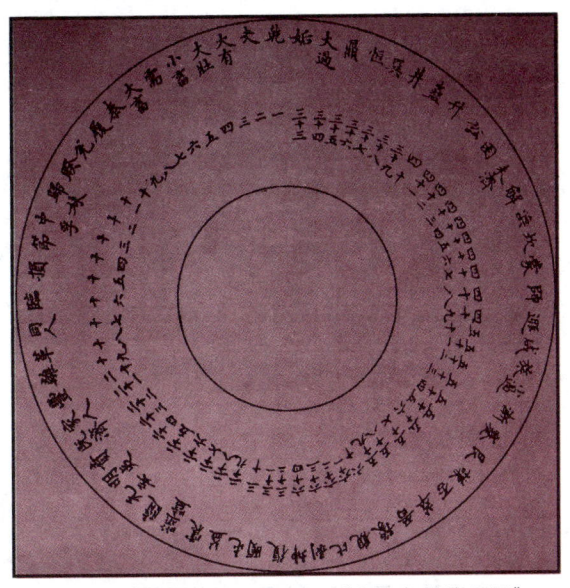

六十四卦各拱太极之图　元·《大易象数钩深图》

夬卦① 第四十三

☱☰ 乾下 兑上

注释：①夬卦：象征决断。

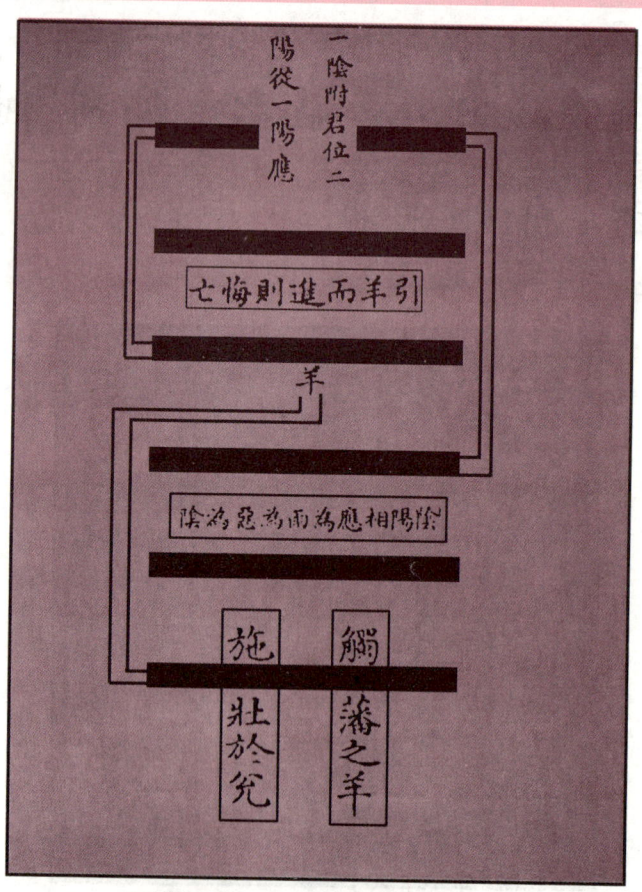

夬决之图　元·《大易象数钩深图》

● 夬：扬①于王庭，孚号②，有厉；告自邑，不利即戎③。利有攸往。

★《彖》曰：夬，决也，刚决柔也。健而说[悦]④，决而和。扬于王庭，柔乘五刚也⑤。孚号有厉，其危乃光⑥也。告自邑，不利即戎，所尚乃

注释：①扬：宣扬。②孚号：用诚号召。③即戎：立刻征伐。④健而说：健是下乾的属性，悦是上兑的属性。⑤柔乘五刚：指本卦五个阳爻，一个阴爻。⑥光：大。

泽天夬　明·《断易天机》

此卦汉高祖欲拜韩信为将卜得，知有王佐才也。
解曰：二人同行，前水后火，虎蛇当道，乃主出行多惊恐也。一人斩蛇，乃勇士也，得勇士同行。竿上有文字，竿下有钱，历尽艰难可望吉利也。

213

穷①也。利有攸往，刚长乃终也。

▲《象》曰：泽上于天，夬；君子以施禄及下，居德则忌。

◎初九：壮于前趾，往不胜，为咎。

▲《象》曰：不胜而往，咎也。

◎九二：惕号②，莫③夜有戎，勿恤。

▲《象》曰：有戎勿恤，得中道④也。

◎九三：壮于頄⑤，有凶。君子夬夬⑥独行，遇雨若濡⑦，有愠⑧，无咎。

▲《象》曰：君子夬夬，终无咎也。

◎九四：臀无肤，其行次且⑨。牵羊悔亡，闻言不信。

▲《象》曰：其行次且，位不

注释：①穷：尽。②惕号：警惕呼号。③莫：同暮。④得中道：指居中不偏。⑤頄：颧骨。⑥夬夬：决断貌。⑦濡：淋湿。⑧愠：不悦。⑨次且：即趑趄，行走困难。

当①也。闻言不信，聪不明也。

◎ 九五：苋陆②夬夬，中行无咎。

▲《象》曰：中行无咎，中未光也。

◎ 上六：无号③，终有凶。

▲《象》曰：无号之凶，终不可长也。

注释：①位不当：指九四以阳爻居于阴位。②苋陆：一种野菜。③号：大声哭。

读《易》有感图　明·《孔子圣迹图》

姤卦① 第四十四

☴ 巽下 乾上

注释：①姤卦：象征柔刚之遇。

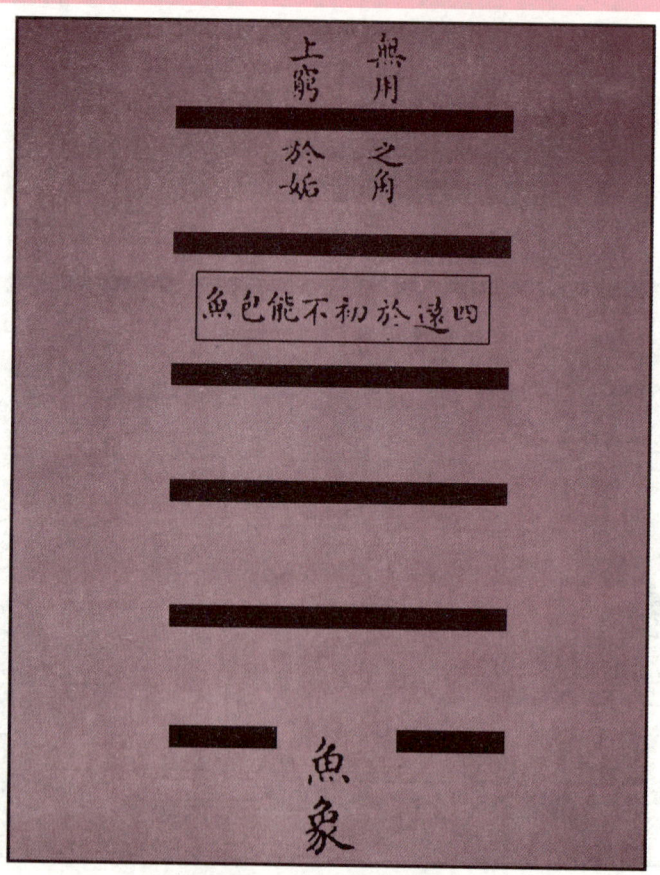

姤遇之图　元·《大易象数钩深图》

● 姤：女壮，勿用取(娶)女。

★《彖》曰：姤，遇也，柔遇刚①也。勿用取(娶)女，不可与长也。天地相遇，品物②咸章③也。刚遇中正，天下大行也。姤之时义大矣哉！

注释：①柔遇刚：本卦卦形为一阴爻上叠五阳爻，故有此说。②品物：各类事物。③咸章：全部繁荣。章，同彰。

天风姤　明·《断易天机》

此卦汉吕后疑立吕氏谋汉社稷卜得，果不利。

解曰：官人射鹿，禄有指射也。文书有喜字，文书喜也。二人执索，相牵连也。绿衣人指路，得贵人相牵引也。占者得之初主坎坷，后遇贵人吉。

▲《象》曰：天下有风，姤；后①以施命诰四方。

◎初六：系于金柅②，贞吉。有攸往，见凶，羸豕③孚浮④蹢躅⑤。

▲《象》曰：系于金柅，柔道牵也。

◎九二：包庖⑥有鱼，无咎，不利宾。

▲《象》曰：包庖有鱼，义不及宾也。

◎九三：臀无肤，其行次趑且趄，厉，无大咎。

▲《象》曰：其行次趑且趄，行未牵也。

◎九四：包庖无鱼，起凶。

注释：①后：君王。②金柅：金属制动器。③羸豕：瘦弱的猪。一谓母猪。④孚：通浮，表现出。⑤蹢躅：同踯躅。⑥包：通庖，厨房。

▲《象》曰：无鱼之凶，远民也。

◎九五：以杞包瓟瓜①，含章②，有陨自天。

▲《象》曰：九五含章，中正也。有陨自天，志不舍命也。

◎上九：姤遘③其角，吝，无咎。

▲《象》曰：姤其角，上穷吝也。

注释：①以杞包瓜：用杞树的枝叶把瓜遮掩起来。②含章：含藏美好。③姤：通遘，遇到。

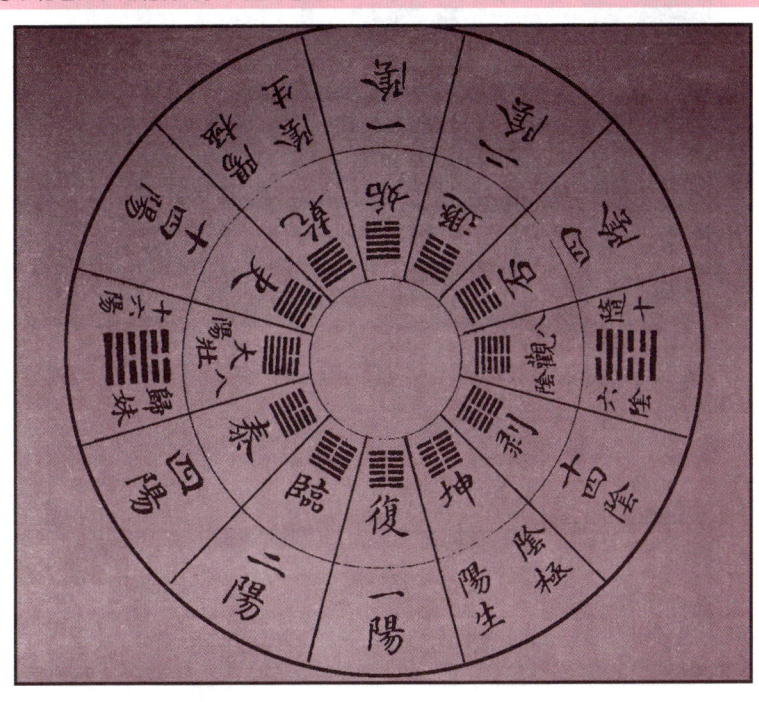

复姤小父母图　元·《大易象数钩深图》

萃卦①第四十五

坤下 兑上

注释：①萃卦：象征聚集。

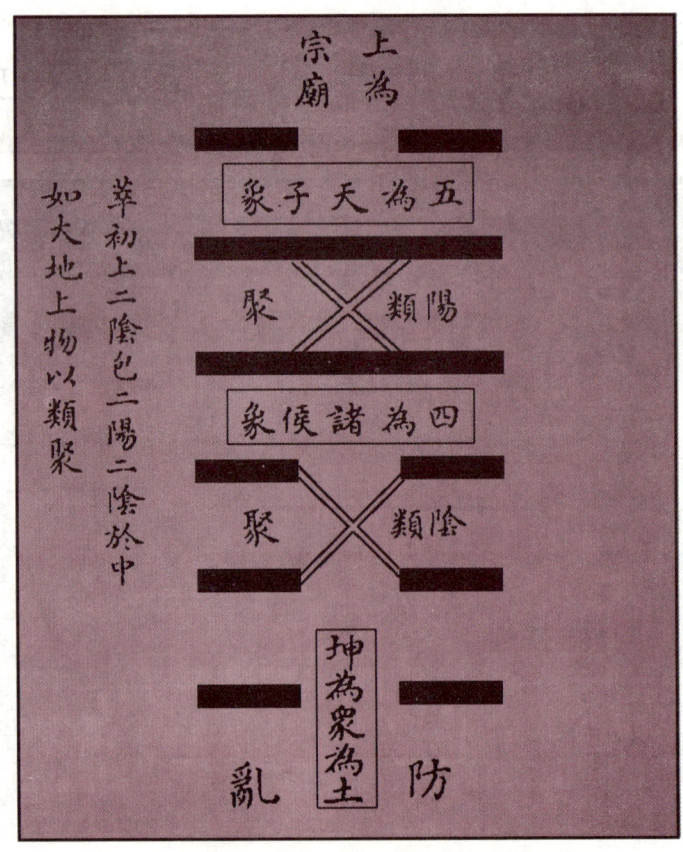

萃聚之图　元·《大易象数钩深图》

● 萃：亨。王假(格)有庙，利见大人；亨，利贞。用大牲吉，利有攸往。

★《彖》曰：萃，聚也。顺以说(悦)①，刚中而应②，故聚也。王假(格)有庙，致③孝享也。利见大人，亨，聚以正也。用大牲吉，利有攸往，顺天

注释：①顺以说：顺而悦。顺是坤的属性，悦是兑的属性。②刚中而应：指九五居中得正，且与六二阴阳互应。③致：表达。

下经 ◎ 萃卦第四十五

地泽萃　明·《断易天机》

此卦韩信被吕后疑忌卜得，果被其戮也。
解曰：贵人磨玉，去瑕疵也。一僧指小儿山路，谓当作福保小儿也。一人救火，除殃也。鱼在火上，幸免伤也。一凤衔书，乃诏书至有喜也。

221

命也。观其所聚，而天地万物之情可见矣。

▲《象》曰：泽上于地，萃；君子以除①戎器，戒不虞②。

◎初六：有孚不终，乃③乱乃萃④。若号，一握为笑，勿恤⑤，往无咎。

▲《象》曰：乃乱乃萃，其志乱也。

◎六二：引吉，无咎，孚乃利用禴⑥。

▲《象》曰：引吉无咎，中未变也。

◎六三：萃如嗟如，无攸利。往无咎，小吝。

▲《象》曰：往无咎，上巽⑦也。

◎九四：大吉无咎。

注释：①除：此处意为修治。②不虞：意外事件。虞，料想。③乃：于是。④萃：积聚。⑤勿恤：不用忧虑。⑥禴：薄祭。⑦上巽：服从于上。巽，逊驯。

▲《象》曰：大吉无咎，位不当也。

◎九五：萃有位，无咎。匪孚①，元永贞，悔亡。

▲《象》曰：萃有位，志未光也。

◎上六：赍咨②涕洟③，无咎。

▲《象》曰：赍咨涕洟，未安上也。

注释：①匪孚：不信任。②赍咨：叹气声。③涕洟：哭泣。涕，眼泪。洟，鼻涕。

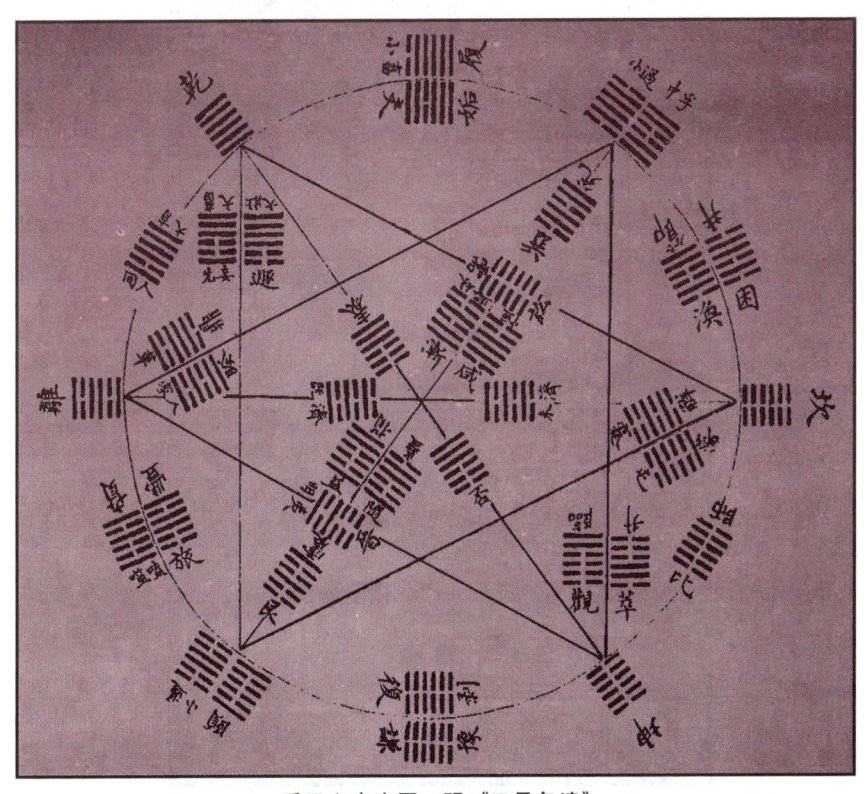

后天六宫交图　明·《三易备遗》

升卦①第四十六

䷭ 巽下 坤上

注释：①升卦：象征顺势向上升。

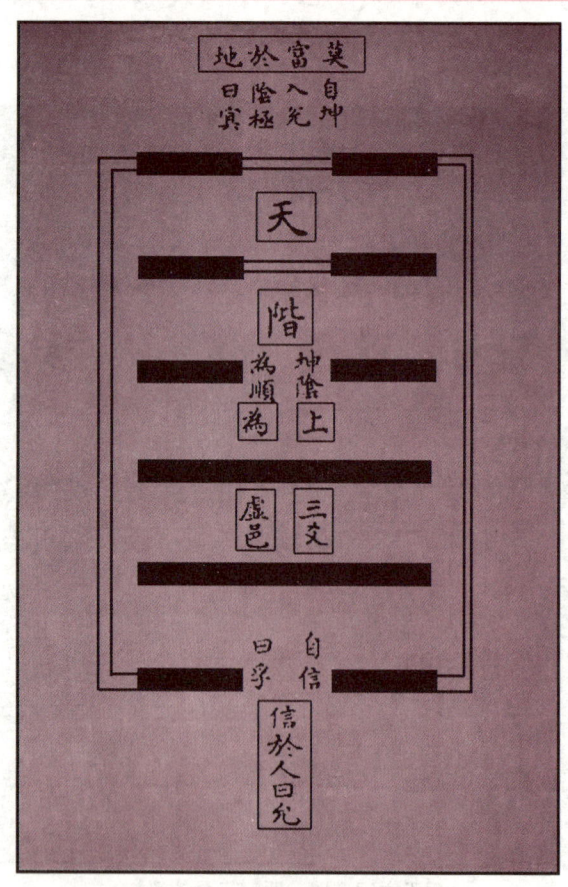

升阶之图 元·《大易象数钩深图》

● 升：元亨，用见①大人，勿恤；南征吉。

★《彖》曰：柔以时升，巽而顺②，刚中而应③，是以大亨。用见大人，勿恤，有庆也。南征吉，志行也。

▲《象》曰：地中生木，升；君子以顺德④，积小以高大⑤。

注释：①用见：同利见。②巽而顺：谦逊而顺从。③刚中而应：指九二居中，且与六五阴阳互应。④顺德：顺乎德。⑤以高大：一作"以成高大"。

地风升　明·《断易天机》

此卦房玄龄去蓬莱采药未回卜得，知主不在也。
解曰：云中雨点下，恩泽沛也。木匠下墨解木，须凭雕刻方成器也。一人磨镜，乃有渐渐分明之象。一架子有镜，乃无瑕疵无垢秽也。

下经 ◎ 升卦第四十六

◎ 初六：允升①，大吉。

▲《象》曰：允升大吉，上合志也。

◎ 九二：孚乃利用禴②，无咎。

▲《象》曰：九二之孚，有喜也。

◎ 九三：升虚邑③。

▲《象》曰：升虚邑，无所疑也。

◎ 六四：王用亨④于岐山，吉无咎。

▲《象》曰：王用亨于岐山，顺事也。

◎ 六五：贞吉，升阶⑤。

▲《象》曰：贞吉升阶，大得志也。

◎ 上六：冥升⑥，利于不息之贞。

▲《象》曰：冥升在上，消不富也。

注释：①允升：肯定上升。②禴：薄祭。③虚邑：空城。④用亨：献祭。亨，同享，祭祀。⑤升阶：登上了一个台阶。⑥冥升：昏昧中仍上升。

困卦①第四十七

坎下 兑上

注释：①困卦：象征困厄。

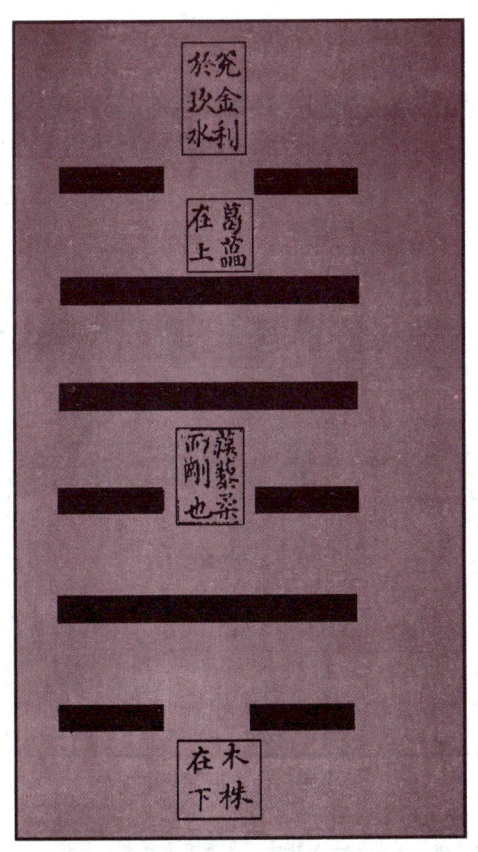

困蒺藜葛藟株木图　元·《大易象数钩深图》

●困：亨。贞，大人吉，无咎。有言不信。

★《象》曰：困，刚掩①也。险以说(悦)②，困而不失其所亨，其唯君子乎？贞，大人吉，以刚中③也。有言不信，尚口④乃穷也。

注释：①刚掩：阳刚被掩盖。②险以说：下坎为险，上兑为悦。说，通悦。③刚中：指下坎的九二和上兑的九五。④尚口：重视言辞。

泽水困　明·《断易天机》

此卦李德裕罢相时卜得，乃知身命无气也。

解曰：一轮独在地上，乃运动未得也。一人卧病，身有难未脱也。药炉，乃治病具也。贵人倾水救旱池鱼，乃有复活之兆。池中青草，生意也。

▲《象》曰：泽无水，困；君子以致命遂志①。

◎初六：臀困于株木，入于幽谷②，三岁不觌③。

▲《象》曰：入于幽谷，幽不明也。

◎九二：困于酒食，朱绂④方来，利用亨享⑤祀；征凶，无咎。

▲《象》曰：困于酒食，中有庆也。

◎六三：困于石，据⑥于蒺藜⑦，入于其宫，不见其妻，凶。

▲《象》曰：据于蒺藜，乘刚⑧也。入于其宫，不见其妻，不祥也。

◎九四：来徐徐，困于金车，吝，

注释：①致命遂志：舍弃生命，实现愿望。②幽谷：幽深的山谷。③觌：见，指见天日。④朱绂：红色祭服，贵人才穿用。借喻荣禄。⑤亨：同享，献祭。⑥据：阻。⑦蒺藜：一种带刺的植物。⑧乘刚：指阴爻六三凌驾于阳爻九二之上。

有终。

▲《象》曰：来徐徐，志在下也。虽不当位，有与也。

◎九五：劓刖①，困于赤绂②，乃徐有说，利用祭祀。

▲《象》曰：劓刖，志未得也。乃徐有说[脱]③，以中直也。利用祭祀，受福也。

◎上六：困于葛藟④，于臲卼⑤，曰动悔。有悔，征吉。

▲《象》曰：困于葛藟，未当也。动悔，有悔，吉行也。

注释：①劓刖：古代的两种刑罚：割鼻与断足。②赤绂：红色祭服，诸侯专用。红而明亮为朱，红而不亮为赤。此处暗喻诸侯。③说：通脱，解脱。④葛藟：葛藤。⑤臲卼：不安定。

井卦①第四十八

巽下 坎上

注释：①井卦：象征汲取之理。

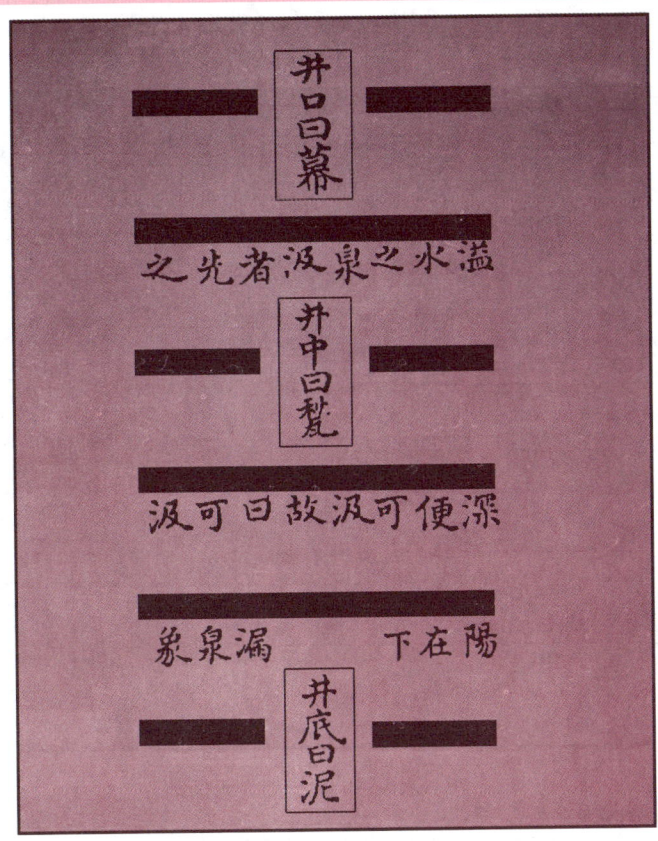

井鼎水火　元·《大易象数钩深图》

● 井：改邑不改井，无丧无得，往来井井①。汔至②，亦未繘井③；羸④其瓶，凶。

★《彖》曰：巽乎水⑤而上水，井；井养而不穷也。改邑不改井，乃以刚中也。汔至亦未繘井，未有

注释：①井井：汲井水。前一个井字理解为动词。②汔至：水将至井口。③繘井：用绳子打上井水。④羸：此处理解为损坏。⑤巽乎水：顺乎水性。巽有顺从的意义。

水风井　明·《断易天机》

此卦杨贵妃私与安禄山来事卜得，反受其害也。
解曰：金甲神执符，降瑞也。女子抱合，好合也。钱宝有光起，钱才有气也。人落井中，乃遭陷也。官人用绳引出，乃遭贵人得险难离之厄也。

功也。羸其瓶,是以凶也。

▲《象》曰:木上有水,井;君子以劳民劝相①。

◎初六:井泥不食,旧井无禽②。

▲《象》曰:井泥不食,下也。旧井无禽,时舍③也。

◎九二:井谷④射鲋⑤,瓮敝漏。

▲《象》曰:井谷射鲋,无与也。

◎九三:井渫⑥不食,为⑦我心恻⑧。可用汲,王明,并受其福。

▲《象》曰:井渫不食,行恻也。求王明,受福也。

◎六四:井甃⑨,无咎。

注释:①劳民劝相:让庶民勤奋劳动相互帮助。劝,勉励。②无禽:没有禽鸟光顾。③舍:抛弃。④井谷:井下聚水的洼地。⑤鲋:小鱼。⑥渫:淘污泥。⑦为:使。⑧恻:难过。⑨甃:用砖砌。

▲《象》曰：井甃，无咎，修井也。

◎九五：井冽①，寒泉食。

▲《象》曰：寒泉之食，中正②也。

◎上六：井收勿幕③，有孚元吉。

▲《象》曰：元吉在上，大成也。

注释：①冽：清凉。②中正：指九五居上卦之中，且以阳爻居阳位。③勿幕：不要覆盖。

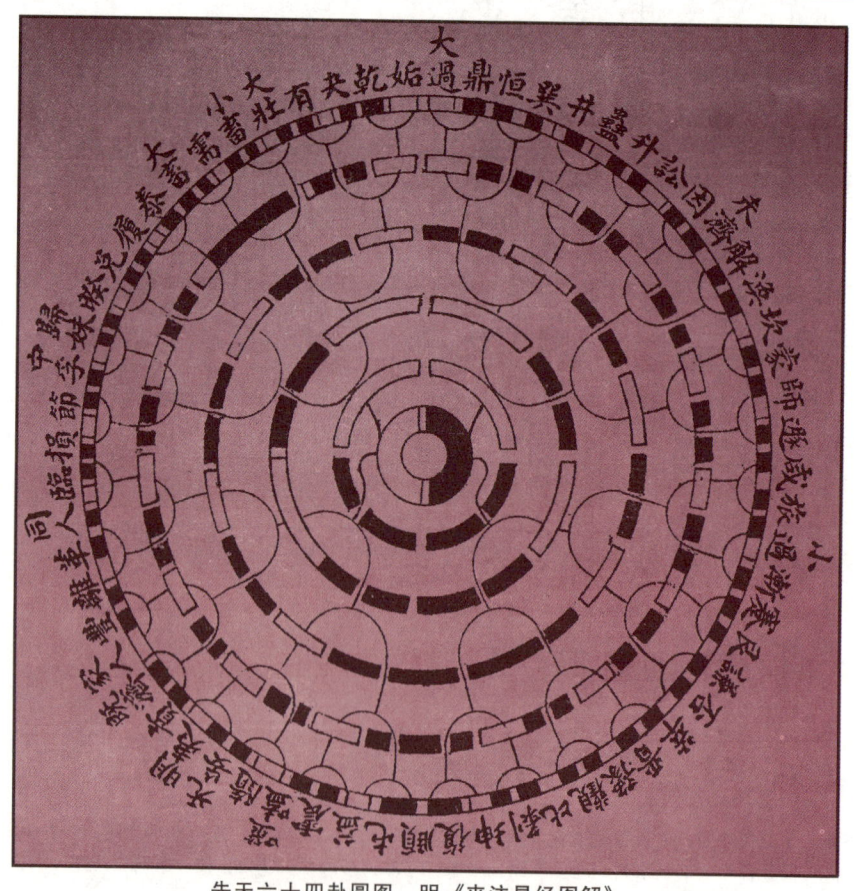

先天六十四卦圆图　明·《来注易经图解》

革卦①第四十九

☲☱ 离下 兑上

注释： ①革卦：象征变革去故。

革卦炉备鼓铸图　元·《大易象数钩深图》

● 革：巳日①乃孚，元亨，利贞，悔亡。

★《象》曰：革，水火相息，二女同居②，其志不相得，曰革。巳日乃孚，革而信之。文明以说[悦]③，大亨以正，革而当，其悔乃亡。天地革而四时④成，汤武革命⑤，顺乎天

注释：①巳日：古时记日的一种。②二女同居：《说卦》谓离卦为中女，兑卦为少女，故有此说。③文明以说：离为文明，兑为和悦。说，通悦。④四时：春、夏、秋、冬。⑤汤武革命：指商汤王讨伐夏桀和周武王讨伐商纣，两事均导致了改朝换代。

泽火革　明·《断易天机》

此卦彭越战项王绝粮时卜得，遂承恩改革也。

解曰：一人把柿全，一人把柿不全，全者事新，不全者故。一兔虎，寅卯日见也。官人推车，车上一印，运转求新有印信也。大路，四通八达之象也。

而应乎人。革之时①大矣哉！

▲《象》曰：泽中有火，革；君子以治历明时。

◎初九：巩②用黄牛之革。

▲《象》曰：巩用黄牛，不可以有为也。

◎六二：巳日乃革之，征吉，无咎。

▲《象》曰：巳日革之，行有嘉也。

◎九三：征凶，贞厉。革言③三就④，有孚。

▲《象》曰：革言三就，又何之矣。

◎九四：悔亡，有孚，改命，吉。

▲《象》曰：改命之吉，信伸志⑤也。

注释：①时：一说"时"字后当有"义"字。②巩：束物。③革言：革新的设想。④三就：多番俯就众论。⑤信志：实现抱负。信，通伸。

◎九五：大人虎变①，未占有孚。

▲《象》曰：大人虎变，其文炳也。

◎上六：君子豹变②，小人革面③；征凶，居贞吉。

▲《象》曰：君子豹变，其文蔚也。小人革面，顺以从君也。

注释：①虎变：喻革新如老虎毛色的变化，斑斓醒目。②豹变：与虎变义同。③革面：改变面貌。一作改变倾向。

大人虎变图　明·《程氏墨苑》

鼎卦^①第五十

巽下 离上

注释：①鼎卦：象征取新。

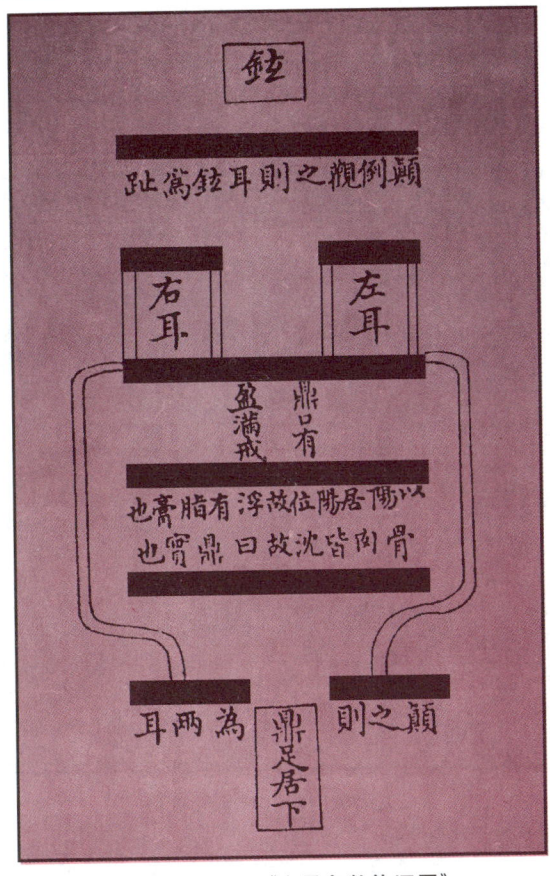

二用之图　元·《大易象数钩深图》

鼎：元吉，亨。

★《彖》曰：鼎，象也。以木巽火①，亨(烹)饪②也。圣人亨(烹)以享上帝，而大亨(烹)以养圣贤。巽而耳目聪明③，柔进而上行，得中而应乎刚④，是以元亨。

注释：①以木巽火：根据《说卦》，巽为木，离为火，故说以木巽火。②亨饪：即烹饪。以下两个"亨"字均假借为"烹"。③巽而耳目聪明：巽卦的上面是离卦，离为明。④得中而应乎刚：指位于上卦之中的六五与下卦的九二阴阳正应。

火风鼎　明·《断易天机》

此卦秦君卜得，乃知得九鼎以象九州也。

解曰：云中月现，乃荷三光照临也。鹊南飞，有喜也。一子裹席帽，有子喜也。一人执刀，防暗伤也。贵人端坐无畏，福重可免灾。一鼠，主耗也。

▲《象》曰：木上有火，鼎；君子以正位凝命①。

◎初六：鼎颠趾②，利出否③；得妾以其子，无咎。

▲《象》曰：鼎颠趾，未悖也。利出否，以从贵也。

◎九二：鼎有实④，我仇⑤有疾，不我能即⑥，吉。

▲《象》曰：鼎有实，慎所之也。我仇有疾，终无尤⑦也。

◎九三：鼎耳革⑧，其行塞，雉膏不食；方雨，亏悔⑨，终吉。

▲《象》曰：鼎耳革，失其义也。

注释：①凝命：专注于使命。②颠趾：鼎脚倒过来。③否：坏，指腐败的食物。④有实：装满食物。⑤仇：配偶。⑥不我能即："不能即我"的倒装。即，接近。⑦尤：过失。⑧耳革：鼎耳脱了。⑨亏悔：减少悔恨。

◎九四：鼎折足，覆公餗①，其形渥②，凶。

▲《象》曰：覆公餗，信如何也！

◎六五：鼎黄耳金铉③，利贞。

▲《象》曰：鼎黄耳，中以为实也。

◎上九：鼎玉铉，大吉，无不利。

▲《象》曰：玉铉在上，刚柔节④也。

注释：①餗：肉稀饭。②渥：湿濡腥腌。③铉：鼎杠。④刚柔节：刚与柔相调节。刚，指上九。柔，指六五。

鼎黄耳图　明·《程氏墨苑》

震卦①第五十一

☳ 震下 震上

注释：①震卦：象征雷霆震动。

震动心迹之图　元·《大易象数钩深图》

易经

● 震：亨。震来虩虩①，笑言哑哑②。震惊百里，不丧匕鬯③。

★《彖》曰：震，亨。震来虩虩，恐致福也。笑言哑哑，后有则也。震惊百里，惊远而惧迩④也。出，可以守宗庙社稷，以为祭主也。

注释：①虩虩：恐惧的样子。②哑哑：欢笑声。③不丧匕鬯：没有停止祭祀。匕，勺具；鬯，香酒。④迩：近。

震为雷　明·《断易天机》

此卦李静天师遇龙母借宿，替龙行雨卜得，官至仆射。

解曰：人在岩上立，要防险难也。一树花开一文书，当春之月文字有气。一人推车上有文字，文字动念也。一堆钱财者，获厚利禄之兆也。

244

▲《象》曰：洊①雷，震；君子以恐惧修省。

◎初九：震来虩虩，后笑言哑哑，吉。

▲《象》曰：震来虩虩，恐②致福也。笑言哑哑，后有则也。

◎六二：震来厉，亿③丧贝④，跻于九陵，勿逐⑤，七日得。

▲《象》曰：震来厉，乘刚⑥也。

◎六三：震苏苏⑦，震行无眚⑧。

▲《象》曰：震苏苏，位不当也。

◎九四：震遂坠⑨泥。

▲《象》曰：震遂坠泥，未光也。

◎六五：震往来厉，亿无丧，有事。

注释：①洊：重，一个接一个。②恐：恐惧。③亿：十万曰亿，犹言"大"，作副词。④贝：贝币。⑤逐：追寻。⑥乘刚：指六二在初九之上。⑦苏苏：不安的样子。⑧眚：灾祸。⑨遂：古坠字。

245

▲《象》曰：震往来厉，危行也。其事在中，大无丧也。

◎上六：震索索①，视矍矍②，征凶。震不于其躬③，于其邻，无咎。婚媾有言④。

▲《象》曰：震索索，中未得⑤也。虽凶无咎，畏邻戒也。

注释： ①索索：颤抖的样子。②矍矍：惊恐四顾的样子。③其躬：其自身。④言：议论。⑤中未得：指上六非居于上震的正中。

洊雷主器图　明·《程氏墨苑》

艮卦第五十二

艮下 艮上

注释：①艮卦：象征静止。艮，止住，抑止。

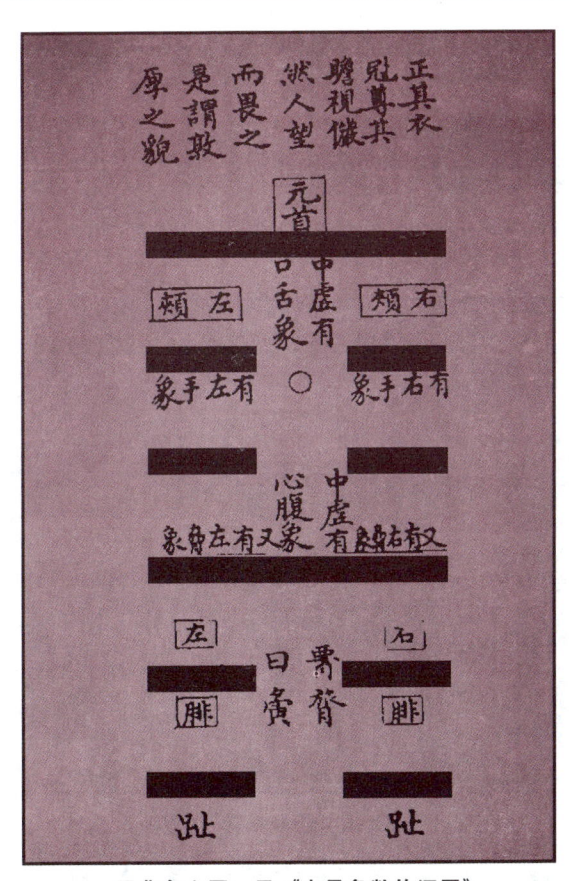

艮背象之图　元·《大易象数钩深图》

● 艮：艮其背，不获其身；行其庭，不见其人。无咎。

★《彖》曰：艮，止也。时止则止，时行则行，动静不失其时，其道光明。艮其止①，止其所也。上下敌应②，不相与③也。是以不获其身，行其庭不见其人，无咎也。

▲《象》曰：兼山④，艮；君子以思

注释：①止：依卦辞当为背。②敌应：本卦上下卦均为阴爻对阴爻、阳爻对阳爻，《易传》以此为敌应。③与：往来亲与。④兼山：两山重叠。

艮为山　明·《断易天机》

此卦汉高祖困荥阳时卜得，只宜守旧也。

解曰：堠上东北字，向利方行也。猴执文书，所求文字用申未见。官吏执镜，官清如镜也。三人绳相系缚，事相干连必遇贵人得解脱也。

不出其位。

◎ 初六：艮其趾，无咎，利永贞。

▲《象》曰：艮其趾，未失正也。

◎ 六二：艮其腓①，不拯其随②，其心不快。

▲《象》曰：不拯其随，未退听③也。

◎ 九三：艮其限④，列裂⑤其夤⑥，厉薰心⑦。

▲《象》曰：艮其限，危薰心也。

◎ 六四：艮其身，无咎。

▲《象》曰：艮其身，止诸躬也。

◎ 六五：艮其辅⑧，言有序，悔亡。

▲《象》曰：艮其辅，以中正也。

◎ 上九：敦⑨艮，吉。

▲《象》曰：敦艮之吉，以厚终也。

注释：①腓：小腿。②随：随从。③退听：退让顺从。听，从。④限：分界，指腰部。⑤列：通裂，这里指扭伤。⑥夤：背脊肉。⑦薰心：谓心受熏灼。常形容愁苦。⑧辅：指嘴巴。⑨敦：厚重。

渐卦① 第五十三

艮下 巽上

注释：①渐卦：象征依秩序前进，即渐进。

鸿渐南北图　元·《大易象数钩深图》

● 渐：女归①吉，利贞。

★《彖》曰：渐之进也，女归吉也。进得位②，往有功也。进以正，可以正邦也。其位刚③，得中也。止而巽④，动不穷也。

▲《象》曰：山上有木，渐；君子以居贤德，善俗。

注释：①归：出嫁。②得位：本卦主爻六二、九五均为阴爻居阴位，阳爻居阳位，所以说得位。③其位刚：指阳爻九五。④止而巽：静止而柔顺。静止是下艮的属性，柔顺是上巽的属性。

风山渐　明·《断易天机》

此卦齐晏子应举卜得，后果为丞相也。

解曰：一望竿在堆高处，乃求望达也。一药炉在地，预防有患也。一官人登梯，乃步云梯也。一枝花在地上，乃下第未达之兆。

◎初六：鸿渐于干①，小子厉，有言，无咎。

▲《象》曰：小子之厉，义无咎也。

◎六二：鸿渐于磐，饮食衎衎②，吉。

▲《象》曰：饮食衎衎，不素饱③也。

◎九三：鸿渐于陆，夫征不复，妇孕不育，凶。利御寇。

▲《象》曰：夫征不复，离群丑也。妇孕不育，失其道也。利用御寇，顺相保也。

◎六四：鸿渐于木，或得其桷④，无咎。

▲《象》曰：或得其桷，顺以巽也。

◎九五：鸿渐于陵⑤，妇三岁不孕，

注释：①干：岸边。②衎衎：欢乐的样子。③素饱：白吃饭。④桷：方形的屋椽，这里指桷形的树枝。⑤陵：山坡。

终莫之胜,吉。

▲《象》曰:终莫之胜,吉,得所愿也。

◎ 上九:鸿渐于陆,其羽可用为仪,吉。

▲《象》曰:其羽可用为仪,吉,不可乱也。

鸿渐于陆图　明·《程氏墨苑》

归妹卦① 第五十四

兑下 震上

注释：①归妹卦：象征女子出嫁。归妹，嫁女。

归妹君娣之袂图　元·《大易象数钩深图》

● 归妹：征凶，无攸利。

★《象》曰：归妹，天地之大义也。天地不交，而万物不兴；归妹，人之终始也。说(悦)以动①，所归妹也。征凶，位不当②也。无攸利，柔乘刚③也。

注释：①说以动：悦而动。下兑的属性为悦，上震的属性为动。②位不当：指阴爻居阳位或阳爻居阴位。③柔乘刚：指六三在九二之上、六五在九四之上。

雷泽归妹　明·《断易天机》

此卦舜娶尧二女卜得，乃知卑幼不宁也。

解曰：官人骑鹿指云，志在霄汉也。小鹿子在后，禄位重重。望竿上有文字，望信得至也。人落刺中一人援出，一人救脱难，变凶为吉也。

▲《象》曰：泽上有雷，归妹；君子以永终知敝[弊]①。

◎初九：归妹以娣②，跛能履，征吉。

▲《象》曰：归妹以娣，以恒也。跛能履吉，相承也。

◎九二：眇③能视，利幽人④之贞。

▲《象》曰：利幽人之贞，未变常也。

◎六三：归妹以须⑤，反[返]归以娣。

▲《象》曰：归妹以须，未当也。

◎九四：归妹愆期⑥，迟归有时。

▲《象》曰：愆期之志，有待而行也。

注释：①敝：通弊，毛病。②娣：妹妹。③眇：瞎了一只眼。④幽人：安恬之人。⑤须：假借为嬃，姐姐。⑥愆期：错过了日子。

◎ 六五：帝乙①归妹，其君之袂②，不如其娣之袂良，月几③望④，吉。

▲《象》曰：帝乙归妹，不如其娣之袂良也。其位在中，以贵行也。

◎ 上六：女承筐，无实⑤；士刲⑥羊，无血。无攸利。

▲《象》曰：上六无实，承虚筐也。

注释：①帝乙：商代的一个王（商纣之父）。②袂：衣袖，此处指衣饰。③几：快到。④望：农历每月的十五日（有时延后一两日）。⑤无实：没有东西。⑥刲：割，这里指宰杀。

钟馗嫁妹图·杨柳青年画

丰卦第五十五

离下 震上

注释：①丰卦：象征丰盛硕大。

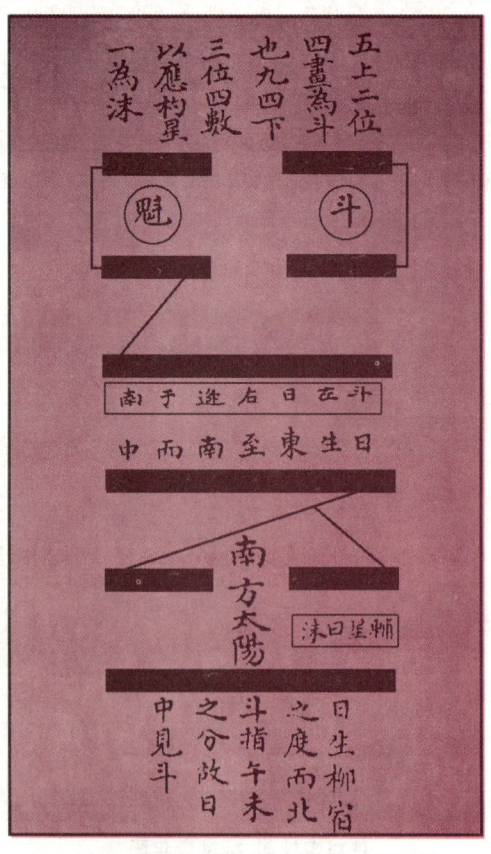

丰日见斗之图　元·《大易象数钩深图》

● 丰：亨，王假格①之；勿忧，宜日中。

★《彖》曰：丰，大也；明以动②，故丰。王假格之，尚大也。勿忧宜日中，宜照天下也。日中则昃③，月盈则食④，天地盈虚⑤，与时消息⑥，而况于人乎？况于鬼神乎？

注释：①假：通格，达到。②明以动：下离为明，上震为动。③昃：偏西。④食：亏缺。⑤盈虚：指圆满和亏缺两种状态的转换。⑥消息：消亡与生长。

雷火丰　明·《断易天机》

此卦庄周说剑临行卜得，果得剑也。
解曰：竹筒灰起，阳春动也。龙蛇交错者，变化之象也。官人着衣裳立，凡贵人也。一合子，意合也。人吹笙竽，乐声鸣也。脚踏虎，变在脚下也。

下经 ◎ 丰卦第五十五

▲《象》曰：雷电皆至，丰；君子以折狱致刑①。

◎初九：遇其配主②，虽旬③无咎，往有尚。

▲《象》曰：虽旬无咎，过旬灾也。

◎六二：丰其蔀④，日中见斗。往得疑疾，有孚发若⑤，吉。

▲《象》曰：有孚发若，信以发志也。

◎九三：丰其沛〔旆〕⑥，日中见沫〔昧〕⑦，折其右肱，无咎。

▲《象》曰：丰其沛〔旆〕，不可大事也。折其右肱，终不可用也。

◎九四：丰其蔀，日中见斗；遇其夷主⑧，吉。

注释：①折狱致刑：审判案件，按罪判刑。②配主：相配之主。③旬：十日。④蔀：障蔽。⑤发若：发，发挥；若，语末助词。⑥沛：通旆，幡幕。⑦沫：通昧，小星星。⑧夷主：平易而可沟通的君主。

▲《象》曰：丰其蔀，位不当①也。日中见斗，幽不明也。遇其夷主，吉，行也。

◎六五：来章②，有庆誉，吉。

▲《象》曰：六五之吉，有庆也。

◎上六：丰其屋，蔀③其家，窥其户，阒④其无人；三岁不觌⑤，凶。

▲《象》曰：丰其屋，天际翔也。窥其户，阒其无人，自藏也。

注释：①位不当：指本爻以阳爻居阴位四。②来章：招致美才。来，招徕；章，美好。③蔀：遮蔽。④阒：寂静。⑤觌：看见。

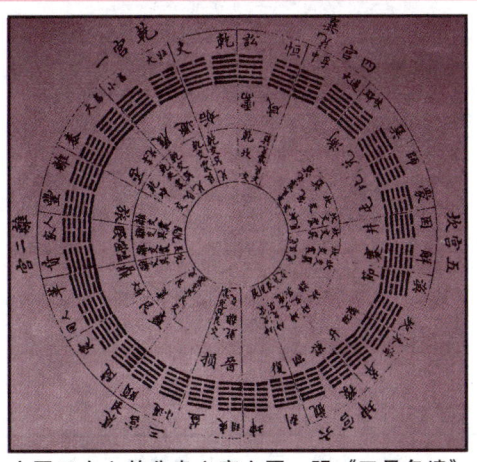

交图三十六卦分隶六宫之图　明·《三易备遗》

旅卦① 第五十六

☶ 艮下 离上

注释：①旅卦：象征寄居异乡。

旅决舍图　元·《大易象数钩深图》

● 旅：小亨，旅贞吉。

★《彖》曰：旅，小亨；柔得中乎外而顺乎刚①，止而丽乎明②，是以小亨，旅贞吉也。旅之时义大矣哉！

▲《象》曰：山上有火，旅；君子以明慎用刑，而不留狱③。

注释：①柔得中乎外而顺乎刚：指阴爻六五居于上卦离的中间，并顺从于阳爻上九。②止而丽乎明：下艮为止，上离为明。③留狱：拖延办案。

下经 ◎ 旅卦第五十六

火山旅　明·《断易天机》

此卦陈后主张丽华卜得，乃知先喜后悲。

解曰：三星者，乃台星也。贵人台上垂钓牵水畔人，遇贵牵引得脱尘泥也。一猴一羊，乃未申二位得见喜庆巳。大溪者，主前后远大也。

◎ 初六：旅琐琐①，斯其所取灾②。

▲《象》曰：旅琐琐，志穷灾也。

◎ 六二：旅即次③，怀④其资，得童仆，贞。

▲《象》曰：得童仆，贞，终无尤也。

◎ 九三：旅焚其次，丧其童仆，贞厉。

▲《象》曰：旅焚其次，亦以伤矣。以旅与⑤下，其义丧也。

◎ 九四：旅于处，得其资斧，我心不快。

▲《象》曰：旅于处，未得位⑥也。得其资斧，心未快也。

◎ 六五：射雉，一矢亡，终以誉命。

注释：①琐琐：猥琐卑贱。②取灾：自讨苦吃。③即次：到达旅途所居之地。④怀：携带。⑤与：对待。⑥未得位：指九四以阳爻居于阴位。

▲《象》曰：终以誉命，上逮①也。

◎ 上九：鸟焚其巢，旅人先笑后号咷②。丧牛于易场③，凶。

▲《象》曰：以旅在上，其义焚也。丧牛于易场，终莫之闻也。

注释：①上逮：为君王所赏识。②号咷：也作嚎啕，大哭的样子。③易：通场，田畔。

先天六十四卦方位之图　明·《来注易经图解》

巽卦① 第五十七

☴ 巽下 巽上

注释：①巽卦：象征顺伏。巽字篆文像二人跪于几上。

巽床下图　元·《大易象数钩深图》

● 巽：小亨；利有攸往，利见大人。

★《彖》曰：重巽①以申命，刚巽乎中正②而志行，柔皆顺乎刚。是以小亨，利有攸往，利见大人。

▲《象》曰：随风，巽；君子以申命行事。

注释：①**重巽**：两巽相叠。②**刚巽乎中正**：指九五位于上卦之中，且以阳爻居阳位。

下经 ◎ 巽卦第五十七

巽为风　明·《断易天机》

此卦范蠡辞官入湖卜得，乃知越国不久也。

解曰：贵人赐衣，一人跪受，傍贵人得衣禄也。云中雁传书，信至也。人在虎下坐，有险难也。一人射虎中箭，险中得吉也。虎走，惊散之兆。

◎ 初六：进退，利武人之贞。

▲《象》曰：进退，志疑①也。利武人之贞，志治②也。

◎ 九二：巽在床下③，用史巫④纷若⑤，吉，无咎。

▲《象》曰：纷若之吉，得中也。

◎ 九三：频巽⑥，吝。

▲《象》曰：频巽之吝，志穷也。

◎ 六四：悔亡，田⑦获三品⑧。

▲《象》曰：田获三品，有功也。

◎ 九五：贞吉，悔亡，无不利；无初有终⑨；先庚三日，后庚三日⑩，吉。

▲《象》曰：九五之吉，位正中⑪也。

注释：①志疑：主意不定。②志治：主意不乱。③床下：指隐蔽的角落。④史巫：史官与巫师。⑤纷若：纷纷然。⑥频巽：皱着眉头顺从。频，通颦。⑦田：打猎。⑧三品：泛指猎物众多。⑨无初有终：没有好的开头却有满意的结果。⑩先庚三日，后庚三日：指庚前后的六日，加上庚，正是《复卦》卦辞所说的"七日来复"。⑪位正中：指九五以阳爻居阳位，且在上卦之中。

◎ 上九：巽在床下，丧其资斧，贞凶。

▲《象》曰：巽在床下，上穷也。丧其资斧，正乎凶也。

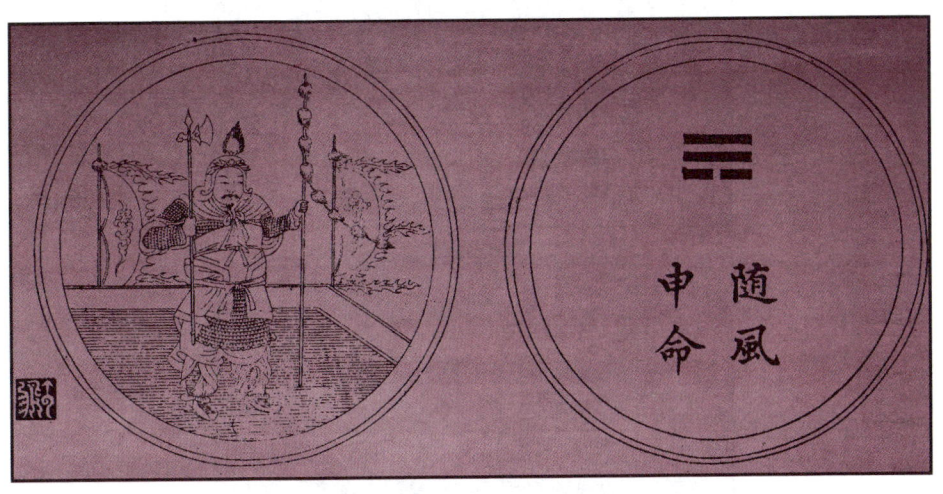

随风申命图　明·《程氏墨苑》

兑卦①第五十八

兑下 兑上

注释：①兑卦：象征怡乐。

兑象之图　元·《大易象数钩深图》

● 兑：亨，利贞。

★《象》曰：兑，说(悦)也。刚中而柔外①，说(悦)以利贞，是以顺乎天而应乎人。说(悦)以先民②，民忘其劳；说(悦)以犯难③，民忘其死。说(悦)之大，民劝矣哉！

注释：①刚中而柔外：指二、五两个爻位为阳爻，三、六两个爻位为阴爻。②先民：先于民，在民众之前不辞劳苦。③犯难：冒险。

兑为泽　明·《断易天机》

此卦唐三藏去西天取经卜得，乃知必归唐国。
解曰：人坐看一担，乃劳苦得息肩也。月在天边，不团圆也。秀才登梯，乃步蟾宫之兆也。一女在合边立，主娶和合也。文字上箭，领荐也。

▲《象》曰：丽泽①，兑；君子以朋友讲习。

◎初九：和兑，吉。

▲《象》曰：和兑之吉，行未疑也。

◎九二：孚兑②，吉，悔亡。

▲《象》曰：孚兑之吉，信志也。

◎六三：来③兑，凶。

▲《象》曰：来兑之凶，位不当④也。

◎九四：商⑤兑未宁，介疾⑥有喜。

▲《象》曰：九四之喜，有庆也。

◎九五：孚于剥⑦，有厉。

▲《象》曰：孚于剥，位正当也。

注释：①丽泽：连接着的泽。丽，附丽；兑为泽。②孚兑：本于诚信的怡悦。③来：谋求。④位不当：指六三以阴爻居于阳位。⑤商：考虑琢磨。⑥介疾：去除疾病。介，隔绝。⑦孚于剥：诚信被损害。

◎ 上六：引兑①。

▲《象》曰：上六引兑，未光也。

注释：①引兑：引诱和悦。

丽泽为兑　明·《程氏墨苑》

涣卦①第五十九

☵☴ 坎下 巽上

注释：①涣卦：象征水流顺畅。

涣躬之图　元·《大易象数钩深图》

● 涣：亨。王假(格)有庙，利涉大川，利贞。

★《彖》曰：涣，亨。刚来①而不穷，柔得位乎外而上同②。王假(格)有庙，王乃在中也；利涉大川，乘木③有功也。

▲《象》曰：风行水上，涣；先王以

注释：①刚来：刚指下卦的主爻九二。根据卦变说，它是由渐卦的九三下降而成的，所以说来。②柔得位乎外而上同：六四居于阴位，是柔得位；它上顺从于主爻九五，是上同。③木：指上巽。巽象征风，也象征木。

风水涣　明·《断易天机》

此卦汉武帝卜得，乃知李夫人还魂也。
解曰：山上有寺，乃清净境界也。一僧，空门人也。一人随后，似作清闲人也。一鬼在后，防有鬼贼暗中窥算，用谨守也。金甲人，得神人力也。

下经 ◎ 涣卦第五十九

享于帝①，立庙。

◎ 初六：用拯②马壮，吉。

▲《象》曰：初六之吉，顺③也。

◎ 九二：涣奔其机④，悔亡。

▲《象》曰：涣奔其机，得愿也。

◎ 六三：涣其躬⑤，无悔。

▲《象》曰：涣其躬，志在外也。

◎ 六四：涣其群，元吉。涣有丘⑥，匪夷⑦所思。

▲《象》曰：涣其群，元吉，光大也。

◎ 九五：涣汗其大号⑧，涣王居⑨，无咎。

▲《象》曰：王居无咎，正位也。

◎ 上九：涣其血，去逖惕⑩出，无咎。

▲《象》曰：涣其血，远害也。

注释：①帝：天帝。②用拯：借助。③顺：指初六顺从于九二。④机：马王堆帛书《周易》作阶，台阶。⑤躬：自身。⑥有丘：高丘。⑦匪夷：不是一般。⑧大号：大声呼叫。⑨王居：君王的居所，即宫廷。⑩逖：通惕。

节卦①第六十

䷻ 兑下 坎上

注释：①节卦：象征节制。

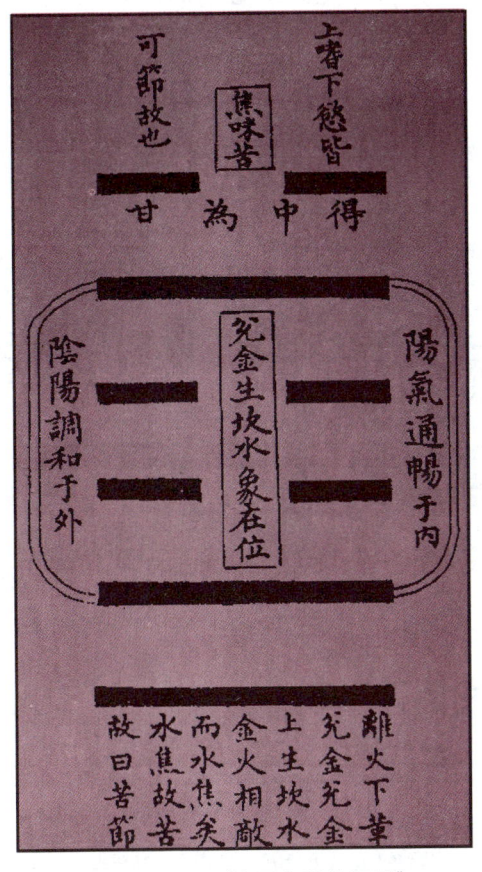

节气之图　元·《大易象数钩深图》

● 节：亨。苦节①不可贞。

★《彖》曰：节，亨，刚柔分②而刚得中③。苦节不可贞，其道穷也。说（悦）以行险④，当位以节，中正以通。天地节而四时成，节以制度，不伤财，不害民。

▲《象》曰：泽上有水，节；君子以

注释：①苦节：过分的控制。②刚柔分：本卦上坎为刚（阳），下兑为柔（阴）。③刚得中：指上下卦的主爻九五和九二均为阳爻。④说以行险：下兑为悦，上坎为险。说，通悦。

水泽节 明·《断易天机》

此卦孟姜女送寒衣卜得，知夫落亡不吉之兆。
解曰：大雨下，沛泽也。火中鱼跃出，太阳正照。鸡屋上，晓明也。犬在井中，晚没也。屋门开者，乃朝门开可入也。

制数度，议德行。

◎ 初九：不出户庭，无咎。

▲《象》曰：不出户庭，知通塞①也。

◎ 九二：不出门庭，凶。

▲《象》曰：不出门庭，凶，失时极②也。

◎ 六三：不节若③，则嗟若，无咎。

▲《象》曰：不节之嗟，又谁咎也。

◎ 六四：安节，亨。

▲《象》曰：安节之亨，承上道④也。

◎ 九五：甘节⑤，吉；往有尚。

▲《象》曰：甘节之吉，居位中也。

◎ 上六：苦节，贞凶，悔亡。

▲《象》曰：苦节贞凶，其道穷也。

注释：①通塞：畅顺与阻塞。②时极：适中的时机。极，中。③若：语气助词，相当于"啊"。④承上道：指六四上承九五之道。⑤甘节：和怡的节制。

中孚卦 第六十一

兑下 巽上

注释：①中孚卦：象征内诚。中孚：心中有诚信。

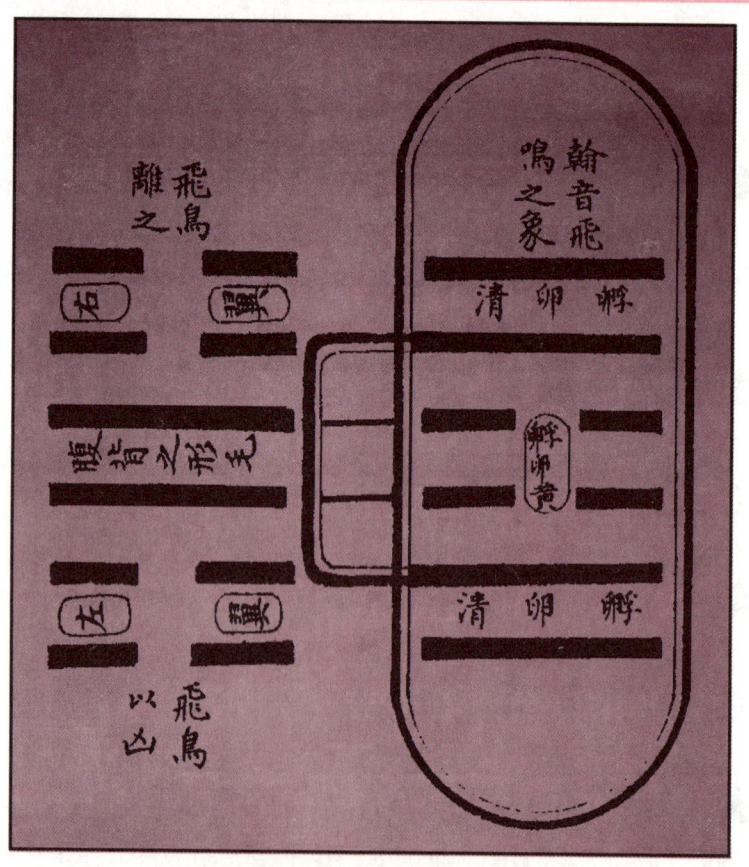

中孚小过卵翼生成图 元·《大易象数钩深图》

● 中孚：豚鱼吉，利涉大川，利贞。

★《象》曰：中孚，柔在内①而刚得中②。说（悦）而巽③，孚，乃化邦也。豚鱼吉，信及豚鱼也。利涉大川，乘木舟④虚也。中孚以利贞，乃应乎天也。

注释：①柔在内：指本卦的内两爻（六三、六四）是阴爻。②刚得中：指九二居于下兑之中，九五居于上巽之中。③说而巽：和悦而谦逊，它们分别是下兑和上巽的属性。④乘木舟：巽为木，兑为泽，中孚卦的卦象如水中之舟。

风泽中孚　明·《断易天机》

此卦辛君屯边卜得，遂果得梅妃之信也。
解曰：望子上文书，诚心可望也。人击拆，当预防也。贵人用绳牵鹿，保守则禄永在手也。雁衔书，主有喜信至，占者得之，大抵宜求才望事也。

▲《象》曰：泽上有风，中孚；君子以议狱缓死①。

◎初九：虞吉②，有它不燕[宴]③。

▲《象》曰：初九虞吉，志未变也。

◎九二：鸣鹤在阴④，其子和之；我有好爵⑤，吾与尔靡⑥之。

▲《象》曰：其子和之，中心愿也。

◎六三：得敌⑦，或⑧鼓或罢[疲]，或泣或歌。

▲《象》曰：或鼓或罢[疲]，位不当也。

◎六四：月几望⑨，马匹亡，无咎。

▲《象》曰：马匹亡，绝类上⑩也。

注释：①议狱缓死：审判案件宽待死囚。②虞吉：因忧虑而获吉。③燕：通宴，安乐。④阴：阴凉处。⑤爵：酒具，借指酒。⑥靡：分享。⑦得敌：俘获了敌人。⑧或：有的。⑨几望：月亮将满未盈，参见《归妹》。⑩绝类上：断绝与同类的联系而向上承九五。

◎九五：有孚挛如①，无咎。

▲《象》曰：有孚挛如，位正当也。

◎上九：翰音②登于天，贞凶。

▲《象》曰：翰音登于天，何可长也！

注释：①挛如：广系天下之心。挛，系；如，语气词。②翰音：飞鸟的叫声。一说为鸡的叫声。《礼记·曲礼》：鸡曰"翰音"。

鸣鹤在阴图　明·《程氏墨苑》

小过卦① 第六十二

艮下 震上

注释：①小过卦：象征略有过越。

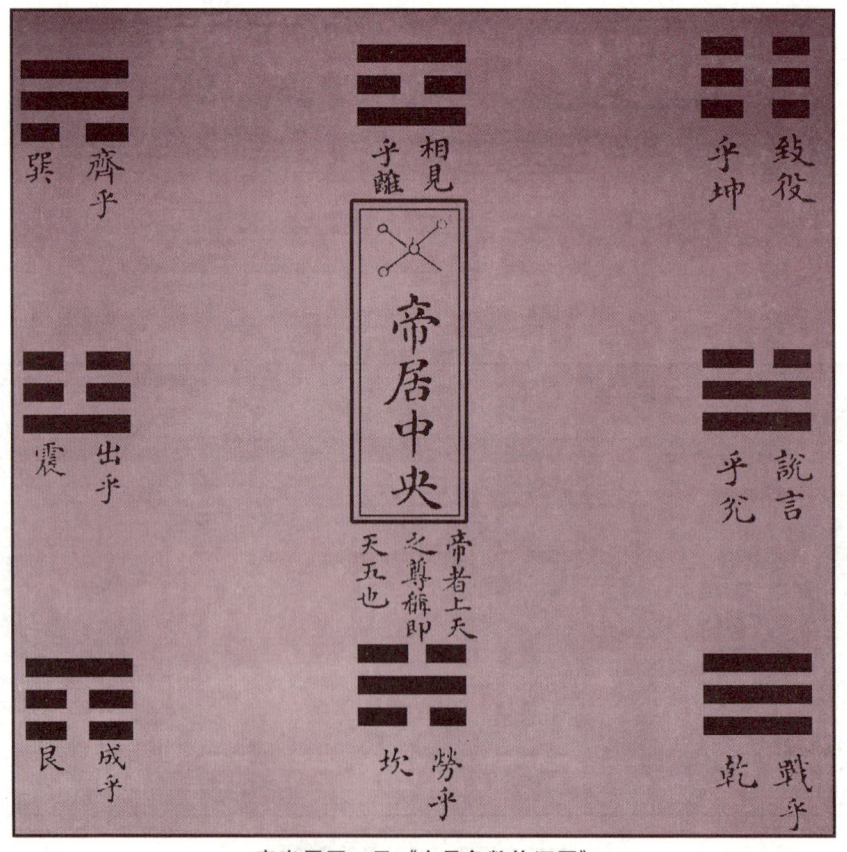

帝出震图　元·《大易象数钩深图》

● 小过：亨，利贞。可小事，不可大事。飞鸟①遗之音②，不宜上，宜下，大吉。

★《彖》曰：小过，小者过而亨也。过以利贞，与时行也。柔得中③，是以小事吉也。刚失位而不中④，是以不可大事也。有飞鸟之象

注释： ①飞鸟：本卦六爻，四阴分居上下，形似鸟翅，故说飞鸟。②遗之音：留下的声音。③柔得中：指六二、六五分居上下卦之中。④刚失位而不中：指九四以阳爻居于阴位，且不在主爻的位置。

雷山小过　明·《断易天机》

此卦汉君有难卜得，后果能脱离。

解曰：明月当空，得太明照临之力。林下一人弹冠，乃弹冠出仕也。人在网中，一人割网，得脱罪愆也。猴子在山头出，又可进程定得贵人力也。

焉。飞鸟遗之音，不宜上，宜下，大吉，上逆而下顺①也。

▲《象》曰：山上有雷②，小过；君子以行过乎恭，丧过乎哀，用过乎俭。

◎初六：飞鸟以凶。

▲《象》曰：飞鸟以凶，不可如何也。

◎六二：过其祖，遇其妣③；不及其君，遇其臣，无咎。

▲《象》曰：不及其君，臣不可过也。

◎九三：弗过防④之，从或⑤戕⑥之，凶。

▲《象》曰：从或戕之，凶如何也！

注释：①上逆而下顺：六五在九四之上，以柔乘刚，是逆；六二在九三之下，以柔承刚，是顺。②山上有雷：下艮为山，上震为雷。③妣：祖母。④过防：过分防备。⑤从或：从而。⑥戕：杀害。

◎ 九四：无咎，弗过遇之。往厉必戒，勿用永贞。

▲《象》曰：弗过遇之，位不当也。往厉必戒，终不可长也。

◎ 六五：密云不雨，自我西郊，公①弋取②彼③在穴。

▲《象》曰：密云不雨，已上也。

◎ 上六：弗遇过之，飞鸟离罹④之，凶，是谓灾眚。

▲《象》曰：弗遇过之，已亢也。

注释：①公：王公。②弋取：射得。③彼：指猎物。④离：通罹，指被射杀或被活捉。

钻木取火　清·《绘图二十四史通俗演义》

既济卦① 第六十三

离下 坎上

注释：①既济卦：象征已成功。

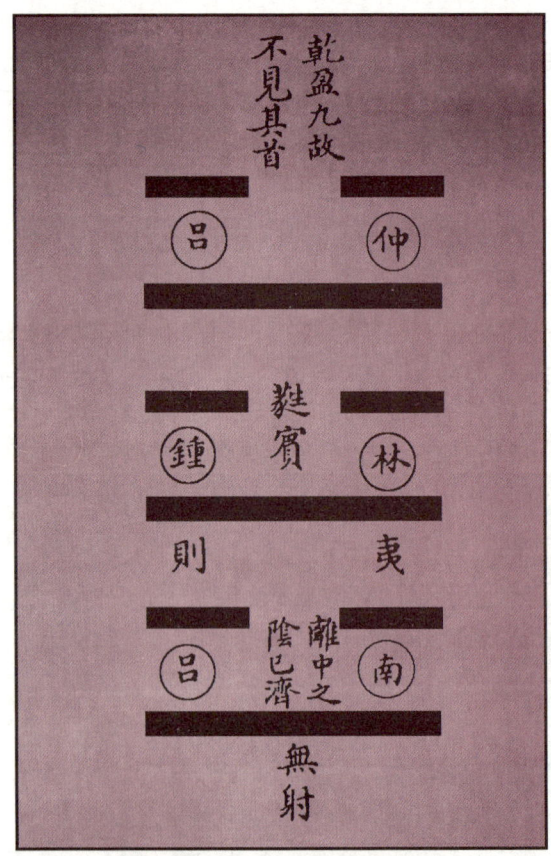

既济未济　元·《大易象数钩深图》

● 既济：亨，小利贞；初吉终乱。

★《彖》曰：既济，亨，小者亨也。利贞，刚柔正而位当①也。初吉，柔得中②也。终止则乱，其道穷也。

▲《象》曰：水在火上，既济；君子以思患而预防之。

◎ 初九：曳③其轮，濡④其尾，无咎。

注释：①刚柔正而位当：指本卦阳爻均居于初、三、五阳位，阴爻均居于二、四、上阴位。②柔得中：指六二居于下离的中间。③曳：拖住。④濡：沾湿。

水火既济　明·《断易天机》

此卦季布在周家潜藏卜得，遂遇高皇帝也。

解曰：人在岸上一船来，接得济也。一堆钱，大利也。云中雨下，沛泽也。二小儿在雨中行，生年少沾君之雨泽也。文书一策，书名姓字也。

▲《象》曰：曳其轮，义无咎也。

◎六二：妇丧其茀①，勿逐，七日得。

▲《象》曰：七日得，以中道也。

◎九三：高宗②伐鬼方③，三年克之；小人勿用。

▲《象》曰：三年克之，惫也。

◎六四：繻④有衣袽⑤，终日戒。

▲《象》曰：终日戒，有所疑也。

◎九五：东邻杀牛，不如西邻之禴祭⑥，实受其福。

▲《象》曰：东邻杀牛，不如西邻之时也。实受其福，吉大来也。

◎上六：濡其首，厉。

▲《象》曰：濡其首厉，何可久也！

注释：①茀：车上帘子。②高宗：商代的君王，名武丁。③鬼方：部落名。④繻：彩色的绸衣。⑤袽：破衣败絮。⑥禴祭：薄祭。

未济卦①第六十四

坎下 离上

注释：①未济卦：象征尚未成功。

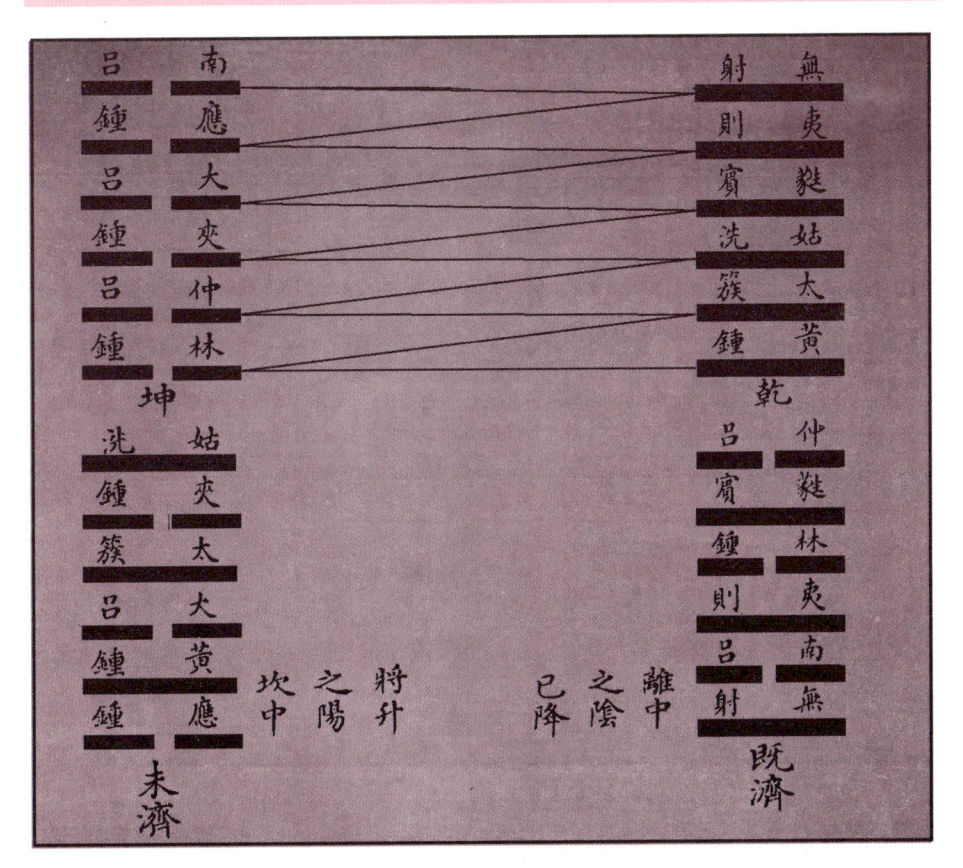

四卦合律图　元·《大易象数钩深图》

● 未济：亨。小狐汔①济，濡其尾，无攸利。

★《彖》曰：未济，亨，柔得中②也。小狐汔济，未出中也。濡其尾，无攸利，不续终也。虽不当位③，刚柔应④也。

注释：①汔：极浅的河流。②柔得中：指六五以阴爻居于上离的正中。③不当位：本卦与既济卦正好相反，阳爻均居于二、四、上阴位，阴爻均居于初、三、五阳位，所以说不当位。④刚柔应：指初六与九四、九二与六五、六三与上九均阴阳相应。

火水未济　明·《断易天机》

此卦孔子穿九曲明珠未彻卜得，乃遇二女方始穿得也。
解曰：一人提刀斧，乃有威也。一虎坐，乃无威也。一旗卓在山上，期信也。一人取旗，立信也。梯子有到字，有等级可至也，故曰未济终须济。

▲《象》曰：火在水上①，未济；君子以慎辨物居方。

◎初六：濡其尾，吝。

▲《象》曰：濡其尾，亦不知极也。

◎九二：曳其轮，贞吉。

▲《象》曰：九二贞吉，中以行正也。

◎六三：未济征凶，利涉大川。

▲《象》曰：未济征凶，位不当也。

◎九四：贞吉，悔亡；震②用伐鬼方，三年有赏于大国。

▲《象》曰：贞吉，悔亡，志行也。

◎六五：贞吉，无悔；君子之光，有

注释：①火在水上：上离为火，下坎为水。②震：强有力。

孚,吉。

▲《象》曰:君子之光,其晖吉也。

◎上九:有孚于饮酒,无咎;濡其首,有孚失是①。

▲《象》曰:饮酒濡首,亦不知节也。

注释:①是:代词,指"濡其首"的失误。

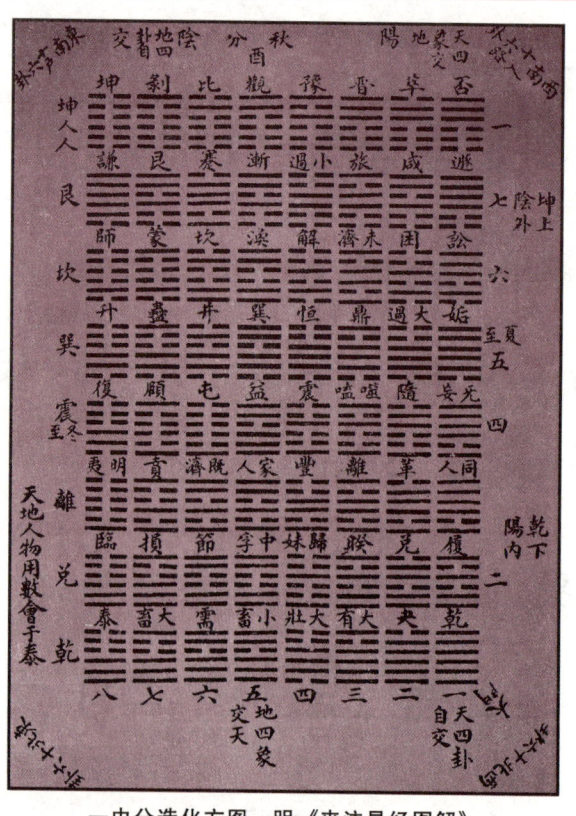

一中分造化方图 明·《来注易经图解》

系辞上传

建立卜筮图　清·《钦定书经图说》

第一章

天尊地卑,乾坤定矣。卑高以陈①,贵贱位矣。动静有常,刚柔断矣。方以类聚,物以群分,吉凶生矣。在天成象,在地成形,变化见现②矣。

是故刚柔相摩,八卦相荡。鼓之以雷霆,润之以风雨,日月运行,一

注释:①卑高以陈:尊高卑低展示在那里。②见:同现。

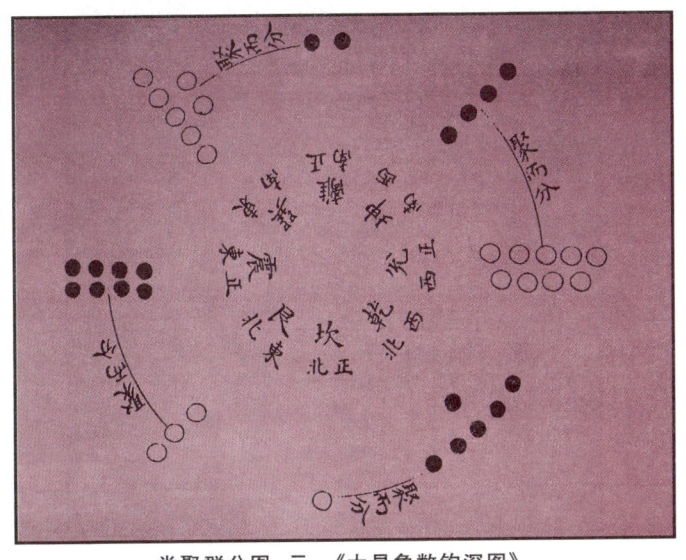

类聚群分图 元·《大易象数钩深图》

寒一暑,乾道成男,坤道成女。乾知大始,坤作成物。

乾以易知①,坤以简能。易则易知,简则易从。易知则有亲,易从则有功。有亲则可久,有功则可大。可久则贤人之德,可大则贤人之业。易简,而天下之理得矣。天下之理得,而成位乎其中矣。

注释:①知:智慧。

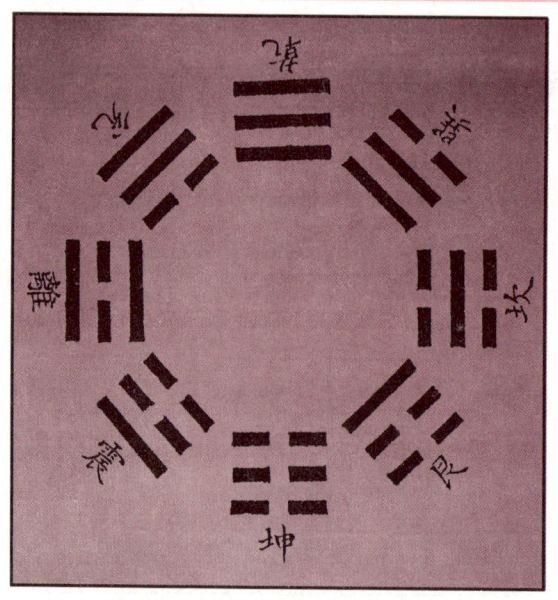

刚柔相摩图 元·《大易象数钩深图》

第二章

圣人设卦观象，系辞焉而明吉凶。刚柔相推而生变化，是故吉凶者，失得之象也。悔吝者，忧虞①之象也。变化者，进退之象也。刚柔者，昼夜之象也。六爻之动，三极②之道也。

是故君子所居而安者，《易》之序也；所乐而玩者，爻之辞也。是故君子居则观其象而玩其辞，动则观其变而玩其占。是故自天佑之，吉无不利。

注释：①虞：愁虑。②三极：指天、地、人。

第三章

彖①者，言乎象者也。爻者，言乎变者也。吉凶者，言乎其失得也。悔吝者，言乎其小疵也。无咎者，善补过也。是故，列贵贱者存乎位，齐小大者存乎卦，辨吉凶者存乎辞，忧悔吝者存乎介②，震③无咎者存乎悔。是故，卦有小大，辞有险易。辞也者，各指其所之④。

注释：①象：在这里指卦辞。②介：纤介，细小。③震：震动，惊惧。④所之：所往。

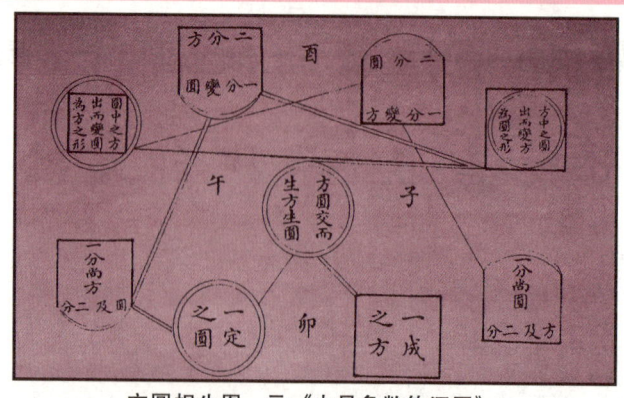

方圆相生图　元·《大易象数钩深图》

第四章

《易》与天地准①,故能弥纶②天地之道。仰以观于天文,俯以察于地理,是故知幽明之故。原始反终③,故知死生之说。精气为物,游魂为变,是故知鬼神之情状。

注释：①准：等同。②弥纶：统括。③原始反终：推原事物的开始去探求终结。

仰观天文图　元·《大易象数钩深图》

与天地相似，故不违。知①周乎万物而道济天下，故不过。旁行②而不流③，乐天知命，故不忧。安土④敦乎仁⑤，故能爱。

范围天地之化而不过，曲成⑥万物而不遗，通乎昼夜之道⑦而知，故神无方⑧而《易》无体⑨。

注释：①知：知识。②旁行：广泛推行。③流：流溢。④安土：安处当地。⑤敦乎仁：厚于仁，即很仁厚。⑥曲成：婉转生成。⑦昼夜之道：即一阴一阳之道。⑧无方：没有一定的形态。⑨无体：没有一定的模式。

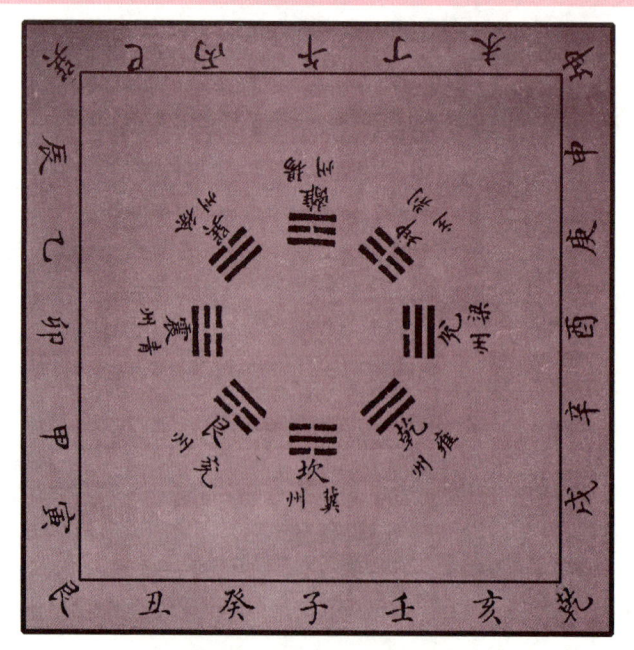

仰察地理图　元·《大易象数钩深图》

第五章

一阴一阳之谓道。继之者善也，成之者性也。仁者见之谓之仁，知（智）者见之谓之知（智），百姓日用而不知，故君子之道鲜①矣！

显诸②仁，藏诸用，鼓③万物而不与圣人同忧，盛德大业，至矣哉！富有之谓大业，日新之谓盛德。生生④之谓易，成象之谓乾，效法之谓坤，极数⑤知来之谓占，通变之谓事，阴阳不测之谓神。

注释：①鲜：少。②诸：之于。③鼓：鼓动，催生。④生生：变化不息。⑤极数：穷尽数理。孔颖达疏："谓穷极蓍策之数，豫知来事，占问吉凶，故云谓之占也。"

第六章

夫《易》，广矣大矣！以言乎远则不御①，以言乎迩②则静而正③，以言乎天地之间则备④矣！

夫乾，其静也专，其动也直，是以大生焉。夫坤，其静也翕⑤，其动也辟⑥，是以广生焉。广大配天地，变通配四时，阴阳之义配日月，易简之善配至德。

注释：①不御：无止境。②迩：近。③静而正：精审而正确。④备：涵盖一切。⑤翕：闭拢。⑥辟：开张。

卦配方图　明·《来注易经图解》

第七章

子曰："《易》其至矣乎！"夫《易》，圣人所以崇德而广业也。知(智)崇礼卑，崇效天，卑法地。天地设位，而《易》行乎其中矣。成性①存存②，道义之门。

注释：①成性：成就美善的德性。②存存：存其所应存。

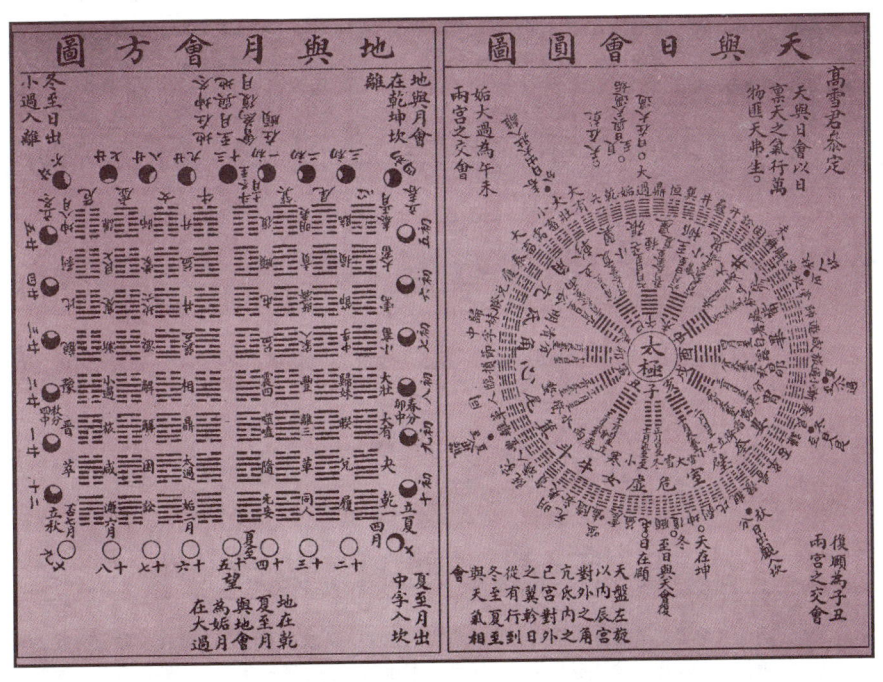

天与日会圆图　地与月会方图　明·《来注易经图解》

第八章

圣人有以见天下之赜①，而拟诸其形容，象其物宜②，是故谓之象③。圣人有以见天下之动，而观其会通④，以行其典礼⑤，系辞焉以断其吉凶，是故谓之爻。言天下之至赜，而不可恶⑥也。言天下之至动，而不可乱⑦也。拟之而后言，议之而后动，拟议以成其变化。

"鸣鹤在阴，其子⑧和之；我有好爵⑨，吾与尔靡⑩之。"子曰："君子居其室，出其言善，则千里之外应之，

注释：①赜：杂乱，纷繁。②物宜：事物讨厌或恰当的意义。③象：卦象。④会通：融会贯通。⑤典礼：常规仪式。⑥恶：此处解为小看。⑦乱：乖违顺序。⑧子：伴侣。⑨爵：本义为酒器，此处指酒。⑩靡：分散，共享。

况其迩者乎？居其室，出其言不善，则千里之外违之，况其迩①者乎？言出乎身，加乎②民；行发乎迩，见（现）乎远。言行，君子之枢机③。枢机之发，荣辱之主也。言行，君子之所以动天地也，可不慎乎？"

"同人，先号咷而后笑。"子曰："君子之道，或出④或处⑤，或默或语，二人同心，其利断金；同心之言，其臭⑥如兰。"

"初六，藉⑦用白茅，无咎。"子曰："苟错（措）诸地⑧而可矣，席用白茅，何咎之有？慎之至也。夫茅之为物薄，而用可重也。慎斯术也以往，

注释：①迩：近。②加乎：影响到。③枢机：关键部位。④出：指从政。⑤处：指在家不仕。⑥臭：气味。一说臭音 chòu，义为香气。⑦藉：衬垫。⑧苟错诸地：随便放在地上。错，通措。

其无所失矣。"

"劳谦①，君子有终，吉。"子曰："劳而不伐②，有功而不德③，厚之至也。语④以其功下人者也。德言⑤盛，礼言恭。谦也者，致恭以存其位者也。"

"亢龙有悔。"子曰："贵而无位，高而无民，贤人在下位而无辅，是以动而有悔也。"

"不出户庭，无咎。"子曰："乱之所生也，则言语以为阶。君不密则失臣，臣不密则失身⑥，几事⑦不密则害成。是以君子慎密而不出也。"

注释：①劳谦：勤劳而谦虚。②伐：自我夸耀。③不德：不自居其德。④语：这是说。⑤言：讲求。⑥失身：丢脑袋。⑦几事：机密的事。

子曰："作《易》者其知盗①乎？《易》曰：'负且乘，致寇至。'负也者，小人之事也；乘也者，君子之器也。小人而乘君子之器，盗思夺之矣！上慢下暴②，盗思伐之矣！慢藏诲③盗，冶容④诲淫。《易》曰：'负且乘，致寇至。'盗之招也。"

注释：①知盗：了解盗贼的心理。②上慢下暴：上面轻慢，下面强横。③诲：唆使。④冶容：打扮妖冶。

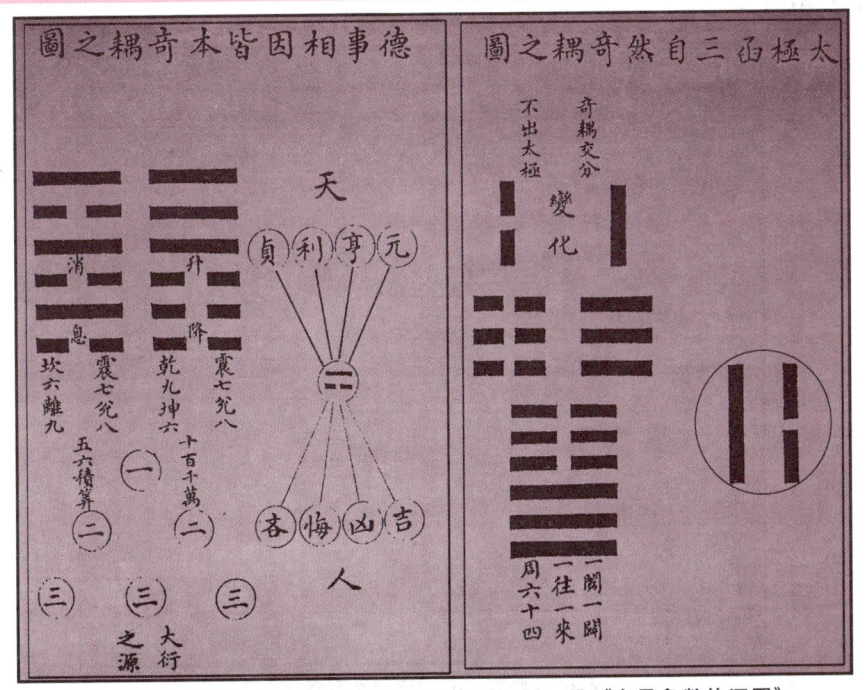

德事相因皆本奇耦之图　太极函三自然奇耦之图　元·《大易象数钩深图》

第九章

天一地二，天三地四，天五地六，天七地八，天九地十。天数五，地数五，五位相得而各有合。天数二十有又五，地数三十。凡天地之数五十有又五。此所以成变化而行鬼神也。

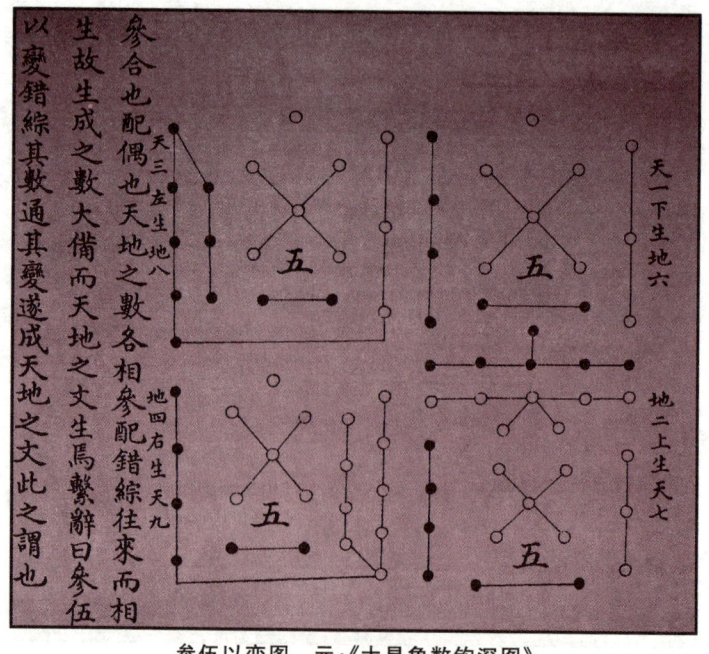

参伍以变图　元·《大易象数钩深图》

大衍之数五十①，其用四十有九②。分而为二以象两，挂一以象三，揲③之以四以象四时，归奇④于扐⑤以象闰，五岁再闰，故再扐而后挂。

注释：①五十：应为五十有五（天数二十有五，地数三十）。②其用四十有九：用于演算的蓍草只有四十九根。③揲：数。④奇：奇零。⑤扐：手指之间。

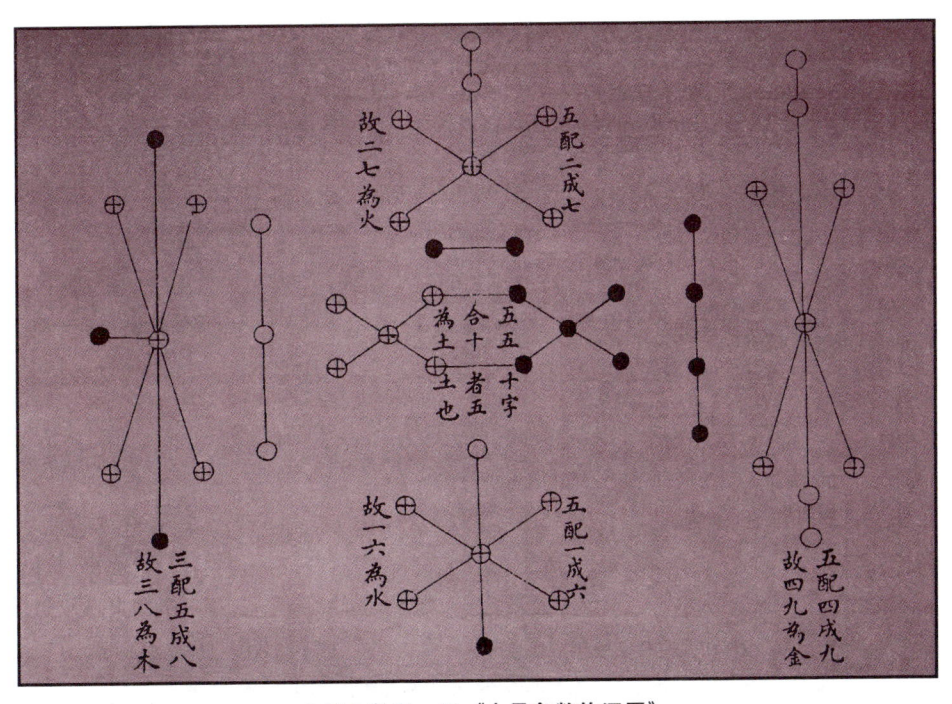

大衍之数图　元·《大易象数钩深图》

乾之策，二百一十有六。坤之策①，百四十有四。凡三百有六十，当期②之日。二篇之策，万有一千五百二十，当万物之数也。

是故四营而成易，十有八变而成卦，八卦而小成。引而伸之，触类而长之，天下之能事毕矣。

注释：①策：一根蓍草。②期：一年。

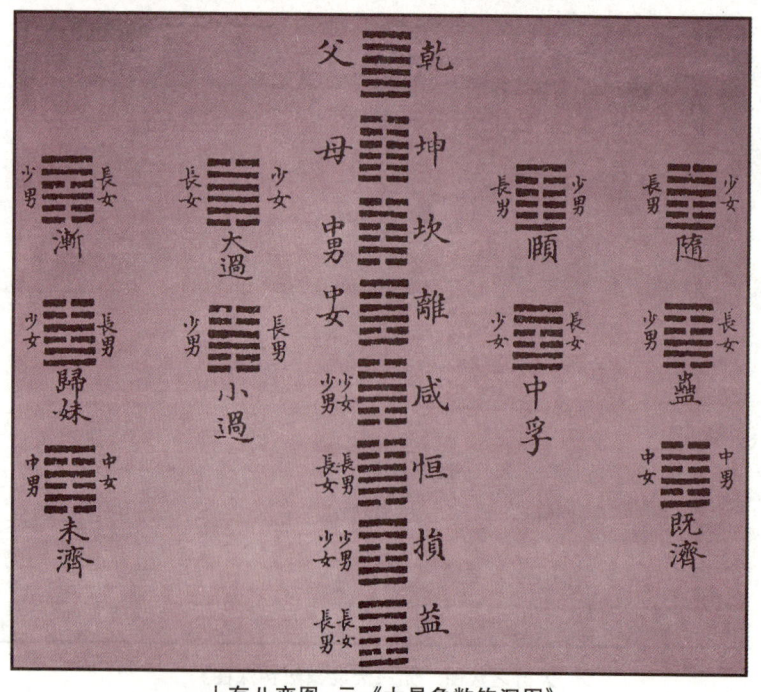

十有八变图 元·《大易象数钩深图》

显道，神德行，是故可与酬酢[1]，可与佑神矣。子曰："知变化之道者，其知神之所为乎！

《易》有圣人之道四焉：以言者尚其辞，以动者尚其变，以制器者尚其象，以卜筮者尚其占。"

注释：①酬酢：宾主对饮，引申为应对万物。

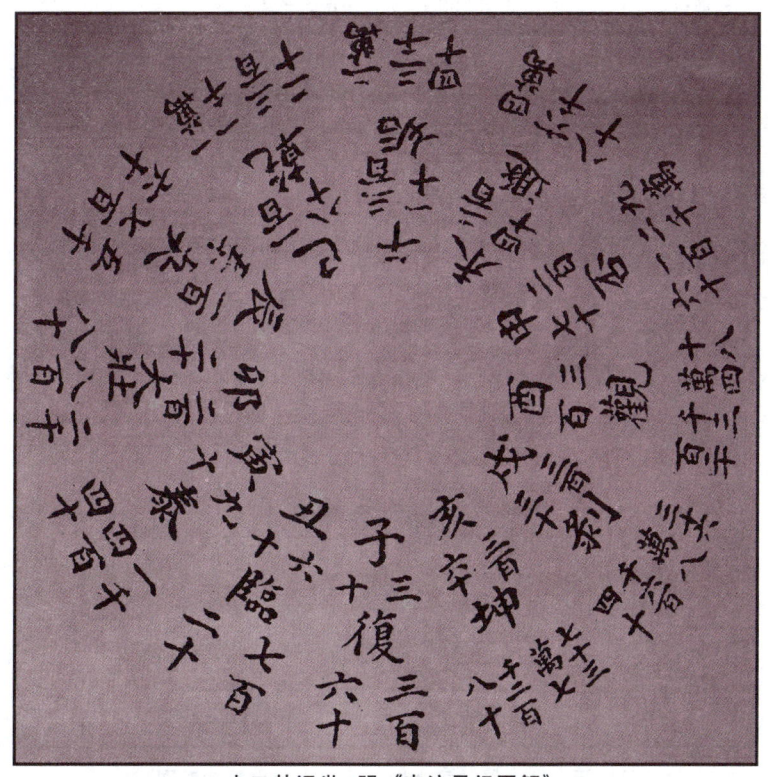

十二卦运世 明·《来注易经图解》

第十章

是以君子将以有为也,将以有行也,问焉而以言①,其受命也如响②,无有远近幽深,遂知来物。非天下之至精,其孰③能与于此?

注释:①问焉而以言:用言语去提问。②如响:如响应声。③孰:谁。

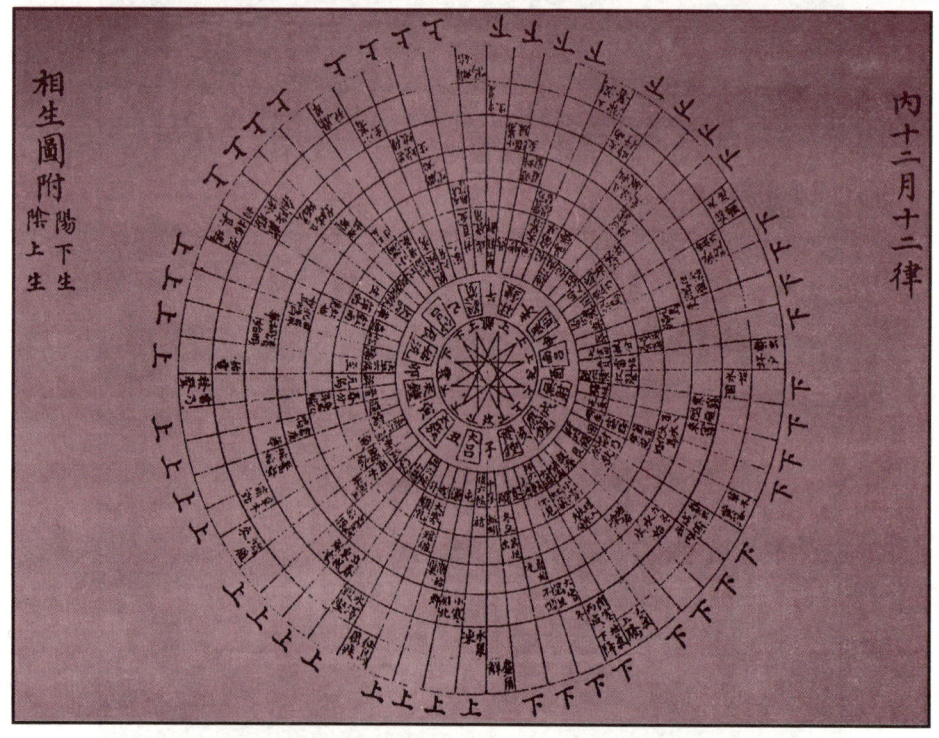

日月运行一寒一暑卦气之图　元·《大易象数钩深图》

参三伍①以变,错综②其数。通其变,遂成天地之文;极③其数,遂定天下之象。非天下之至变,其孰能与于此?

《易》无思也,无为也,寂然不动,感④而遂通天下之故。非天下之致神,其孰能与于此?

注释:①参伍:三五无定。参,通三。伍,即五。②错综:错是爻画阴阳相反,综是卦体上下颠倒。③极:穷究。④感:感应。

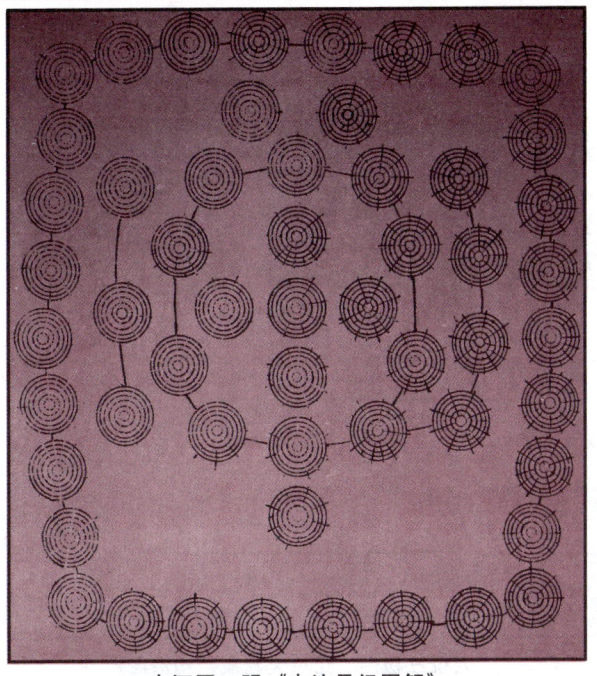

古河图　明·《来注易经图解》

夫《易》，圣人之所以极深而研几①也。惟深也，故能通天下之志；惟几也，故能成天下之务；惟神也，故不疾而速，不行而至。子曰"《易》有圣人之道四焉"者，此之谓也。

注释：①几：几微，微妙。

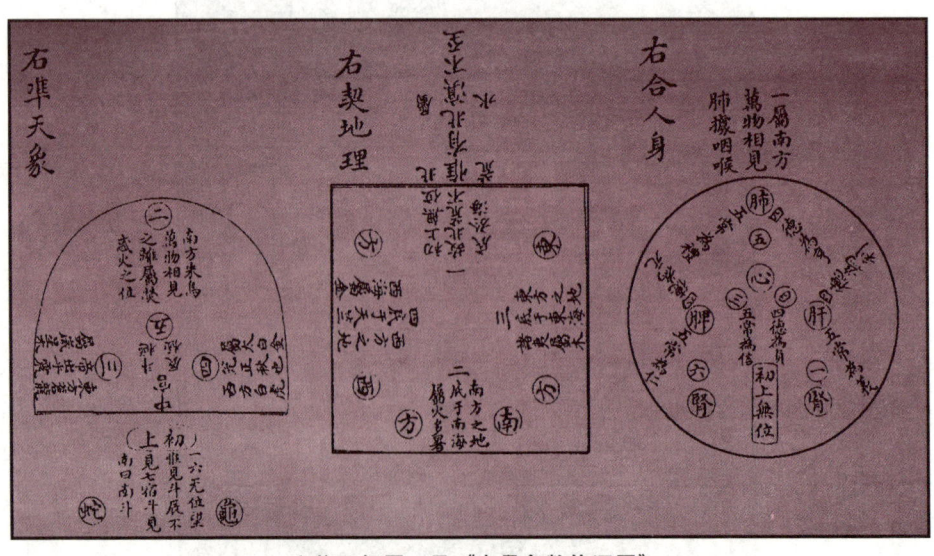

六位三极图　元·《大易象数钩深图》

第十一章

子曰："夫《易》，何为者也？夫《易》，开物①成务②，冒③天下之道，如斯而已者也。"是故圣人以通天下之志，以定天下之业，以断天下之疑。

注释：①开物：开发民智。②成务：成就事业。③冒：包容。

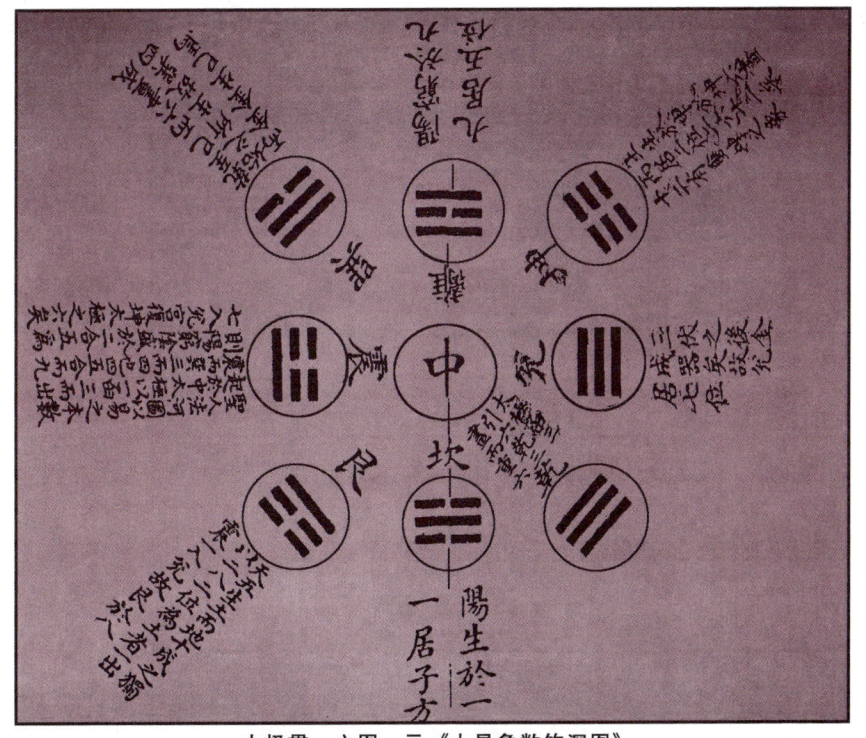

太极贯一之图　元·《大易象数钩深图》

是故蓍之德圆而神①，卦之德方以知[智]②，六爻之义易以贡③。圣人以此洗心，退藏于密，吉凶与民同患。神以知来，知[智]以藏往，其孰能与于此④哉！古之聪明睿知[智]神武而不杀⑤者夫！是以明于天之道，而察于民之

注释：①圆而神：圆通而神妙。②方以知：端正而通慧。知，同智。③贡：告诉人。④与于此：达到这样的境界。⑤杀：刑杀，残暴。

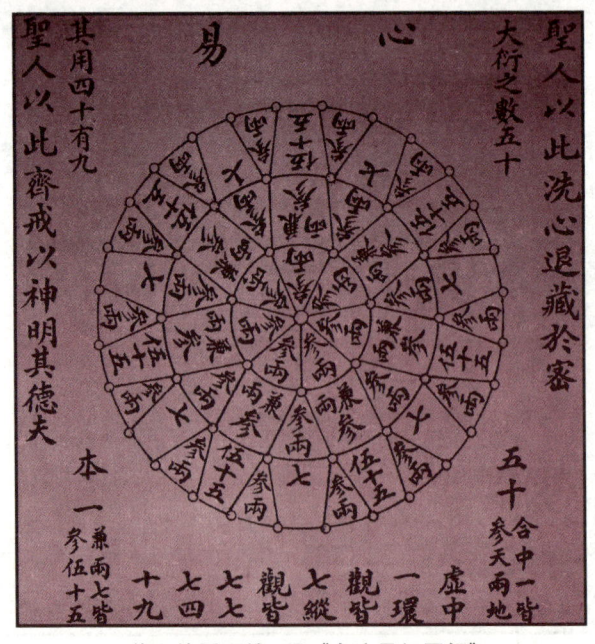

蓍之德圆而神　明·《来注易经图解》

故，是兴神物①以前民用。圣人以此斋戒，以神明其德夫！

是故阖②户谓之坤，辟③户谓之乾，一阖一辟谓之变；往来不穷谓之通。见现④乃谓之象，形⑤乃谓之器。制而用之，谓之法利用出入⑥，民咸⑦用之谓之神。

是故易有太极⑧，是生两仪⑨，两

注释：①神物：占筮之物。②阖：关闭。③辟：开启。④见：显示。⑤形：成形。⑥利用出入：指或这样或那样地反复利用前面所说的"法"。⑦咸：全。⑧太极：古代哲学家指天地阴阳未分时的混沌状态。⑨两仪：乾坤。

心易发微伏羲太极之图　明·《来注易经图解》

仪生四象①,四象生八卦,八卦定吉凶,吉凶生大业。

是故法象莫大乎天地;变通莫大乎四时;县(悬)象著明莫大乎日月;崇高莫大乎富贵;备物致用,立成器以为天下利,莫大乎圣人;探赜②索隐③,钩深④致远⑤,以定天下之吉凶,成天下之亹亹⑥者,莫大乎蓍龟。

是故天生神物⑦,圣人则之⑧;天地变化,圣人效之;天垂象,见(现)吉凶,圣人象之;河出图,洛出书,圣人则之。易有四象⑨,所以示也;系辞⑩焉,所以告也;定之以吉凶,所以断也。

注释:①四象:指太阳、太阴、少阳、少阴,为两仪自我或相互交叠而成。②探赜:探讨复杂事物。③索隐:索求隐秘。④钩深:钩稽深奥。⑤致远:达致远大。⑥亹亹:勤勉不倦。⑦神物:指蓍草和灵龟。⑧则之:以神物为则。⑨四象:即老阳、老阴、少阳、少阴。⑩系辞:在卦爻象下写几句话,不是指《系辞传》。

第十二章

《易》曰："自天祐之，吉无不利。"

子曰："祐者，助也。天之所助者，顺①也；人之所助者，信②也。履信思乎顺，又以尚贤也，是以'自天佑之，吉无不利'也。"

子曰："书③不尽言，言不尽意④。"然则圣人之意，其不可见现乎？

子曰："圣人立象以尽意，设卦以尽情伪⑤，系辞焉以尽其言，变而通之以尽利，鼓之舞之以尽神⑥。"

注释：①顺：顺从天道者。②信：笃守诚信者。③书：写出的文字。④意：思想。⑤情伪：真假。⑥神：神妙。

乾坤,其易之缊①邪?乾坤成列,而易立乎其中矣。乾坤毁,则无以见易;易不可见,则乾坤或几乎息矣。

是故形而上②者谓之道,形而下③者谓之器,化④而裁⑤之谓之变,推而行之谓之通,举而错⑥之天下之民谓之事业。

是故夫象,圣人有以见天下之赜⑦,而拟⑧诸其形容,象其物宜⑨,是故谓之象。圣人有以见天下之动,而观其会通,以行其典礼,系辞焉以断其吉凶,是故谓之爻。极天下之赜者存乎卦,鼓天下之动者存乎

注释:①缊:内涵。②形而上:存在于形体之上的,指精神。③形而下:存在于形体之下的,指物质。④化:融会其理。⑤裁:改造,控制。⑥错:通措,运用。⑦赜:杂乱。⑧拟:模拟。⑨物宜:事物适宜的意义。

辞；化而裁之存乎变，推而行之存乎通，神而明之存乎其人。默而成之，不言而信，存乎德行。

六十四致用之图 明·《来注易经图解》

华山仙掌图 明·谢时臣

此图绘华山仙掌峰景色。画上重峦叠嶂，溪水潺潺，仙掌峰兀立于中央，峭拔俊秀，山间古刹错落，石径蜿蜒曲折。云雾缭绕，气象幽深。

系辞下传

三兆习吉图 清·《钦定书经图说》

第一章

八卦成列，象在其中矣。因而重之，爻在其中矣。刚柔相推，变在其中矣。系辞焉而命之，动在其中矣。

吉凶悔吝者，生乎动者也；刚柔者，立本者也；变通者，趣时①者也。吉凶者，贞胜者也；天地之道，贞观②者也；日月之道，贞明者也；天下之动，贞夫一③者也。

夫乾，确然示人易矣；夫坤，隤然④示人简矣。爻也者，效此者也；象也者，像此者也。爻象动乎内，吉

注释：①趣时：趋时，顺应形势。趣，同趋，趋向。②贞观：正确昭示。③贞夫一：正于一。④隤然：柔顺地。

凶见(现)乎外，功业见(现)乎变，圣人之情见(现)乎辞。

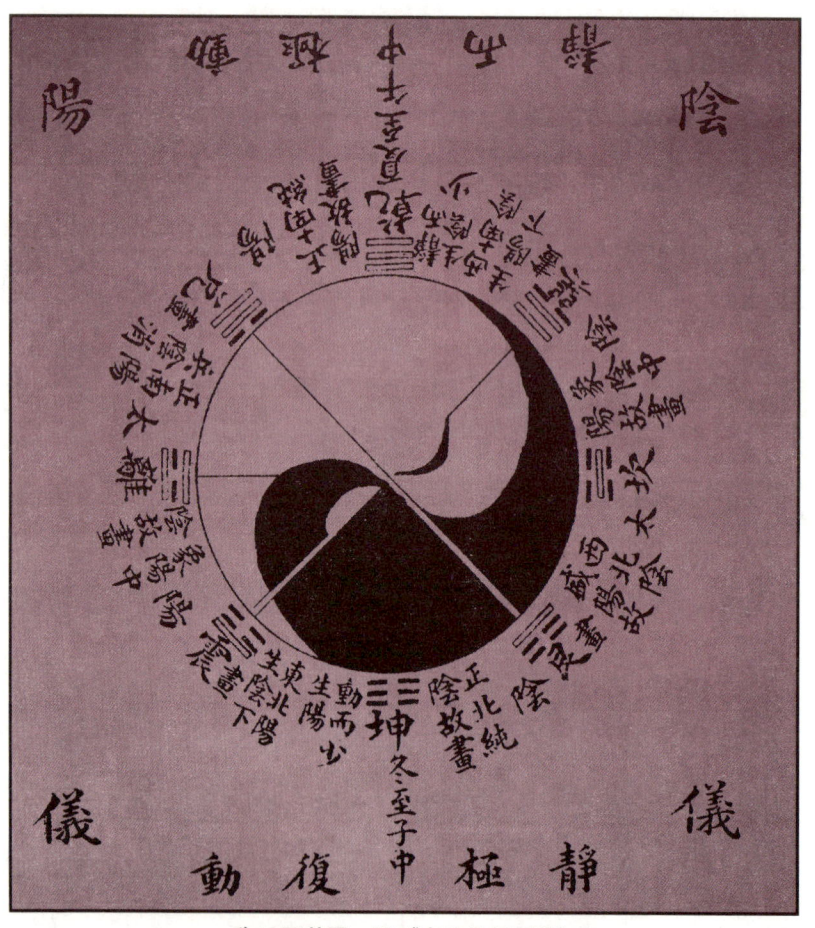

天地之大德曰生，圣人之大宝曰位。何以守位？曰仁。何以聚人？曰财。理财正辞，禁民为非曰义。

先天画卦图　明·《来注易经图解》

第二章

古者包牺氏①之王天下也，仰则观象于天，俯则观法于地，观鸟兽之文，与地之宜，近取诸身，远取诸物，于是始作八卦，以通神明之德，以类万物之情。作结绳而为罔（网）罟②，以佃（畋）③以渔，盖取诸离④。

注释：①包牺氏：即伏羲氏。包，本又作庖。②罔罟：取兽曰网，取鱼曰罟。③佃：通畋，狩猎。④离：离卦。以下同。

伏羲画八卦　清·《绘图二十四史通俗演义》

包牺氏没(殁),神农氏作,斫木为耜,揉(煣)木为耒,耒耨①之利,以教天下,盖取诸益。日中为市②,致天下之民,聚天下之货,交易而退,各得其所,盖取诸噬嗑。

神农氏没(殁),黄帝、尧、舜氏作,通其变,使民不倦;神而化之,使民宜之。易穷则变,变则通,通则久。是以自天佑之,吉无不利。

注释:①耒耨:耕种。耨,除草。②为市:做生意。

神农教民稼穑 清·《绘图二十四史通俗演义》

黄帝、尧、舜，垂衣裳而天下治，盖取诸乾坤。

刳①木为舟，剡②木为楫，舟楫之利，以济不通，致远以利天下，盖取诸涣。

服③牛乘马，引重致远以利天下，盖取诸随。

重门击柝④，以待暴客，盖取诸豫。

注释：①刳：挖空。②剡：削尖。③服：驾。④击柝：敲梆子，巡更。

西陵氏教民始蚕　清·《绘图二十四史通俗演义》

331

断木为杵,掘地为臼,臼杵之利,万民以济,盖取诸小过。

弦①木为弧,剡木为矢,弧矢之利,以威天下,盖取诸睽。

上古穴居而野处,后世圣人易之以宫室,上栋下宇,以待风雨,盖取诸大壮。

注释:①弦:弯曲。

有巢构木为巢 清·《绘图二十四史通俗演义》

古之葬者，厚衣之以薪，葬之中野，不封①不树②，丧期无数，后世圣人易之以棺椁，盖取诸大过。

上古结绳而治，后世圣人易之以书契，百官以治，万民以察，盖取诸夬。

注释：①封：垒土。②树：植树。

天皇定干支　明·《新刻按鉴编纂开辟衍绎通俗志传》

第三章

是故，易者象也。象也者，像也。象①者，材[裁]②也。爻也者，效天下之动也。是故，吉凶生，而悔吝著也。

注释：①象：指卦辞，不是《象传》。②材：裁度。

造化象数体用之图　明·《来注易经图解》

第四章

阳卦多阴,阴卦多阳,其故何也?阳卦奇①,阴卦耦②。其德行何也?阳一君③而二民④,君子之道也;阴二君而一民,小人之道也。

注释:①奇:单数。②耦:同偶,双数。③一君:指阳画。④二民:指阴画。

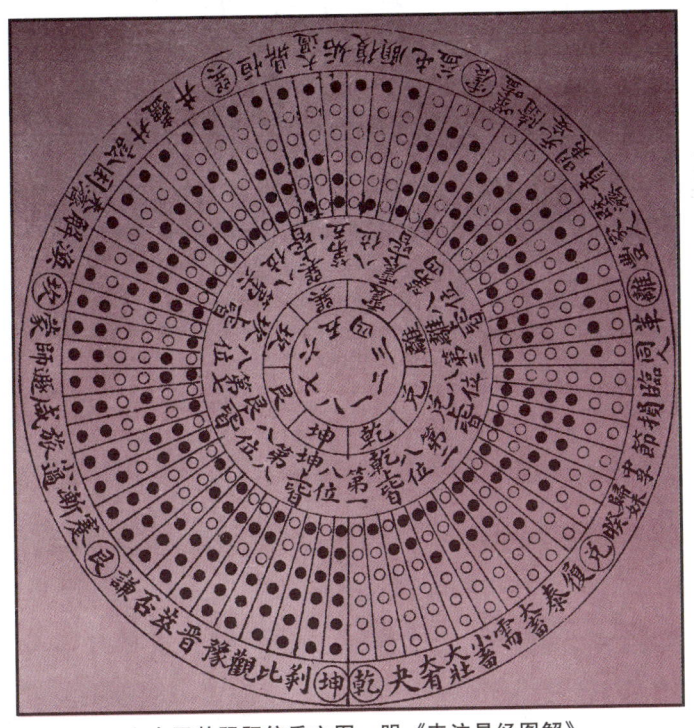

六十四卦阴阳倍乘之图 明·《来注易经图解》

第五章

《易》曰："憧憧往来，朋从尔思。"子曰："天下何思何虑？天下同归而殊涂，一致而百虑，天下何思何虑？日往则月来，月往则日来，日月相推而明生焉；寒往则暑来，暑往则寒来，寒暑相推而岁成焉。往者屈也，来者信（伸）①也，屈信（伸）相感而利生焉。尺蠖②之屈，以求信（伸）也；龙蛇之蛰③，以存身也。精义入神，以致用也；利用安身，以崇德也。过此以往，未之或知也。穷神知化，德之

注释：①信：通伸。②尺蠖：一种昆虫，爬行时一屈一伸的。③蛰：动物冬眠。

盛也。"

《易》曰:"困于石,据于蒺藜①,入于其宫,不见其妻,凶。"子曰:"非所困而困焉,名必辱;非所据而据焉,身必危。既辱且危,死期将至,妻其可得见邪耶?"

注释:①蒺藜:一种有刺的植物。

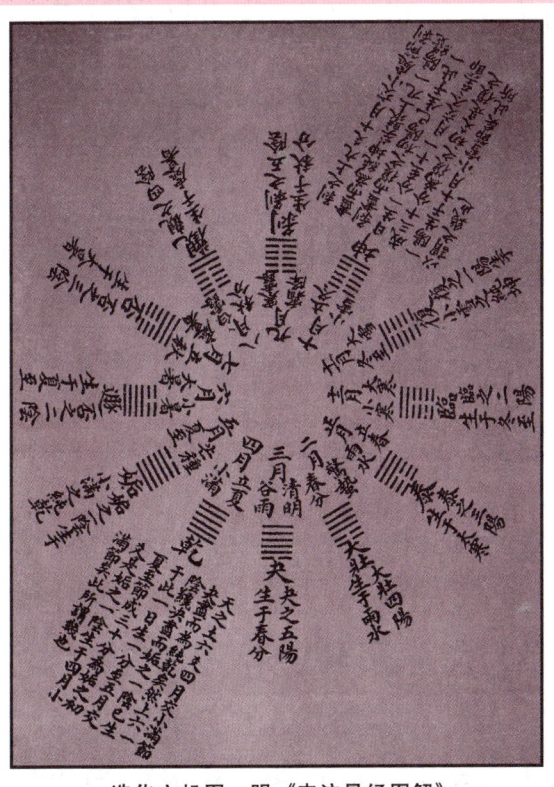

造化之机图　明·《来注易经图解》

《易》曰："公用射隼①于高墉之上，获之无不利。"子曰："隼者，禽也；弓矢者，器也；射之者，人也。君子藏器于身，待时而动，何不利之有？动而不括，是以出而有获。语成器而动者也。"

子曰："小人不耻不仁，不畏不义②，不见利不劝③，不威不惩④。小惩而大诫⑤，此小人之福也。《易》曰'屦校灭趾，无咎'，此之谓也。善不积，不足以成名；恶不积，不足以灭身。小人以小善为无益而弗为也，以小恶为无伤而弗去也。故恶积而

注释：①隼：一种猛禽。②不畏不义：指不畏正理。③劝：勤勉。④惩：警戒。⑤诫：告诫。

不可掩，罪大而不可解。《易》曰：'何荷校灭耳，凶。'"

子曰："危者，安其位者也；亡者，保其存者也；乱者，有其治者也。是故，君子安而不忘危，存而不忘亡，治而不忘乱，是以身安而国家可保也。《易》曰：'其亡其亡，系于包桑。'"

日月会次舍图　明·《来注易经图解》

子曰:"德薄而位尊,知[智]①小而谋大,力小而任重,鲜不及矣。《易》曰:'鼎折足,覆公𫗧②,其形渥③,凶。'言不胜其任也。"

子曰:"知几④其神乎?君子上交不谄⑤,下交不渎⑥,其知几乎?几者,动之微,吉之先见[现]者也。君子见几而作,不俟⑦终日。《易》曰:'介⑧于石,不终日,贞吉。'介于石焉,宁用终日?断可识矣!君子知微知彰,知柔知刚,万夫之望。"

子曰:"颜氏之子,其殆⑨庶几⑩乎?有不善,未尝不知;知之,未尝

注释:①知:同智。②𫗧:稀饭。③渥:沾濡腥䪱。④几:几微,事物的苗头。⑤谄:谄媚,巴结。⑥渎:轻慢,马虎。⑦俟:等到。⑧介:耿介。⑨殆:大概。⑩庶几:差不多。

复行也。《易》曰：'不远复，无祗悔①，元吉。'"

"天地絪缊②，万物化醇。男女构精，万物化生。《易》曰：'三人行，则损一人；一人行，则得其友。'言致一也。"

子曰："君子安其身而后动，易其心而后语，定其交而后求。君子修此三者，故全也。危以动，则民不

注释：①祗悔：大悔。②絪缊：同氤氲，指阴阳交感。

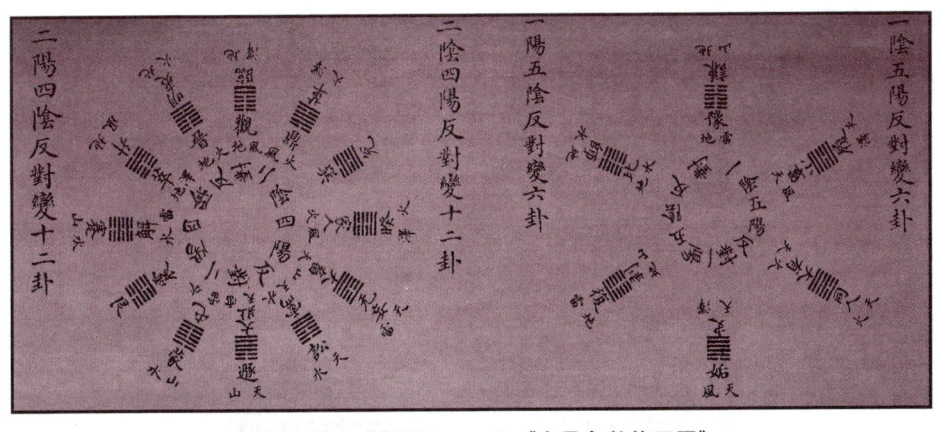

六十四卦反对变图之一　元·《大易象数钩深图》

与也；惧以语，则民不应也；无交而求，则民不与也。莫之与，则伤之者至矣。《易》曰：'莫益之，或击之，立心勿恒，凶。'"

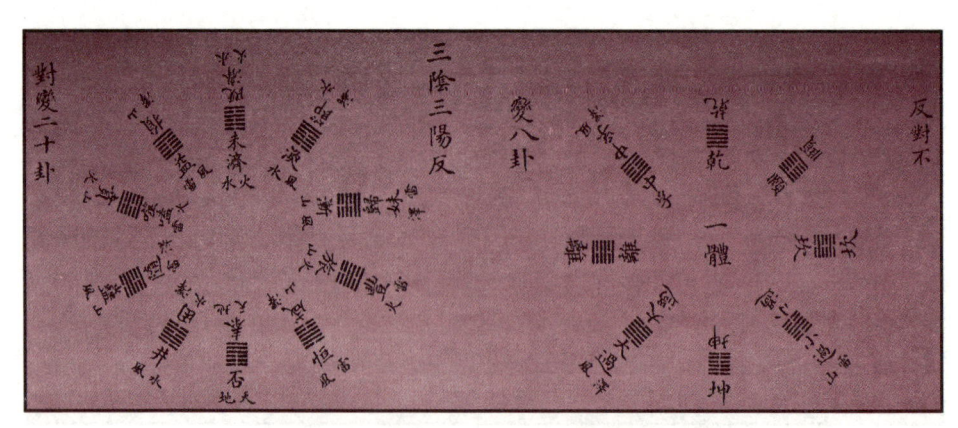

六十四卦反对变图之二　元·《大易象数钩深图》

第六章

子曰："乾坤其《易》之门邪？乾，阳物也；坤，阴物也。阴阳合德而刚柔有体，以体天地之撰①，以通神明之德。其称名②也，杂而不越③。于稽④其类，其衰世之意邪？"

子曰："夫《易》，彰往而察来，而微显阐幽⑤，开⑥而当名，辨物正言，断辞则备矣。其称名也小，其取类也大。其旨远，其辞文，其言曲而中，其事肆而隐。因贰⑦以济民行，以明失得之报。"

注释：①撰：营作。②称名：用辞称述的物名。③越：逾越。④稽：考察。⑤微显阐幽：应为显微阐幽，显示精深，阐发幽隐。⑥开：开释，解释。⑦贰：指阴、阳两方面的道理。

343

第七章

《易》之兴也，其于中古乎！作《易》者，其有忧患乎！

是故，履①，德之基也；谦，德之柄也；复，德之本也；恒，德之固也；损，德之修也；益，德之裕也；困，德之辨也；井，德之地也；巽，德之制也。

履，和而至；谦，尊而光；复，小而辨于物；恒，杂而不厌；损，先难而后易；益，长裕②而不设③；困，穷而通；井，居其所而迁；巽，称④而隐。

注释：①履：卦名，下同。②裕：有助于人。③设：自我称赏，也可作虚设、造作解。④称：合乎道德要求。

履，以和行；谦，以制礼；复，以自知；恒，以一德；损，以远害；益，以兴利；困，以寡怨；井，以辨义；巽，以行权。

六十四卦生自两仪图　明·《来注易经图解》

第八章

《易》之为书也不可远,为道也屡迁。变动不居①,周流六虚②,上下无常,刚柔相易,不可为典要③,唯变所适。其出入以度,外内使知惧,又明于忧患与故,无有师保④,如临父母。初率其辞而揆其方⑤,既有典常。苟非其人,道不虚行。

注释:①居:停留。②六虚:六个虚着的爻位。③典要:固定的法则。④师保:师与保,古代教育贵族子弟的专职人员。⑤揆其方:揆度它的法则。

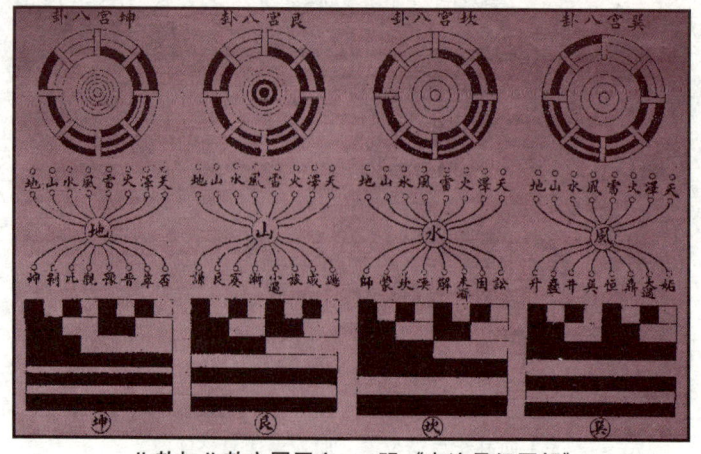

八卦加八卦方圆图之一　明·《来注易经图解》

第九章

《易》之为书也，原始①要终②，以为质③也。六爻相杂，唯其时物④也。其初难知，其上易知，本末也。初辞拟之，卒成之终。

注释：①原始：推究开始。②要终：求得结果。③质：卦体。④时物：时机与物象。

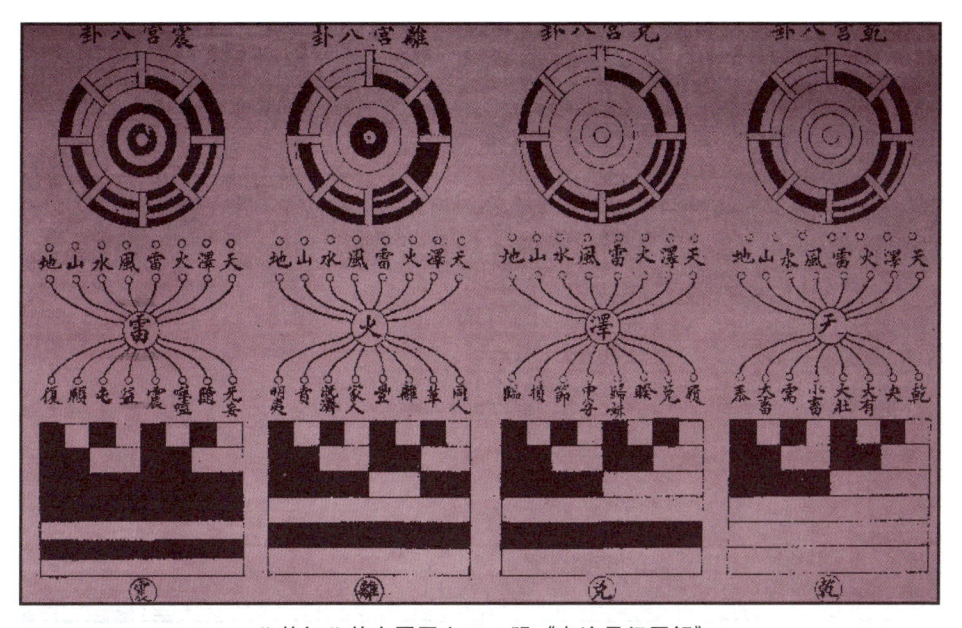

八卦加八卦方圆图之二　明·《来注易经图解》

若夫杂物撰德①，辨是与非，则非其中爻②不备。噫！亦要存亡吉凶，则居③可知矣。知(智)者观其象辞④，则思过半矣。二与四，同功而异位，其善⑤不同，二多誉，四多惧，近也⑥。柔之为道，不利远者，其要无咎，其用柔中也。三与五，同功而异位，三多凶，五多功，贵贱之等也。其柔危，其刚胜邪(耶)？

注释：①撰德：具列德性。②中爻：中间的爻位。③居：坐着不动。④象辞：卦辞。⑤善：优点。⑥近也：指接近至尊的第五个爻位。以臣近君，所以多惧。

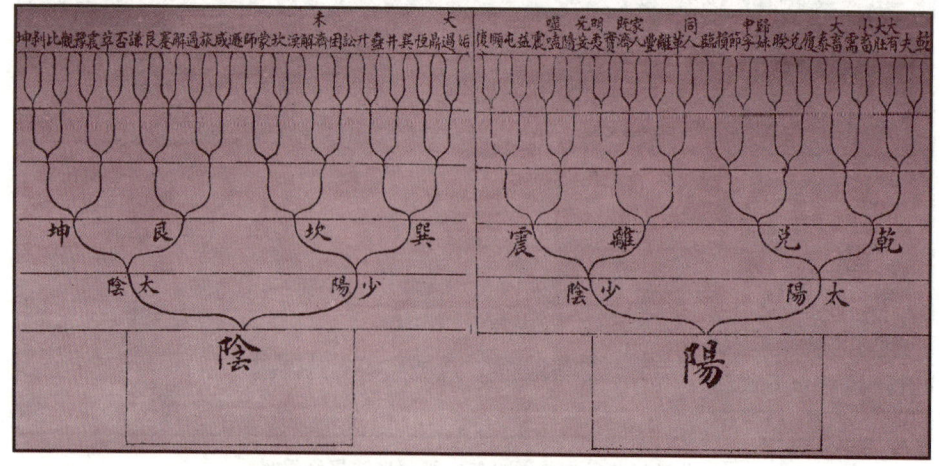

伏羲六十四卦次横图　明·《来注易经图解》

第十章

《易》之为书也，广大悉备，有天道焉，有人道焉，有地道焉。兼三才①而两之，故六。六者非它也，三才之道也。道有变动，故曰爻；爻有等②，故曰物；物相杂，故曰文；文不当，故吉凶生焉。

注释：①三才：天、地、人。②等：等级，类别。

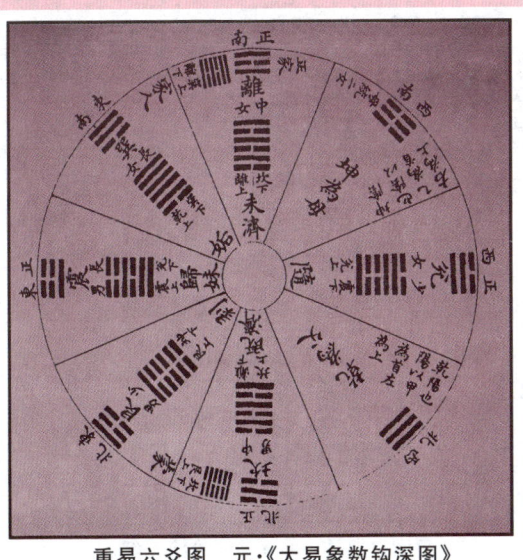

重易六爻图　元·《大易象数钩深图》

第十一章

《易》之兴也，其当殷之末世、周之盛德邪？当文王与纣之事邪？是故其辞危①。危者使平，易者使倾。其道甚大，百物不废②。惧以终始，其要无咎。此之谓《易》之道也。

注释：①危：有危机感。②不废：不休。废，衰败。

羲图之竖图　明·《来注易经图解》

第十二章

夫乾，天下之至健也，德行恒易①以知险②；夫坤，天下之至顺也，德行恒简以知阻。能说(悦)诸心，能研诸侯之③虑，定天下之吉凶，成天下之亹亹者。

注释：①易：平易。②险：艰险。③侯之：当为衍文。

八卦司化图　元·《大易象数钩深图》

是故，变化云为①，吉事有祥，象事知器，占事知来。天地设位，圣人成能。人谋鬼谋，百姓与能。八卦以象告，爻象以情言，刚柔杂居，而吉凶可见现矣！变动以利言，吉凶以情迁。是故爱恶相攻而吉凶生，远近相取而悔吝生，情伪②相感而利害

注释：①云为：有为。②情伪：真假。

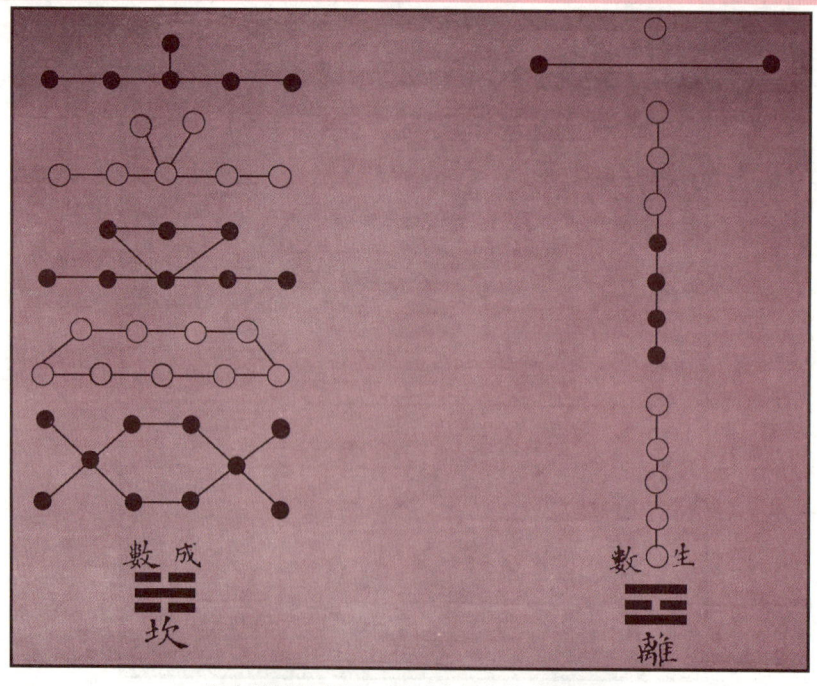

阳中阴阴中阳图　元·《大易象数钩深图》

生。凡易之情，近而不相得则凶，或害之，悔且吝。

将叛者，其辞惭，中心疑者其辞枝，吉人之辞寡，躁人之辞多，诬善之人其辞游，失其守者其辞屈。

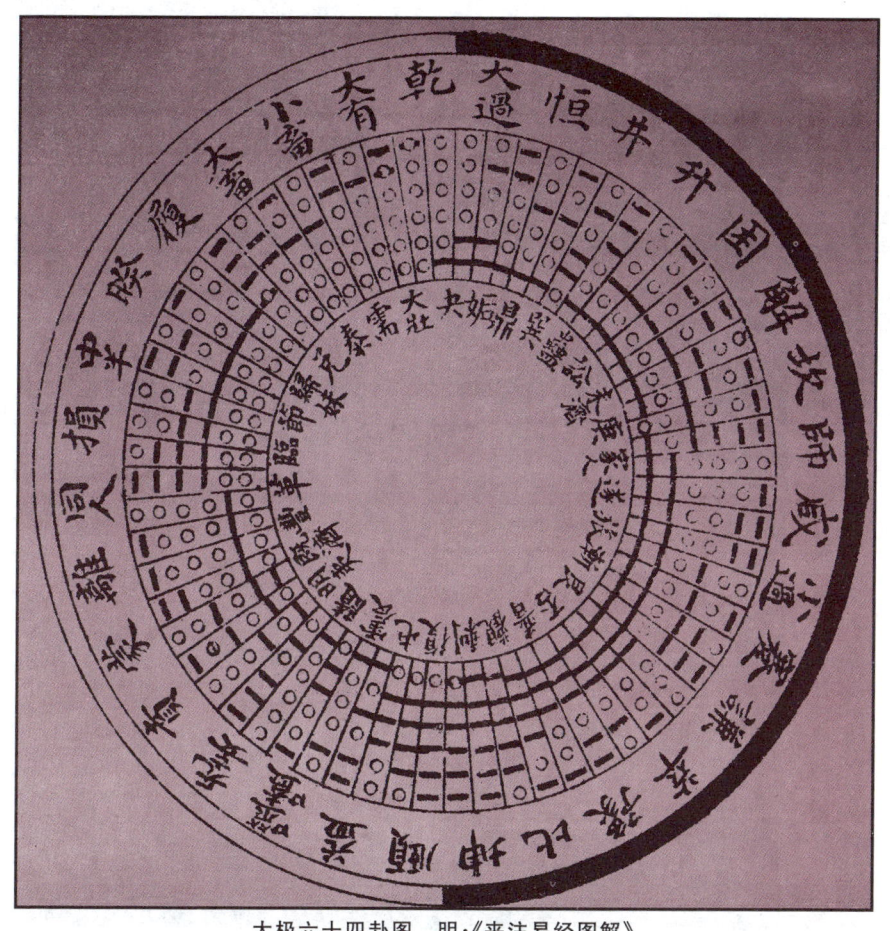

太极六十四卦图　明·《来注易经图解》

东山丝竹图　元·佚　名

本图表现的是东晋谢安隐居东山的故事。一座精致的庄院坐落于山谷中，主人在侍从的簇拥下正从外归来，堂前一群女乐已在演奏。背景处山势巍峨，云雾缭绕。画面气魄宏大，浓重的青绿设色显得庄重华丽。

说卦传

纳锡大龟图 清·《钦定书经图说》

第一章

昔者圣人之作《易》也，幽赞[①]于神明而生蓍[②]，参天两地[③]而倚数[④]，观变于阴阳而立卦，发挥于刚柔而生爻，和顺于道德而理于义，穷理尽性以至于命。

注释：①幽赞：暗中协助。②生蓍：用蓍草求卦。③参天两地：意思是天数为奇，地数为偶。④倚数：倚以立数。

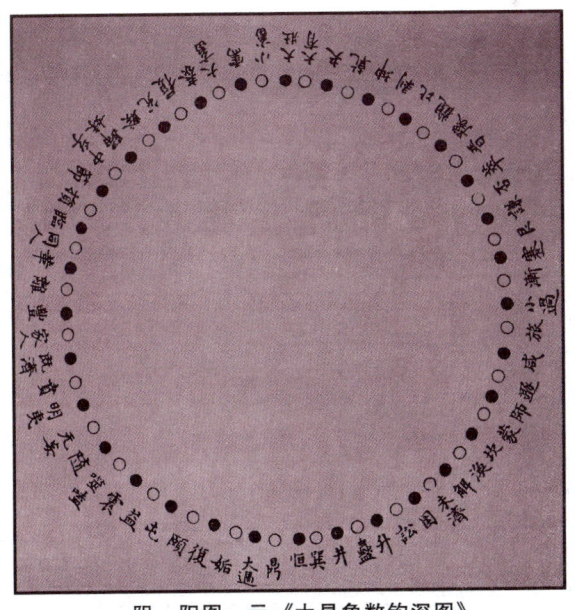

一阴一阳图　元·《大易象数钩深图》

第二章

昔者圣人之作《易》也，将以顺性命之理。是以立天之道，曰阴与阳；立地之道，曰柔与刚；立人之道，曰仁与义。兼三才而两之，故《易》六画而成卦；分阴分阳，迭用柔刚，故易六位而成章。

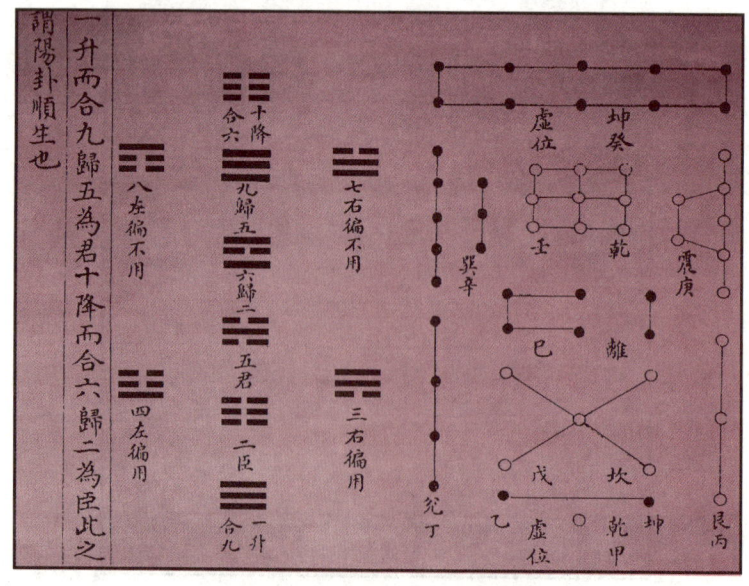

阳卦顺生　元·《大易象数钩深图》

第三章

天地定位,山泽通气,雷风相薄①,水火不②相射,八卦相错。数往者顺,知来者逆,是故《易》逆数③也。

注释:①薄:逼近,交相潜入、应和之义。②不:当为衍文。③逆数:指在《易经》中,六爻是由下往上数的。

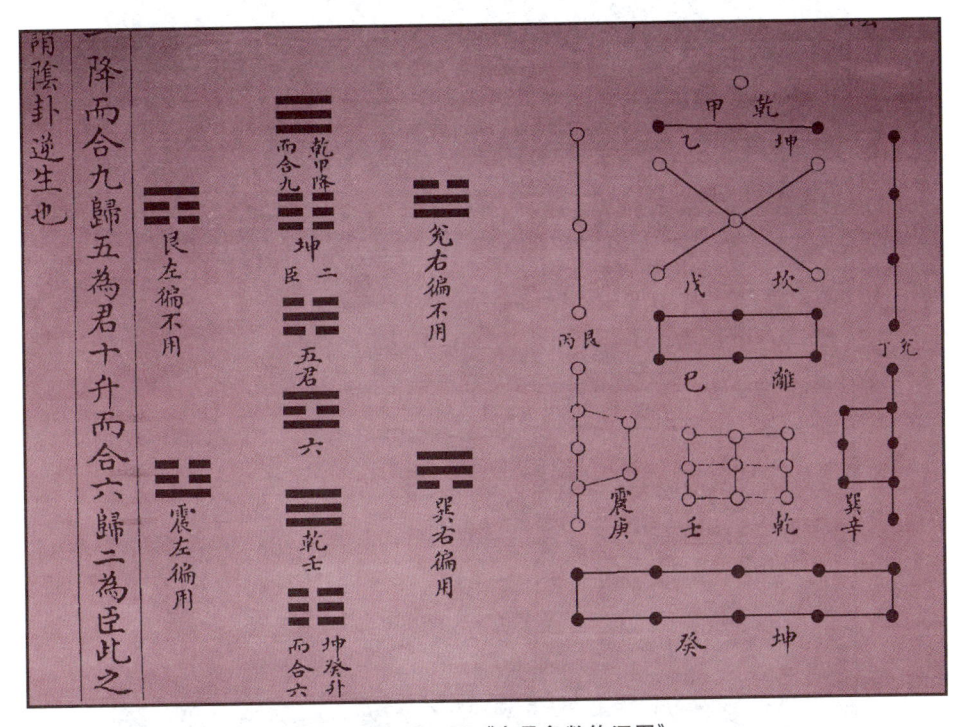

阴卦逆生图　元·《大易象数钩深图》

第四章

雷以动之，风以散之；雨以润之，日以烜①之；艮以止之，兑以说[悦]之；乾以君之，坤以藏之。

注释：①烜：晒。

二室翻经图 明·《程氏墨苑》

第五章

帝①出乎震，齐乎巽，相见乎离，致役②乎坤，说(悦)言乎兑，战乎乾，劳乎坎，成言乎艮。

万物出乎震，震，东方也。齐乎巽，巽，东南也；齐也者，言万物之絜(洁)齐也。离也者，明也，万物皆相见，南方之卦也；圣人南面而听天下，向明而治，盖取诸此也。

注释：①帝：天帝，或元气。②役：从事。

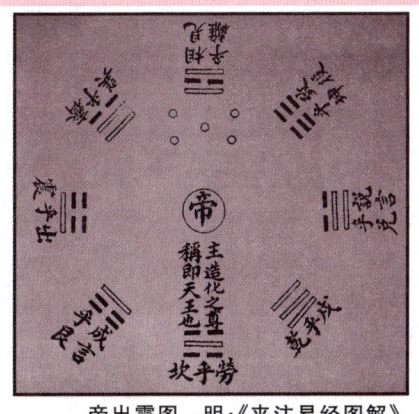

帝出震图　明·《来注易经图解》

坤也者，地也，万物皆致养焉，故曰致役乎坤。兑，正秋也，万物之所说（悦）也，故曰说（悦）言乎兑。战乎乾，乾，西北之卦也，言阴阳相薄也。坎者，水也，正北方之卦也，劳卦也，万物之所归①也，故曰劳乎坎。艮，东北之卦也，万物之所成终而所成始也，故曰成言乎艮。

注释：①归：归藏休息。

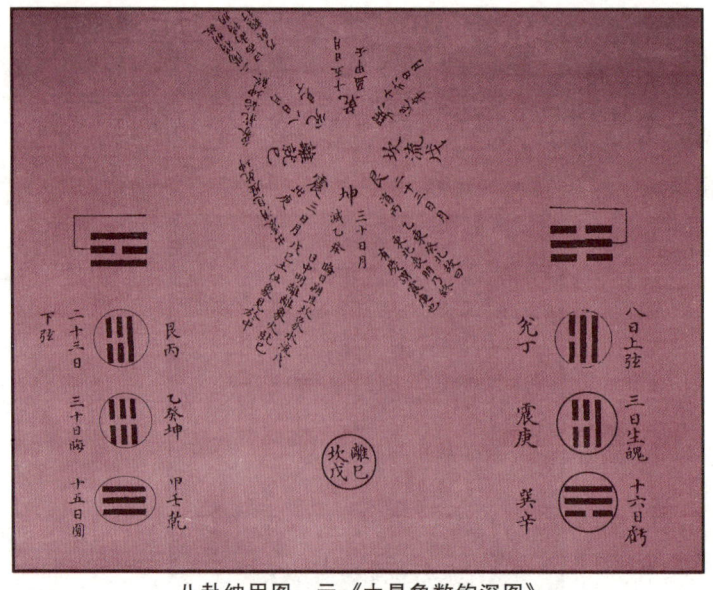

八卦纳甲图　元·《大易象数钩深图》

第六章

神也者,妙万物而为言者也。动万物者莫疾乎雷;桡①万物者,莫疾乎风;燥万物者,莫熯②乎火;说(悦)万物者,莫说(悦)乎泽;润万物者,莫润乎水;终万物始万物者,莫盛乎艮。故水火相逮③,雷风不相悖④,山泽通气,然后能变化,既成万物也。

注释:①桡:同挠,弯曲。这里指吹拂万物,或使舒发或使摧折。②熯:炽热。③逮:及。④悖:排斥。

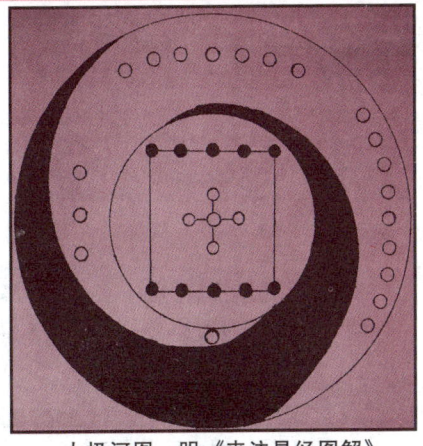

太极河图　明·《来注易经图解》

第七章

乾，健也；坤，顺也；震，动也；巽，入也；坎，陷也；离，丽也；艮，止也；兑，说[悦]也。

三变大成图 明·《程氏墨苑》

第八章

乾为马,坤为牛,震为龙,巽为鸡,坎为豕,离为雉,艮为狗,兑为羊。

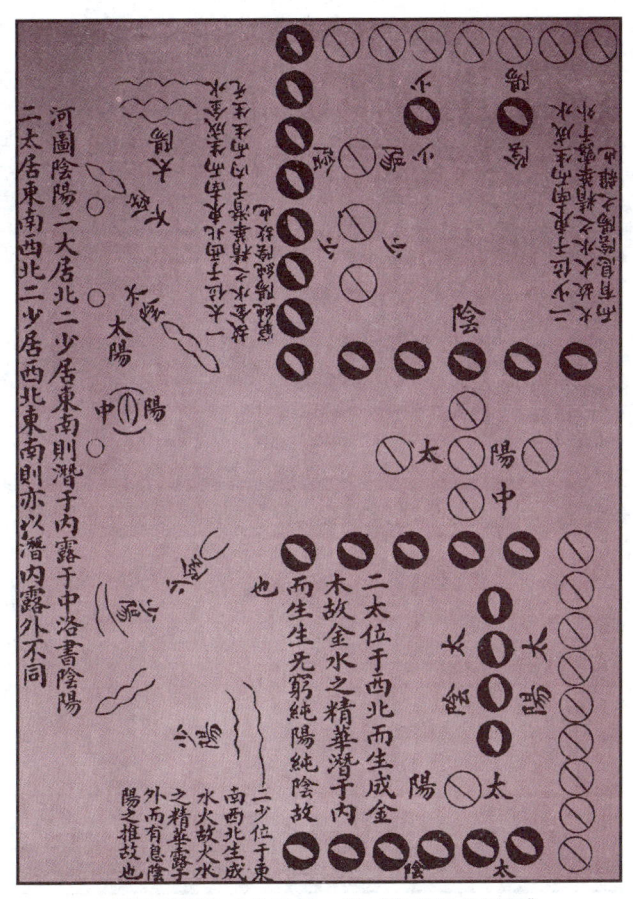

河洛阴阳生成纯杂图 明·《来注易经图解》

第九章

乾为首，坤为腹，震为足，巽为股，坎为耳，离为目，艮为手，兑为口。

方圆相生图　明·《来注易经图解》

第十章

乾，天也，故称父；坤，地也，故称母；震一索①而得男，故谓之长男②。巽一索而得女，故谓之长女③；坎再索而得男，故谓之中男；离再索而得女，故谓之中女；艮三索而得男，故谓之少男；兑三索而得女，故谓之少女。

注释：①一索：求之于第一爻。索，求合。②男：阳。③女：阴。

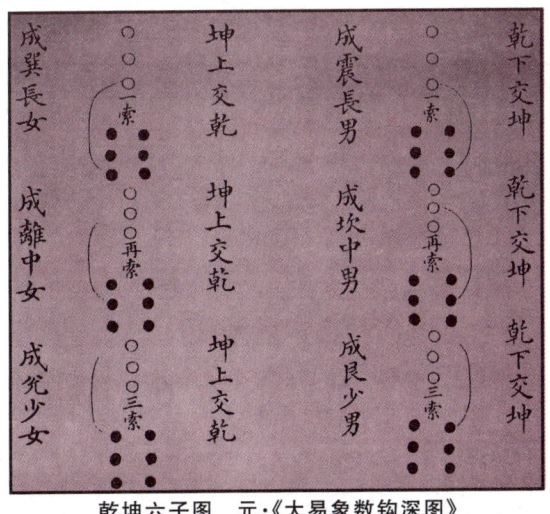

乾坤六子图　元·《大易象数钩深图》

第十一章

乾为天，为圜，为君，为父，为玉，为金，为寒，为冰，为大赤①，为良马，为老马，为瘠马，为驳马，为木果。

坤为地，为母，为布，为釜，为吝啬②，为均③，为子母牛④，为大舆，为文，为众，为柄，其于地也为黑。

震为雷，为龙，为玄黄，为旉⑤，为大涂⑥，为长子，为决躁⑦，为苍筤竹，为萑苇⑧。其于马也，为善鸣，为馵足⑨，为作足⑩，为的颡⑪。其于稼

注释：①大赤：大红，喻盛阳之色。②吝啬：指地矿深藏不露。③均：无有厚薄。④子母牛：指蕃育而顺。⑤旉：花朵。⑥涂：通途。⑦决躁：刚决躁动。⑧萑苇：蒹葭。⑨馵足：马后左脚毛白。⑩作足：举蹄腾跳。⑪的颡：白额头。

也，为反生①。其究为健，为蕃鲜②。巽为木，为风，为长女，为绳直，为工，为白，为长，为高，为进退，为不果，为臭〔嗅〕③。其于人也，为寡发，为广颡，为多白眼，为近利市三倍。其究为躁卦④。

注释：①反生：种子顶着果壳生长。②蕃鲜：茂盛鲜明。③臭：气味。④躁卦：好动的卦。

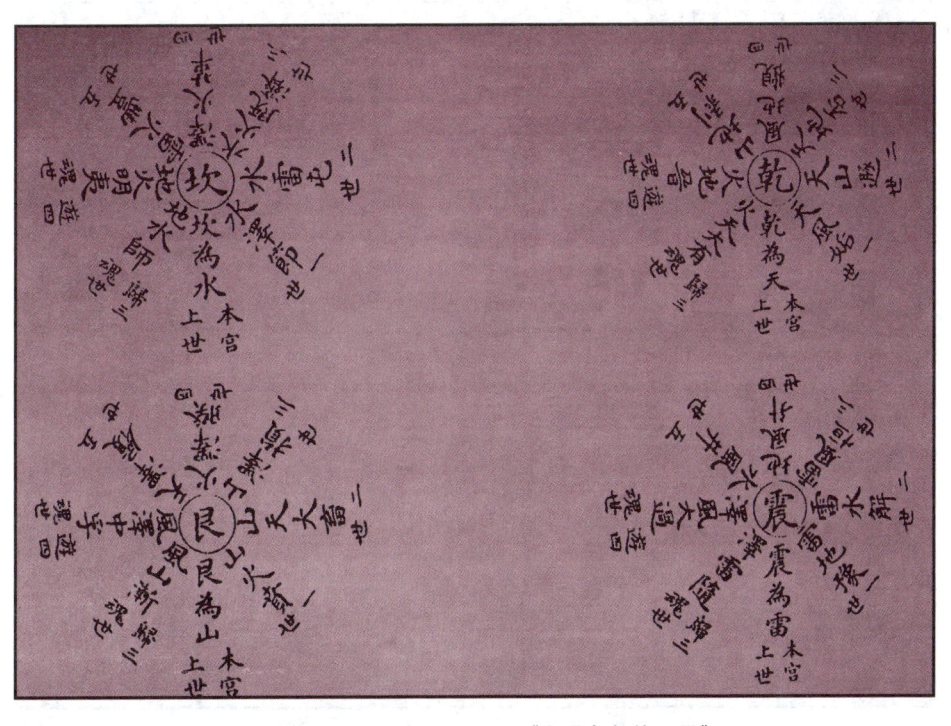

八卦变六十四卦图之一　元·《大易象数钩深图》

坎为水，为沟渎，为隐伏，为矫揉①，为弓轮。其于人也，为加忧，为心病，为耳痛，为血卦，为赤。其于马也，为美脊，为亟心②，为下首，为薄蹄，为曳③。其于舆也，为多眚④，为通，为月，为盗。其于木也，为坚多心。

注释：①矫揉：矫是变曲为直，揉是变直为曲。②亟心：焦急的心。③曳：拖曳，走不动。④多眚：多灾。

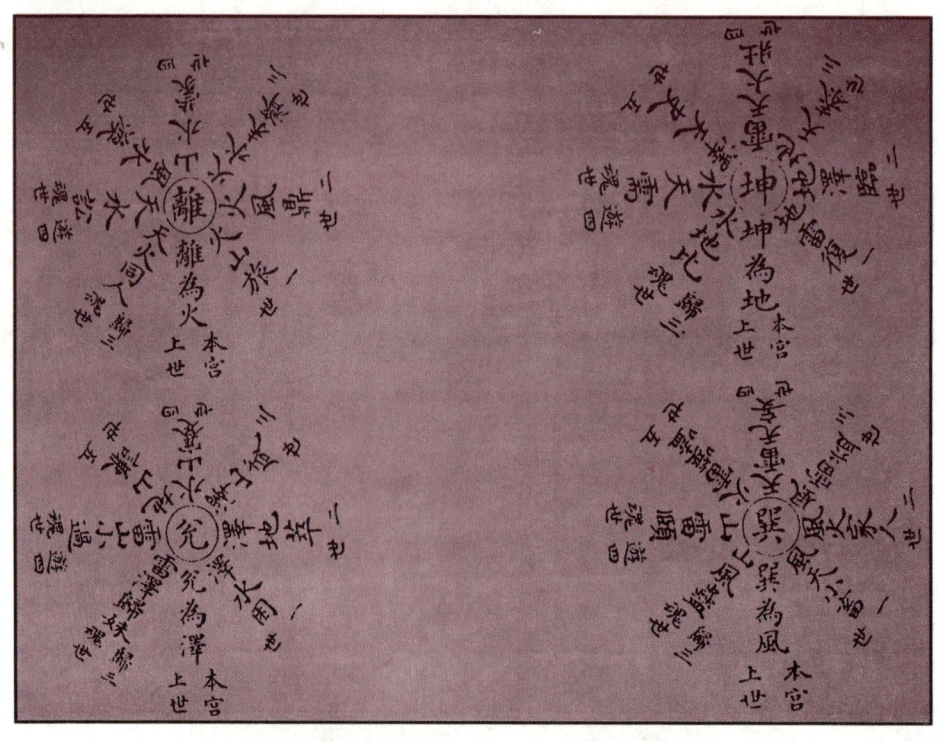

八卦变六十四卦图之二　元·《大易象数钩深图》

离为火，为日，为电，为中女，为甲胄，为戈兵。其于人也，为大腹；为干卦①；为鳖，为蟹，为蠃②，为蚌，为龟。其于木也，为科③上槁。

艮为山，为径路，为小石，为门阙，为果蓏④，为阍寺⑤，为指，为狗，为鼠，为黔喙⑥之属。其于木也，为坚多节。

兑为泽，为少女，为巫，为口舌，为毁折，为附决。其于地也，为刚卤⑦，为妾，为羊。

注释：①干卦：干燥的卦。②蠃：通螺。③科：借为棵，树干。④蓏：瓜类植物之果实。⑤阍寺：阍人和寺人。阍人是守宫门的，寺人即太监。⑥黔喙：黑嘴，借指猛禽。⑦刚卤：坚硬而贫瘠。

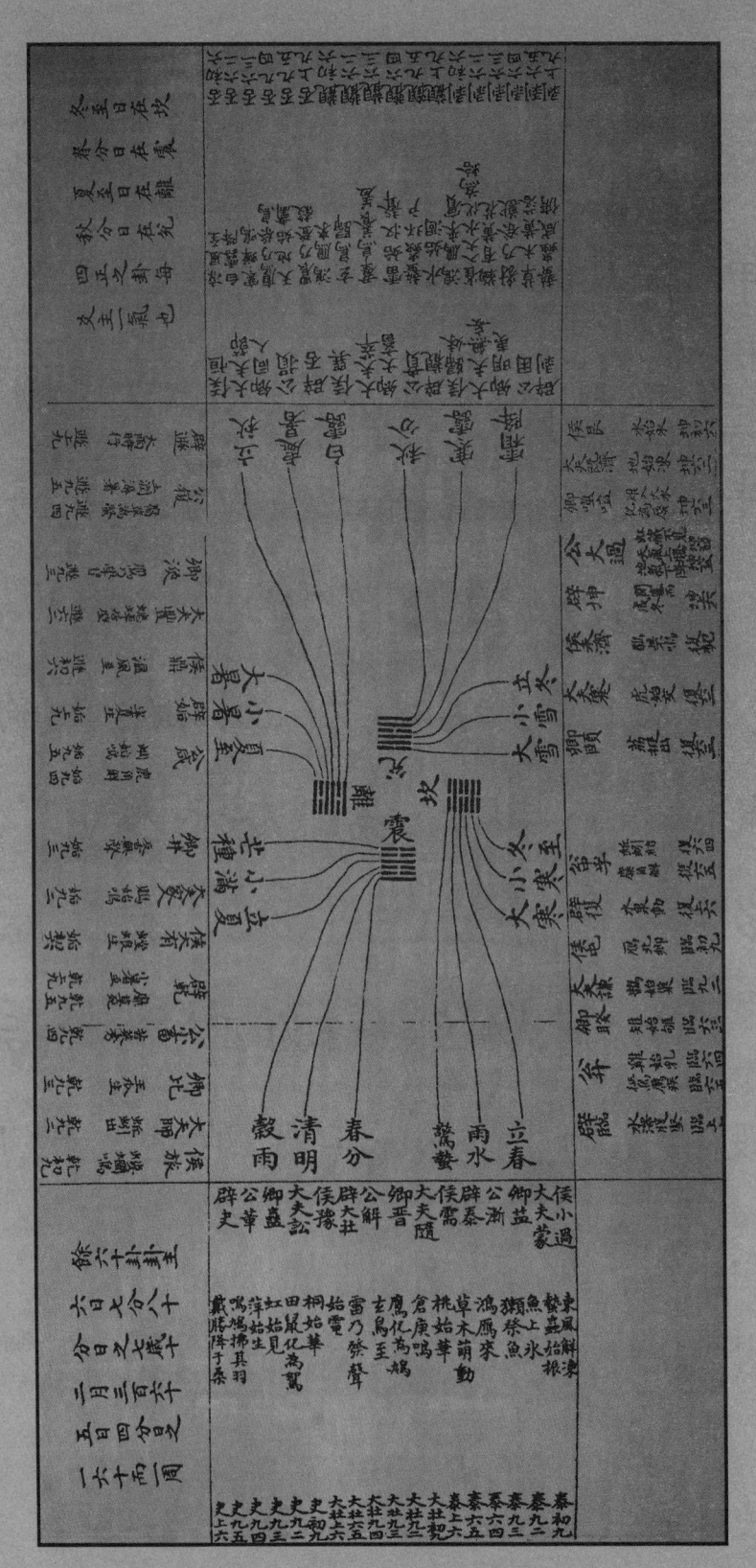

六十四卦卦气图　元·《大易象数钩深图》

序卦传

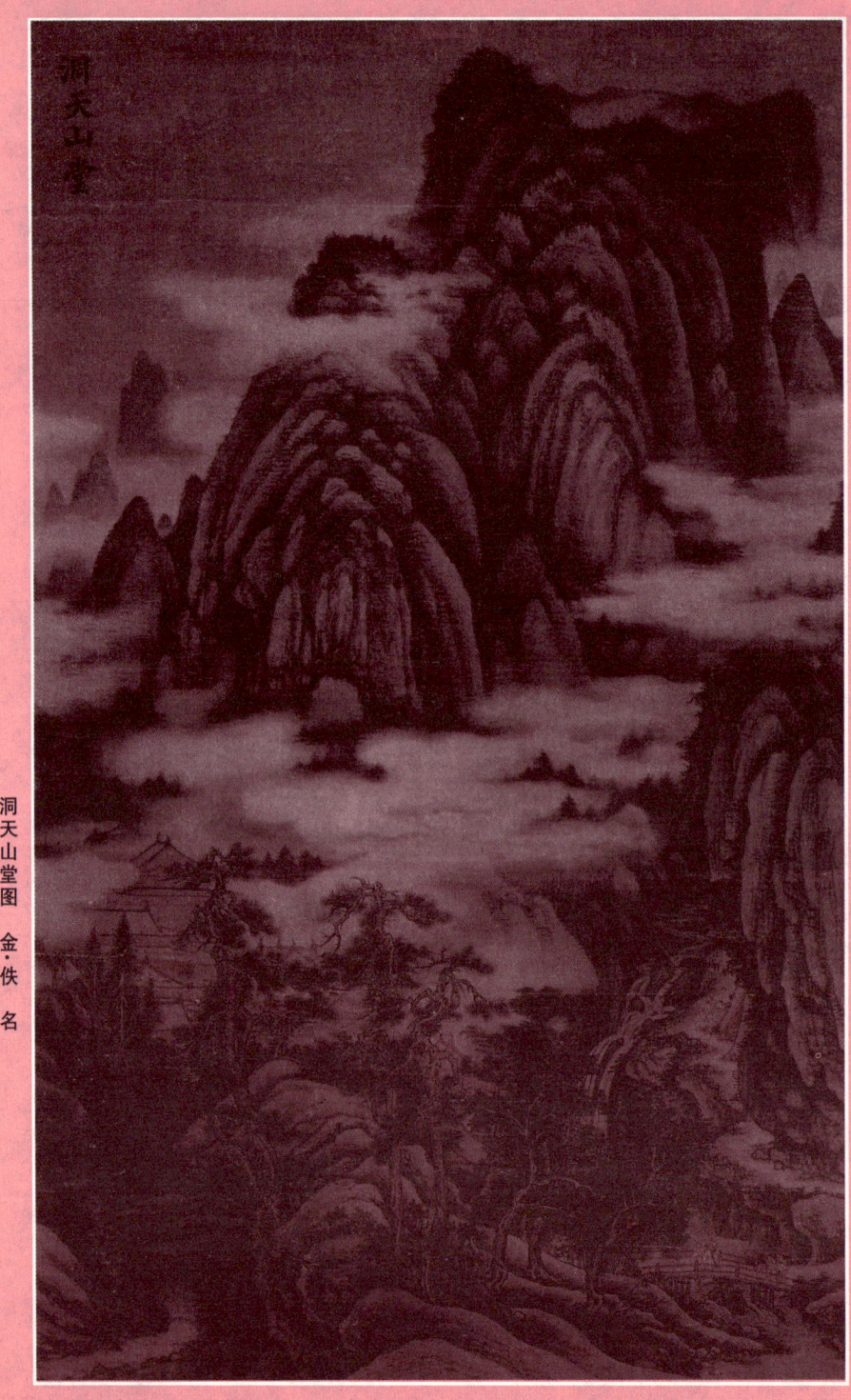

洞天山堂图　金·佚　名

此画无款，图中白云吞吐飘浮于山间，山谷中松林茂密，清溪流淌，隐露楼观，境界清幽。画幅右上楷书「洞天山堂」四字，点明了全画主题。

此图鲜明地描绘了世外仙境。

序卦传

有天地，然后万物生焉。盈天地之间者，唯万物，故受之以屯。

屯者，盈也。屯者，物之始生也。物生必蒙①，故受之以蒙。

蒙者，蒙也，物之稚也。物稚不可不养也，故受之以需。

需者，饮食之道也。饮食必有讼，故受之以讼。

讼②，必有众起，故受之以师。

师者，众也。众必有所比③，故受之以比。

比者，比也。比必有所畜也，故受之以小畜。

注释：①蒙：蒙昧，幼稚。②讼：争论。③比：联系。

物畜然后有礼，故受之以履。

履而泰，然后安，故受之以泰。

泰者，通也。物不可以终通，故受之以否①。

物不可以终否，故受之以同人。

与人同者，物必归焉，故受之以大有。

有大者，不可以盈，故受之以谦。有大而能谦必豫，故受之以豫。

豫必有随，故受之以随。

以喜随人者必有事，故受之

注释：①否：倒霉。

以蛊①。

蛊者，事也。有事而后可大，故受之以临。

临者，大也。物大然后可观，故受之以观。

可观而后有所合，故受之以噬嗑。

嗑者，合也。物不可以苟②合而已，故受之以贲。

注释：①蛊：本义是毒虫，引申为迷惑。②苟：随便。

魏武梦三马同槽　清·《绘图二十四史通俗演义》

贲者，饰也。致饰然后亨则尽矣，故受之以剥。

剥者，剥也。物不可以终尽剥，穷上反下，故受之以复。

复则不妄矣，故受之以无妄。

有无妄然后可畜，故受之以大畜。

物畜然后可养，故受之以颐。

颐者，养也。不养则不可动，故受之以大过。

物不可以终过，故受之以坎。

坎者，陷也。陷必有所丽，故受之以离。

离者，丽也。

有天地，然后有万物；有万物，然后有男女；有男女，然后有夫妇；有夫妇，然后有父子；有父子，然后有君臣；有君臣，然后有上下；有上下，然后礼仪有所错[措]①。

夫妇之道，不可以不久也，故受之以恒。

恒者，久也。物不可以久居其所，故受之以遁。

遁者，退也。物不可终遁，故受之以大壮。

物不可以终壮，故受之以晋。

注释：①错：通措，安排。

晋者,进也。进必有所伤,故受之以明夷。

夷者,伤也。伤于外者必反其家,故受之以家人。

家道穷必乖①,故受之以睽。

睽者,乖也。乖必有难,故受之以蹇。

蹇者,难也。物不可终难,故受之以解。

注释:①乖:背离,违背。

盘古开辟天地　清·《绘图二十四史通俗演义》

序卦传

解者,缓也。缓必有所失,故受之以损。

损而不已,必益,故受之以益。

益而不已必决,故受之以夬。

夬者,决也。决必有所遇,故受之以姤。

姤者,遇也。物相遇而后聚,故受之以萃。

萃者,聚也。聚而上者谓之升,故受之以升。

升而不已,必困,故受之以困。

困乎上者必反下,故受之以井。

井道不可不革,故受之以革。革物者莫若鼎,故受之以鼎。主器者莫若长子,故受之以震。震者,动也。物不可以终动,止之,故受之以艮。艮者,止也。物不可以终止,故受之以渐。渐者,进也。进必有所归,故受之以归妹。得其所归者必大,故受之以丰。丰者,大也。穷大者必失其居,故受之以旅。

旅而无所容,故受之以巽。

巽者,入也。入而后说(悦)之,故受之以兑。

兑者,说(悦)也。说(悦)而后散之,故受之以涣。

涣者,离也。物不可以终离,故受之以节。

序卦图　元·《大易象数钩深图》

节而信之，故受之以中孚。

有其信者必行之，故受之以小过。

有过物者，必济，故受之以既济。

物不可穷也，故受之以未济。终焉。

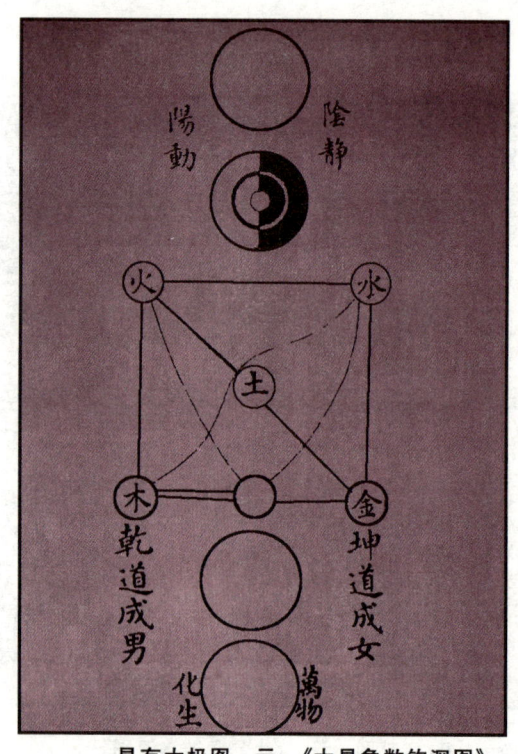

易有太极图　元·《大易象数钩深图》

旅而无所容,故受之以巽。

巽者,入也。入而后说(悦)之,故受之以兑。

兑者,说(悦)也。说(悦)而后散之,故受之以涣。

涣者,离也。物不可以终离,故受之以节。

序卦图　元·《大易象数钩深图》

节而信之，故受之以中孚。

有其信者必行之，故受之以小过。

有过物者，必济，故受之以既济。

物不可穷也，故受之以未济。终焉。

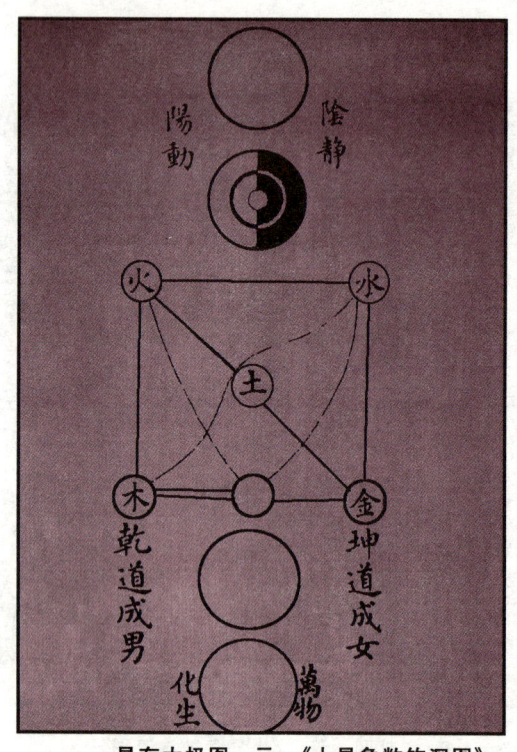

易有太极图　元·《大易象数钩深图》

杂卦传①

注释：①《杂卦传》杂取六十四卦加以解说。

研朱点易图　明·佚　名

此图布局繁密，近景坡石上长松挺立，远处峰峦重叠，云雾缭绕，楼阁隐现，山洞前空地上一隐士端坐案前批读《易经》，仙鹤相伴，寓意高洁。

杂卦传

乾刚坤柔，比乐师忧。临、观之义，或与或求。屯见(现)而不失其居①。蒙杂而著。震，起也。艮，止也。损、益，盛衰之始也。大畜，时也。无妄，灾也。萃聚而升不来也。谦轻而豫怠②也。噬嗑，食也。贲，无色也。兑见(现)而巽伏也。随，无故也。蛊则饬也。剥，烂也。复，反(返)也。晋，昼也。明夷，诛也。井通，而困相遇也。

注释：①居：位置。②豫怠：犹豫懈怠。

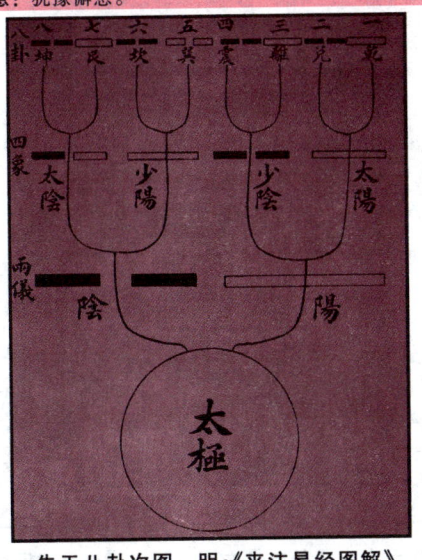

先天八卦次图　明·《来注易经图解》

咸，速也。恒，久也。涣，离也。节，止也。解，缓也。蹇，难也。睽，外也。家人，内也。否、泰，反其类也。大壮则止，遁则退也。大有，众也。同人，亲也。革，去故也。鼎，取新也。小过，过也。中孚，信也。丰，多故也。亲

先天六十四卦方位之图　明·《来注易经图解》

寡，旅也；离上而坎下也。小畜，寡也。履，不处也。需，不进也。讼，不亲也。大过，颠也。姤，遇也，柔遇刚也。渐，女归①待男行也。颐，养正也。既济，定也。归妹，女之终也。未济，男之穷也。夬，决也，刚决柔也；君子道长，小人道忧也。

注释：①女归：女子出嫁。

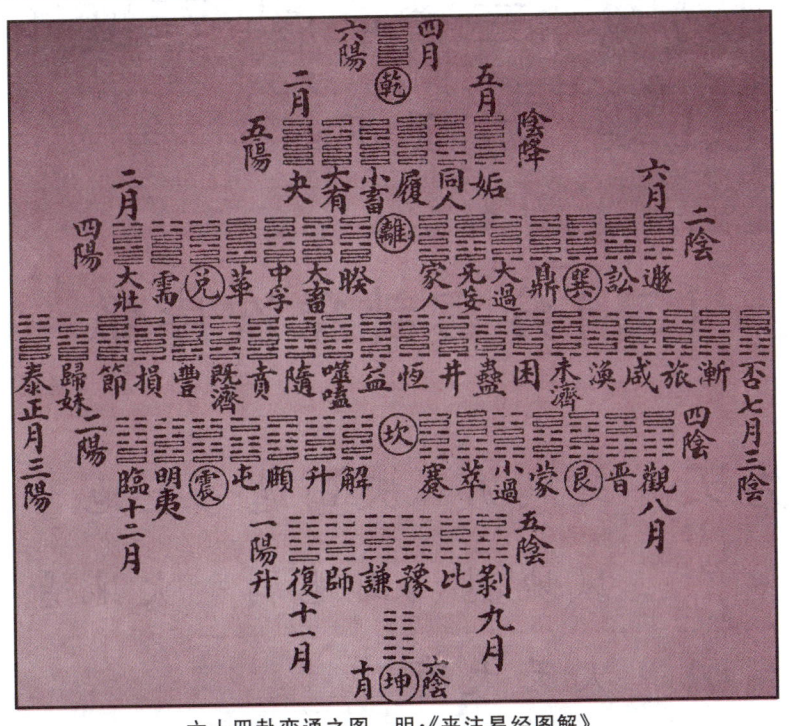

六十四卦变通之图　明·《来注易经图解》

附录一

周易本义卦歌（三种）

（一）八卦取象歌

☰ 乾三连　　☷ 坤六断　　☳ 震仰盂

☶ 艮覆碗　　☲ 离中虚　　☵ 坎中满

☱ 兑上缺　　☴ 巽下断

（二）分宫卦象次序歌

乾为天　　天风姤　　天山遁　　天地否

　　　　　风地观　　山地剥　　火地晋

　　　　　火天大有

附录一 ◎ 周易本义卦歌（三种）

kǎn wéi shuǐ	shuǐ zé jié	shuǐ léi zhūn	shuǐ huǒ jì jì
坎为水	水泽节	水雷屯	水火既济
	zé huǒ gé	léi huǒ fēng	dì huǒ míng yí
	泽火革	雷火丰	地火明夷
	dì shuǐ shī		
	地水师		

gèn wéi shān	shān huǒ bì	shān tiān dà xù	shān zé sǔn
艮为山	山火贲	山天大畜	山泽损
	huǒ zé kuí	tiān zé lǚ	fēng zé zhōng fú
	火泽睽	天泽履	风泽中孚
	fēng shān jiàn		
	风山渐		

zhèn wéi léi	léi dì yù	léi shuǐ jiě	léi fēng héng
震为雷	雷地豫	雷水解	雷风恒
	dì fēng shēng	shuǐ fēng jǐng	zé fēng dà guò
	地风升	水风井	泽风大过
	zé léi suí		
	泽雷随		

xùn wéi fēng	fēng tiān xiǎo xù	fēng huǒ jiā rén	
巽为风	风天小畜	风火家人	
	fēng léi yì	tiān léi wú wàng	
	风雷益	天雷无妄	
	huǒ léi shì hé	shān léi yí	shān fēng gǔ
	火雷噬嗑	山雷颐	山风蛊

lí wéi huǒ	huǒ shān lǚ	huǒ fēng dǐng	huǒ shuǐ wèi jì
离为火	火山旅	火风鼎	火水未济
	shān shuǐ méng	fēng shuǐ huàn	tiān shuǐ sòng
	山水蒙	风水涣	天水讼
	tiān huǒ tóng rén		
	天火同人		

391

坤为地（kūn wéi dì）　地雷复（dì léi fù）　地泽临（dì zé lín）　地天泰（dì tiān tài）

雷天大壮（léi tiān dà zhuàng）　泽天夬（zé tiān guài）　水天需（shuǐ tiān xū）

水地比（shuǐ dì bǐ）

兑为泽（duì wéi zé）　泽水困（zé shuǐ kùn）　泽地萃（zé dì cuì）　泽山咸（zé shān xián）

水山蹇（shuǐ shān jiǎn）　地山谦（dì shān qiān）　雷山小过（léi shān xiǎo guò）

雷泽归妹（léi zé guī mèi）

（三）上下经卦名次序歌

乾坤屯蒙需讼师（qián kūn zhūn méng xū sòng shī）　比小畜兮履泰否（bǐ xiǎo xù xī lǚ tài pǐ）

同人大有谦豫随（tóng rén dà yǒu qiān yù suí）　蛊临观兮噬嗑贲（gǔ lín guān xī shì hé bì）

剥复无妄大畜颐（bō fù wú wàng dà xù yí）　大过坎离三十备（dà guò kǎn lí sān shí bèi）

咸恒遁兮及大壮（xián héng dùn xī jí dà zhuàng）　晋与明夷家人睽（jìn yǔ míng yí jiā rén kuí）

蹇解损益夬姤萃（jiǎn jiě sǔn yì guài gòu cuì）　升困井革鼎震继（shēng kùn jǐng gé dǐng zhèn jì）

艮渐归妹丰旅巽（gèn jiàn guī mèi fēng lǚ xùn）　兑涣节兮中孚至（duì huàn jié xī zhōng fú zhì）

小过既济兼未济（xiǎo guò jì jì jiān wèi jì）　是为下经三十四（shì wéi xià jīng sān shí sì）

附录二

周易本义图书（八种）

（一）河图　　（二）洛书

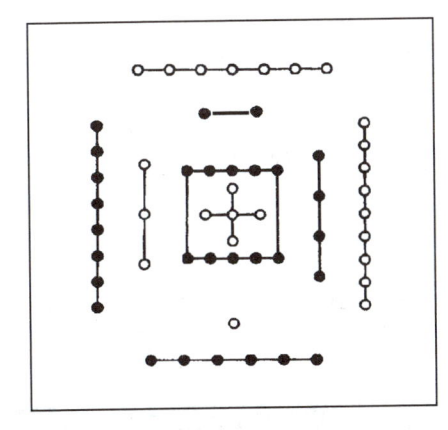

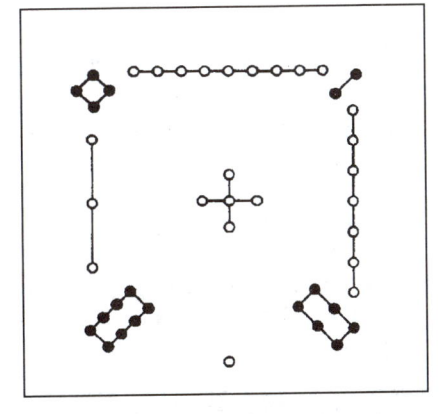

《系辞传》曰："河出《图》，洛出《书》，圣人①则之。"又曰："天一，地二，天三，地四，天五，地六，天七，地八，天九，地十；天数五，地数五，五位相得而各有合。天数二十有五，地数三十，凡天

注释：①圣人：指孔子。

地之数五十有五，此所以成变化，而行鬼神也。"此《河图》之数也。《洛书》盖取龟象，故其数戴九履一，左三右七，二四为肩，六八为足。

　　蔡元定①曰："《图》《书》之象，自汉孔安国②、刘歆③，魏关朗④子明，有宋康节先生——邵雍⑤尧夫，皆谓如此，至刘牧始两易其名，而诸家因之，故今复之，悉从其旧。"

注释：①蔡元定：南宋著名的理学家，对程朱理学的形成有重要贡献。②孔安国：西汉经学家，孔子的后裔。③刘歆：西汉末著名的古文经学家，曾任王莽的"国师"。④关朗：北魏时人，字子明，据说曾撰有一本《易传》。⑤邵雍：北宋著名的哲学家，字尧夫，死后谥康节。

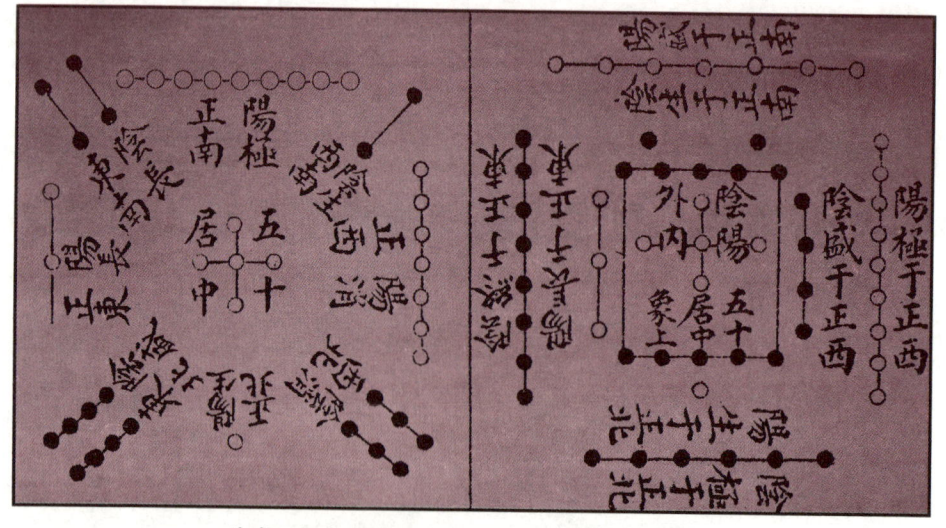

洛书日月交　河图天地交图　明·《来注易经图解》

（三）伏羲八卦次序

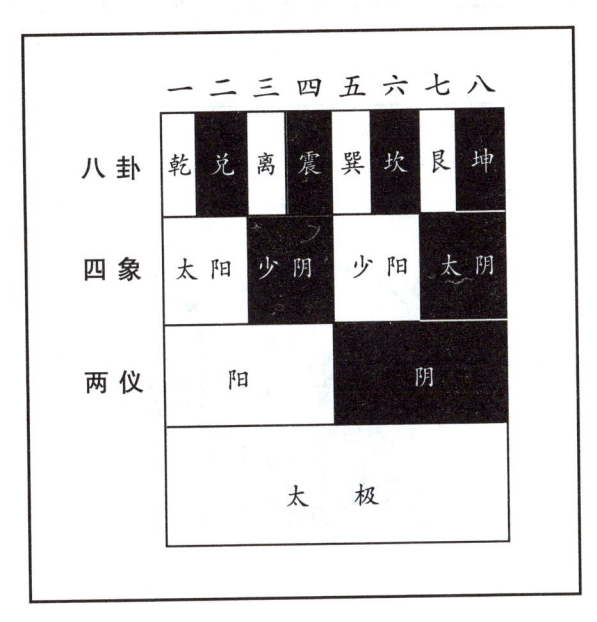

一	二	三	四	五	六	七	八
乾	兑	离	震	巽	坎	艮	坤

八卦

| 太阳 | 少阴 | 少阳 | 太阴 |

四象

| 阳 | 阴 |

两仪

太极

《系辞传》曰："易有太极，是生两仪，两仪生四象，四象生八卦。"邵子[①]曰："一分为二，二分为四，四分为八也。"《说卦传》曰："易，逆数也。"邵子曰："乾一，兑二，离三，震四，巽五，坎六，艮七，坤八。自乾至坤，皆得未生之卦，若逆推四时之比也。"后六十四卦次序放仿此。

注释：①邵子：即邵雍。

（四）伏羲八卦方位

《说卦传》曰："天地定位，山泽通气，雷风相薄，水火不相射；八卦相错，数往者顺，知来者逆。"邵子曰："乾南，坤北，离东，坎西，震东北，兑东南，巽西南，艮西北。自震至乾为顺，自巽至坤为逆。"

（五）伏羲六十四卦次序

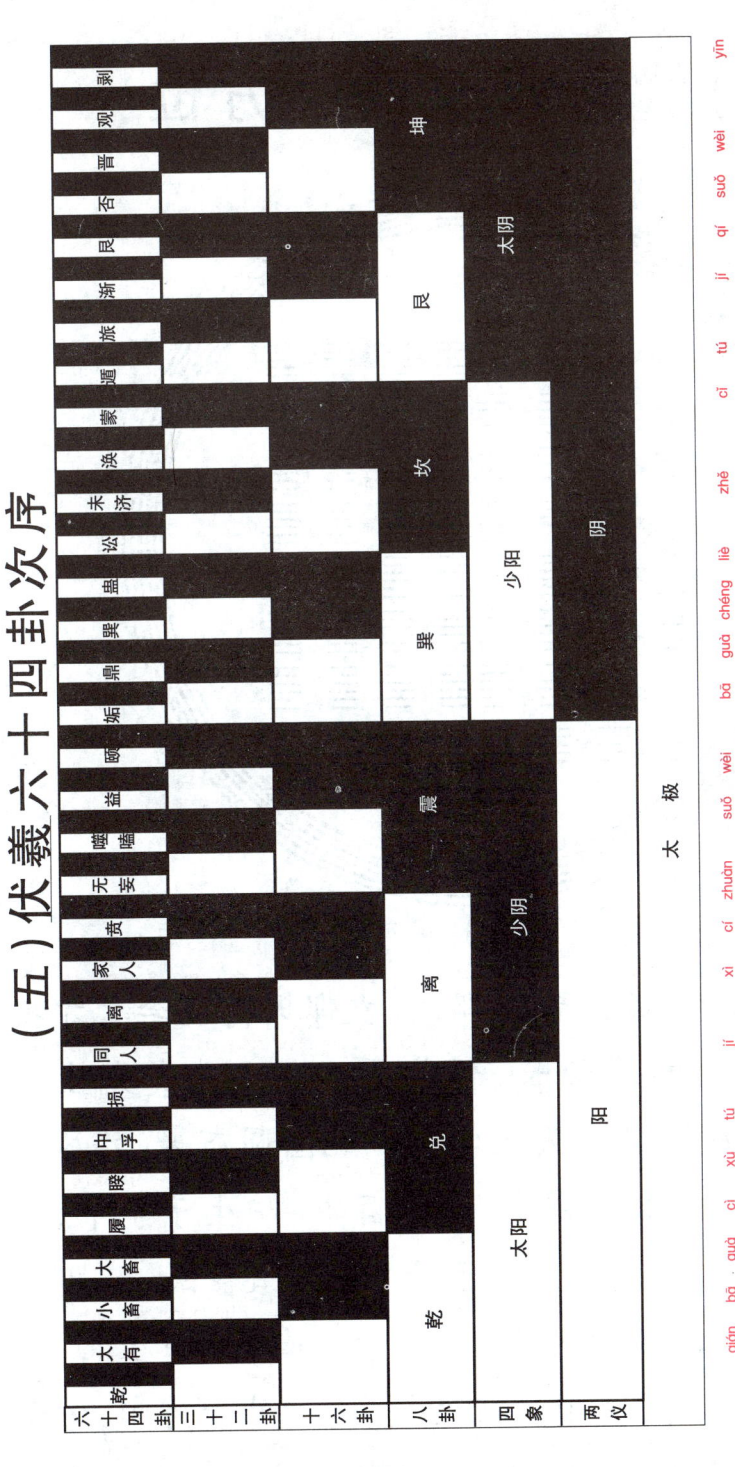

前八卦次序图者也。故下三画，即《系辞传》所谓"八卦成列"者。此图，即其所谓"因而重之"者也；上三画，即邵子所谓"八分为十六，十六分为三十二，三十二分为六十四"者，尤见法象自然之妙也。

（六）伏羲六十四卦方位

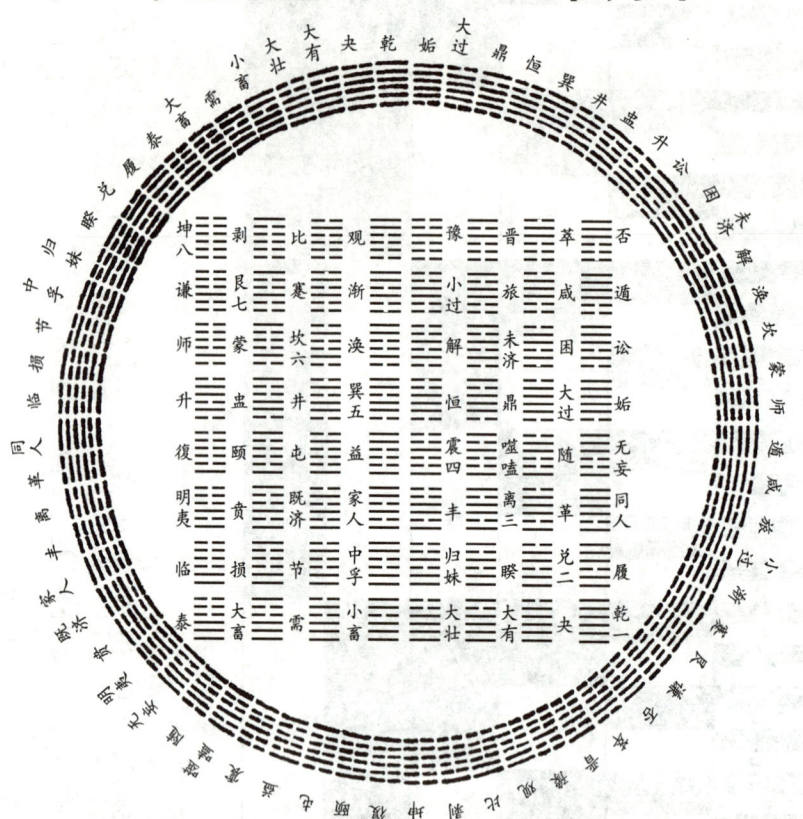

伏羲四图，其说皆出邵氏。盖邵氏得之李之才挺之，挺之得之穆修伯长，伯长得之华山希夷先生陈抟图南者，所谓"先天之学"也。此图圆布者，乾尽午中，坤尽子中，离尽卯中，坎尽酉中；阳生于子中，极于午中，阴生于午中，极于子中；其阳在南，其阴在北。方布者，乾始于西北，坤尽于东南；其阳在北，其阴在南。此二者，阴阳对待之数。圆于外者为阳，方于中者为阴；圆者动而为天，方者静而为地者也。

（七）文王八卦次序

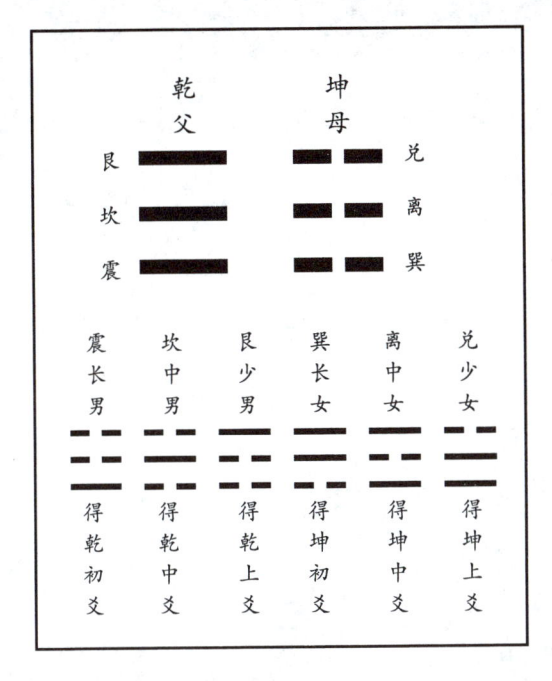

	乾父	坤母	
艮 坎 震			兑 离 巽

震	坎	艮	巽	离	兑
长男	中男	少男	长女	中女	少女
得乾初爻	得乾中爻	得乾上爻	得坤初爻	得坤中爻	得坤上爻

（八）文王八卦方位

南 离／巽／坤／震／兑／东／西／艮／坎／乾／北

见《说卦》。邵子曰："此文王之卦，乃入用之位，后天之学也。"

神龟出洛之瑞图·《新锲纂集诸家全书大成断易天机》